:: 中華文化促進會主持編纂

:: 國家“十一五”~“十四五”重點圖書出版規劃項目

:: 中國社會科學院哲學社會科學創新工程學術出版資助項目

出品人 王石 段先念

今注本二十四史

舊五代史

宋　薛居正等　撰

陳智超　紀雪娟　主持校注

中國社會科學出版社

一九

僭偽列傳　外國列傳〔一〕

舊五代史　卷一三四

僭僞列傳第一

楊行密　子渥　渭　溥

楊行密，廬州人。[1]少孤貧，有膂力，日行三百里。唐中和之亂，[2]天子幸蜀，郡將遣行密徒步奏事，如期而復。[3]光啓初，[4]秦宗權擾淮右，[5]頻寇廬、壽，郡將募能致戰擒賊者，計級賞之，行密以膽力應募，往必有獲，得補爲隊長。行密乃自募百餘人，皆虓勇無行者，殺都將，自權州兵，郡將即以符印付之而去，朝廷因正授行密廬州刺史。[6]

[1]廬州：州名。治所在今安徽合肥市。

[2]中和：唐僖宗李儇年號（881—885）。　中和之亂：指黃巢軍進入長安，唐僖宗逃往四川。

[3]郡將遣行密徒步奏事，如期而復：《輯本舊史》之原輯者案語：“案《北夢瑣言》云：鄭綮嘗典廬州，楊行密爲本州步奏官。”“鄭綮嘗典廬州”，中華書局本有校勘記：“‘廬州’二字原闕，據《北夢瑣言》卷七補。”

[4]光啓：唐僖宗李儇年號（885—888）。

[5]秦宗權：人名。許州（今河南許昌市）人。唐末軍閥。傳

見《舊唐書》卷二〇〇下、《新唐書》卷二二五下。　淮右：即淮西地區。

[6]都將：官名。唐五代時節度使屬將。　刺史：官名。漢武帝時始置。州一級行政長官。總掌考覈官吏、勸課農桑、地方教化等事。唐中期以後，節度、觀察使轄州而設，刺史爲其屬官，職任漸輕。從三品至正四品下。　朝廷因正授行密廬州刺史：《新唐書》卷一八八《楊行密傳》："楊行密字化源，廬州合淝人。少孤，與羣兒戲，常爲旗幟戰陣狀。年二十，亡入盜中，刺史鄭棨捕得，異其貌，曰：'而且富貴，何爲作賊？'縱之。與里人田頵、陶雅、劉威善。僖宗在蜀，刺史遣通章行在，日走三百里，如約而還。秦宗權寇廬、壽間，刺史募殺賊，差首級爲賞，行密以功補隊長。都將忌之，俾出戍。將行，都將問所乏，對曰：'我須公頭！'即斬之，自爲八營都知兵馬使。刺史走，淮南節度使高駢因表爲廬州刺史。乃以田頵爲八營都將，陶雅爲左衝山將，討定鄉盜。"亦見《新五代史》卷六一《楊行密傳》。《新唐書》卷一八八《楊行密傳》又載："駢將呂用之恐行密不可制，遣俞公楚以兵五千屯合淝，名討黃巢而陰圖之。行密擊殺公楚。秦宗權遣弟度淮取舒城，行密破走之。時張敖據壽州，許勍據滁州，與行密挐戰。又舒人陳儒攻刺史高灝，灝來告難，行密未能定。賊吳迴、李本逐灝，據其城，行密虜之，取舒州，爲勍所奪。光啓二年，張敖遣將魏虔攻廬州，大將李神福、田頵破之楮城。"

光啓三年，揚州節度使高駢失政，[1]委任妖人呂用之輩。[2]牙將畢師鐸懼爲用之所譖，[3]自高郵起兵以襲廣陵，[4]爲用之所却，乃乞師於宣州秦彥，[5]且言事克之日，願以揚州帥之。[6]彥先遣將秦稠以兵三千人助師鐸攻陷廣陵，[7]高駢遂署師鐸爲行軍司馬。[8]未幾，秦彥率大衆并家屬渡江，入揚州軍府，[9]自稱節度使。初，揚州未陷，呂用之詐爲高駢檄，徵兵於廬州，及城陷，行密以軍萬人奄至。畢師鐸之入廣陵也，呂用之出奔於外，至是委質於行密。[10]行密攻廣陵，營於大明寺，秦、畢出兵以攻行密之營，短兵纔接，行密僞遁，秦、畢之兵爭入其柵，以取金帛，行密發伏兵以擊之，秦、畢大敗，退走其壁，自是不復出戰。[11]

[1]揚州：州名。治所在今江蘇揚州市。此處代指淮南。　節度使：官名。唐時在重要地區所設掌握一州或數州軍、民、財政的長官。　高駢：人名。幽州（今北京市）人。唐末軍閥。傳見《舊唐書》卷一八二、《新唐書》卷二二四下。

[2]呂用之：人名。籍貫不詳。事見本書本卷。

[3]畢師鐸：人名。曹州冤句（今山東菏澤市）人。唐末、五代將領。傳見《舊唐書》卷一八二。

[4]高郵：縣名。治所在今江蘇高郵市。　廣陵：地名。位於今江蘇揚州市。

[5]宣州：州名。治所在今安徽宣城市。　秦彥：人名。彭城徐州（今江蘇徐州市）人。唐末藩鎮將領。傳見《舊唐書》卷一八二。

[6]願以揚州帥之：中華書局本有校勘記："'帥'，彭校作'歸'。"

[7]秦稠：人名。籍貫不詳。唐末藩鎮將領。事見《舊唐書》卷一八二。

[8]行軍司馬：官名。出征將領及節度使的屬官。掌軍籍符伍，號令印信，是藩鎮重要的軍政官員。　高駢遂署師鐸爲行軍司馬：中華書局本有校勘記："'遂'字原闕，據《册府》卷二二三補。"

[9]入揚州軍府：中華書局本有校勘記："'入'下《册府》卷二二三有'據'字。"

[10]"初，揚州未陷"至"至是委質於行密"：《通鑑》卷二五七光啓三年（887）四月條："畢師鐸之攻廣陵也，吕用之詐爲高駢牒，署廬州刺史楊行密行軍司馬，追兵入援。廬江人袁襲説行密曰：'高公昏惑，用之姦邪，師鐸悖逆，凶德參會，而求兵於我，此天以淮南授明公也，趣赴之。'行密乃悉發廬州兵，復借兵於和州刺史孫端，合數千人赴之，五月，至天長。鄭漢章之從師鐸也，留其妻守淮口，用之帥衆攻之，旬日不克，漢章引兵救之。用之聞行密至天長，引兵歸之。"同年五月丙子條："張神劍求貨於畢師鐸，師鐸報以俟秦司空之命，神劍怒，亦以其衆歸楊行密；及海陵鎮遏使高霸、曲溪人劉金、盱眙人賈令威悉以其衆屬焉，行密衆至萬七千人，張神劍運高郵糧以給之。"同月戊戌條："楊行密帥諸軍抵廣陵城下，爲八寨以守之，秦彦閉城自守。"同年六月戊午條："秦彦遣畢師鐸、秦稠將兵八千出城，西擊楊行密，稠敗死，士卒死者什七八。"同年七月癸未條："淮南將吳苗帥其徒八千人踰城降楊行密。"同年八月條："秦彦以張雄兵强，冀得其用，以僕射告身授雄，以尚書告身三通授裨將馮弘鐸等。廣陵人競以珠玉金繒詣雄軍貿食，通犀帶一，得米五升，錦衾一，得糠五升。雄軍既富，不復肯戰，未幾，復助楊行密。"

[11]"行密攻廣陵"至"自是不復出戰"：《通鑑》卷二五七光啓三年八月丁卯條："彦悉出城中兵萬二千人，遣畢師鐸、鄭漢章將之，陳於城西，延袤數里，軍勢甚盛。行密安臥帳中，曰：'賊近告我。'牙將李宗禮曰：'衆寡不敵，宜堅壁自守，徐圖還師。'李濤怒曰：'吾以順討逆，何論衆寡，大軍至此，去將安歸！濤願將所部爲前鋒，保爲公破之！'濤，趙州人也。行密乃積金帛糵米於一寨，使羸弱守之，多伏精兵於其旁，自將千餘人衝其陳。兵始交，行密陽不勝而走，廣陵兵追之，入空寨，爭取金帛糵米，伏兵四起，廣陵衆亂，行密縱兵擊之，俘斬殆盡，積尸十里，溝瀆皆滿，師鐸、漢章單騎僅免。自是秦彦不復言出師矣。"

　　其年九月，秦、畢害高駢於幽所，少長皆死，同坎瘞於道院北垣下。[1]行密攻圍彌急，城中食盡，米斗四十千，居人相啗略盡。十月，城陷，秦、畢走東塘，[2]行密入廣陵，輦外寨之粟以食饑民，即日米價減至三千。[3]十一月，蔡賊孫儒以衆萬人自淮西奄至，[4]還據外寨，行密輜重牛羊罩食未入城者，皆爲儒所有。時秦、畢來自東塘，與儒軍合，自是西門之外，復爲敵境矣。[5]初，呂用之遇行密於天長，[6]紿行密曰：[7]“用之有白金五千鋌，瘞於所居之廡下，寇平之日，願備將士倡樓一醉之資。”至是，行密閱兵，用之在側，謂用之曰：“僕射許此輩銀，何負心也！”遽命斬於三橋之下，夷其族。[8]

　　[1]坎：墓穴，墓坑。　瘞（yì）：掩埋、埋葬。　“其年九月”至“同坎瘞於道院北垣下”：《通鑑》卷二五七光啓三年（887）九月條：“甲戌，（秦彥）命其將劉匡時殺駢，并其子弟甥姪無少長皆死，同坎瘞之。乙亥，楊行密聞之，帥士卒縞素向城大哭三日。”

　　[2]東塘：地名。位於今江蘇揚州市東。《輯本舊史》之影庫本粘籤：“東塘，原本作‘東唐’，今從《新唐書》改正。”

　　[3]“行密攻圍彌急”至“即日米價減至三千”：《通鑑》卷二五七光啓三年十月條：“楊行密圍廣陵且半年，秦彥、畢師鐸大小數十戰，多不利；城中無食，米斗直錢五十緡，草根木實皆盡，以堇泥爲餅食之，餓死者太半。宣軍掠人詣肆賣之，驅縛屠割如羊豕，訖無一聲，積骸流血，滿於坊市。彥、師鐸無如之何，嚽嚘而已。外圍益急，彥、師鐸憂懣，殆無生意，相對抱膝，終日悄然。行密亦以城久不下，欲引還。己巳夜，大風雨，呂用之部將張審威

帥麾下士三百，晨，伏於西壕，俟守者易代，潛登城，啓關納其衆，守者皆不鬪而潰。先是，彦、師鐸信重尼奉仙，雖戰陳日時，賞罰輕重，皆取決焉。至是復咨於奉仙曰：'何以取濟?'奉仙曰：'走爲上策!'乃自開化門出奔東塘。行密帥諸軍合萬五千人入城，以梁纘不盡節於高氏，爲秦、畢用，斬於戟門之外；韓問聞之，赴井死。以高駢從孫愈攝副使，使改殯駢及其族。城中遺民纔數百家，飢羸非復人狀，行密輦西寨米以賑之。行密自稱淮南留後。"

[4]蔡：州名。治所在今河南汝南縣。　孫儒：人名。河南（今河南洛陽市）人。唐末軍閥。傳見《新唐書》卷一八八。　淮西：地區名。唐中後期指淮河以西及以南一帶。詳見楊文春《"淮西"地名考釋》，《首都師範大學學報》2013年第4期。

[5]時秦、畢來自東塘：中華書局本有校勘記："'畢'，原作'軍'，據殿本、劉本、彭校、《通曆》卷一五、《册府》卷二二三改。"　"十一月"至"復爲敵境矣"：《通鑑》卷二五七光啓三年十月條："秦宗權遣其弟宗衡將兵萬人渡淮，與楊行密爭揚州，以孫儒爲副，張佶、劉建鋒、馬殷及宗權族弟彦暉皆從。十一月，辛未，抵廣陵城西，據行密故寨，行密輜重之未入城者，爲蔡人所得。秦彦、畢師鐸至東塘，張雄不納，將渡江趣宣州；宗衡召之，乃引兵還，與宗衡合。"同年十一月條："未幾，宗權召宗衡還蔡，拒朱全忠。孫儒知宗權勢不能久，稱疾不行。宗衡屢促之，儒怒，甲戌，與宗衡飲酒，坐中手刃之，傳首於全忠。宗衡將安仁義降於行密。仁義，本沙陀將也。行密悉以騎兵委之，列於田頵之上。"同月戊子條："高郵殘兵七百人潰圍而至，楊行密慮其爲變，分隸諸將，一夕盡阬之，明日，殺神劍於其第。楊行密恐孫儒乘勝取海陵，壬寅，命鎮遏使高霸帥其兵民悉歸府城，曰：'有違命者，族之。'於是數萬户棄資産、焚廬舍、挈老幼遷於廣陵。戊戌，霸與弟眭、部將余繞山、前常州刺史丁從實至廣陵，行密出郭迎之，與霸、眭約爲兄弟，置其將卒於法雲寺。"同年閏十一月條："楊行密欲遣高霸屯天長以拒孫儒，袁襲曰：'霸，高氏舊將，常挾兩端，

我勝則來，不勝則叛。今處之天長，是自絶其歸路也，不如殺之。'
己酉，行密伏甲執霸及丁從實、余繞山，皆殺之。又遣千騎掩殺其
黨於法雲寺，死者數千人。是日，大雪，寺外數坊地皆赤。高霸出
走，明日，獲而殺之。"

[6]天長：縣名。治所在今安徽天長市。

[7]紿（dài）：欺騙。

[8]僕射：官名。秦始置。隋、唐前期以左、右僕射佐尚書令
總理六官，綱紀庶務；如不置尚書令，則總判省事，爲宰相之職。
唐後期多爲大臣加銜。從二品。　　三橋：地名。位於今江蘇揚州市
西南。　　"初，呂用之遇行密於天長"至"夷其族"：《通鑑》卷
二五七光啓三年閏十一月條："呂用之之在天長也，紿楊行密曰：
'用之有銀五萬鋌，埋於所居，克城之日，願備麾下一醉之資。'庚
戌，行密閲士卒，顧用之曰：'僕射許此曹銀，何食言邪！'因牽下
械繫，命田頵鞫之，云：'與鄭杞、董瑾謀因中元夜，邀高霸至其
第建黄籙齋，乘其入静，縊殺之，聲言上升。因令莫邪都帥諸軍推
用之爲節度使。'是日，腰斬用之，怨家剒割立盡，并誅其族黨。
軍士發其中堂，得桐人，書駢姓名於胸，桎梏而釘之。"亦見《宋
本册府》卷九二二《總録部·妖妄門》呂用之條。

行密既有廣陵，遣使至大梁，[1]陳歸附之意。是時，
梁祖兼領淮南，乃遣牙將張廷範使於淮南，[2]與行密結
盟，尋遣行軍司馬李璠權知淮南留後，[3]令都將郭言以
兵援送。[4]行密初則厚禮廷範，及聞李璠之行，悖然有
拒命之意。廷範懼，易衣夜遁，遇梁祖於宋州，[5]備言
行密不軌之心，酌其兵勢未可圖也，乃追李璠等還，[6]
即表行密爲淮南留後。[7]

[1]大梁：地名。位於今河南開封市。

[2]張廷範：人名。清河（今河北清河縣）人。唐末大臣。傳見《新唐書》卷二二三下。

[3]李璠（fán）：人名。籍貫不詳。唐末將領。事見本書卷一。　留後：官名。唐五代節度使多以子弟或親信爲留後，以代行節度使職務，亦有軍士、叛將自立爲留後者。掌一州或數州軍政。

[4]郭言：人名。太原（今山西太原市）人。唐末將領。傳見本書卷二一。　“行密既有廣陵”至“令都將郭言以兵援送”：《通鑑》卷二五七光啓三年（887）閏十一月：“朱全忠遣内客將張廷範致朝命於楊行密，以行密爲淮南節度副使，又以宣武行軍司馬李璠爲淮南留後，遣牙將郭言將兵千人送之。感化節度使時溥自以於全忠爲先進，官爲都統，顧不得領淮南，而全忠得之，意甚恨望。全忠以書假道於溥，溥不許。璠至泗州，溥以兵襲之，郭言力戰得免而還。”　悖然有拒命之意，中華書局本有校勘記：“‘之’字原闕，據殿本、孔本、《册府》卷二二三補。”

[5]宋州：州名。治所在今河南商丘市睢陽區。

[6]乃追李璠等還：原輯者案語引《舊五代史考異》：“案《通鑑》：李璠至盱眙，行密發兵襲之，郭言力戰得免。與《薛史》異。”

[7]“廷範懼”至“即表行密爲淮南留後”：《通鑑》卷二五七文德元年（888）正月甲子條：“張廷範至廣陵，楊行密厚禮之。及聞李璠來爲留後，怒，有不受之色。廷範密使人白全忠，宜自以大軍赴鎮，全忠從之；至宋州，廷範自廣陵逃來，曰：‘行密未可圖也。’甲子，李璠至，言徐軍遮道，全忠乃止。”同年二月條：“朱全忠奏以楊行密爲淮南留後。”

　　文德元年正月，[1]孫儒殺秦彦、畢師鐸於高郵，引軍襲廣陵，下之，儒自稱節度使，行密收其衆歸於廬江。^[2]十一月，梁祖遣大將龐師古自潁上渡淮，^[3]討孫儒之亂，師古引兵深入淮甸，不利，還。^[4]龍紀元年，^[5]孫儒出攻宣州，行密乘虛襲據揚州，北通時溥，^[6]孫儒引兵復攻行密。大順元年，^[7]行密危愗，率衆夜遁，出據宣州，儒復入揚州。二年，乃蒐練兵甲以攻行密，^[8]屬江淮疾疫，師人多死，儒亦卧病，爲部下所執，送於行密，殺之。行密自宣城長驅入於廣陵，盡得孫儒之衆。^[9]自光啓末高駢失守之後，行密與畢師鐸、秦彥、孫儒遞相窺圖，六七年中，兵戈競起，八州之内，鞠爲荒榛，圜幅數百里，人煙斷絶。行密既併孫儒，乃招合遺散，與民休息，政事寬閑，百姓便之，蒐兵練將，以圖霸道。^[10]所得孫儒之衆，皆淮南之驍果也，^[11]選五千人豢養於府第，厚其衣食，驅之即戰，靡不争先，甲胄皆以黑繒餙之，命曰“黑雲都”。^[12]

[1]文德：唐僖宗李儇年號（888）。

[2]廬江：縣名。治所在今安徽廬江縣。　儒自稱節度使，行密收其衆歸於廬江：《通鑑》卷二五七文德元年（888）四月壬午條：“孫儒襲揚州，克之；楊行密出走，儒自稱淮南節度使。行密將奔海陵，袁襲勸歸廬州，再爲進取之計，從之。”

[3]龐師古：人名。曹州（今山東曹縣）人。唐末將領。傳見本書卷二一、《新五代史》卷二一。　潁上：縣名。治所在今安徽潁上縣。

[4]“梁祖遣大將龐師古自潁上渡淮”至“不利，還”：《通鑑》卷二五八大順元年（890）正月條：“汴將龐師古等衆號十萬。度淮，聲言救楊行密，攻下天長，壬子，下高郵。”同年二月條：“龐師古引兵深入淮南，己巳，與孫儒戰於陵亭，師古兵敗而還。”

《新五代史》卷一《梁太祖紀上》大順元年條：“春，遣龐師古攻孫儒于淮南，大敗而還。”按二書皆繫此事於大順元年春，較《舊五代史》之文德元年冬晚二年，蓋《舊五代史》誤記。

[5]龍紀：唐昭宗李曄年號（889）。

[6]時溥：人名。徐州彭城（今江蘇徐州市）人。唐末軍閥，平定黃巢之亂後割據徐州。傳見《舊唐書》卷一八二、《新唐書》卷一八八。

[7]大順：唐昭宗李曄年號（890—891）。

[8]“行密危蹙”至“乃蒐練兵甲以攻行密”：《通鑑》卷二五八大順元年閏九月條：“孫儒遣劉建鋒攻拔常州，殺行周，遂圍蘇州。”同卷大順二年正月條：“孫儒盡舉淮、蔡之兵濟江，癸酉，自潤州轉戰而南，田頵、安仁義屢敗退，楊行密城戍皆望風奔潰。儒將李從立奄至宣州東溪，行密守備尚未固，眾心危懼，夜，使其將合肥臺濛將五百人屯溪西；濛使士卒傳呼，往返數四，從立以爲大衆繼至，遽引去。儒前軍至溧水，行密使都指揮使李神福拒之。神福陽退以示怯，儒軍不設備，神福夜帥精兵襲之，俘斬千人。”同年四月條：“楊行密遣其將劉威、朱延壽將兵三萬擊孫儒於黃池，威等大敗。”同年七月條：“朱全忠遣使與楊行密約共攻孫儒。儒恃其兵強，欲先滅行密，後敵全忠，移牒藩鎮，數行密、全忠之罪，且曰：‘俟平宣、汴，當引兵入朝，除君側之惡。’於是悉焚揚州廬舍，盡驅丁壯及婦女渡江，殺老弱以充食。行密將張訓、李德誠潛入揚州，滅餘火，得穀數十萬斛以賑饑民。泗州刺史張諫貸數萬斛以給軍，訓以行密之命餽之，諫由是德行密。”同年八月乙未條：“孫儒自蘇州出屯廣德，楊行密引兵拒之。儒圍其寨，行密將上蔡李簡帥百餘人力戰，破寨，拔行密出之。”同年十二月條：“孫儒焚掠蘇、常，引兵逼宣州，錢鏐復遣兵據蘇州。儒屢破楊行密之兵，旌旗輜重亘百餘里。行密求救於錢鏐，鏐以兵食助之。”卷二五九景福元年（892）正月丙寅條：“楊行密謂諸將曰：‘孫儒之衆十倍於我，吾戰數不利，欲退保銅官，何如？’劉威、李神福曰：‘儒掃

地遠來，利在速戰。宜屯據險要，堅壁清野以老其師，時出輕騎抄其饋餉，奪其俘掠。彼前不得戰，退無資糧，可坐擒也。'戴友規曰：'儒與我相持數年，勝負略相當。今悉衆致死於我，我若望風棄城，正墮其計。淮南士民從公渡江及自儒軍來降者甚衆，公宜遣將先護送歸淮南，使復生業；儒軍聞淮南安堵，皆有思歸之心，人心既搖，安得不敗！'行密悅，從之。"同年二月丁亥條："孫儒圍宣州。"

[9]宣城：縣名。治所在今安徽宣城市。 "屬江淮疾疫"至"盡得孫儒之衆"：《通鑑》卷二五九景福元年五月條："楊行密屢敗孫儒兵，破其廣德營，張訓屯安吉，斷其糧道。儒食盡，士卒大疫，遣其將劉建鋒、馬殷分兵掠諸縣。六月，行密聞儒疾瘧，戊寅，縱兵擊之。會大雨、晦冥，儒軍大敗，安仁義破儒五十餘寨，田頵擒儒於陳，斬之，傳首京師，儒衆多降於行密。"六月丁酉條："楊行密帥衆歸揚州。"《通鑑考異》曰："《十國紀年》，'行密過常州，謂左右曰："常州大城也，張訓以一劍下之，不亦壯哉！"'《舊紀》：'大順二年三月，淮南節度使孫儒爲宣州觀察使楊行密所殺。初，行密揚州失守，據宣州，孫儒以兵攻圍三年。是春，淮南大饑，軍中疫癘。是月，孫儒亦病，爲帳下所執，降行密；行密乃併孫儒之衆，復據廣陵。'薛居正《五代史·行密傳》曰：'大順元年，行密危蹙，出據宣州，儒復入揚州。二年，儒攻行密。屬江、淮疾疫，師人多死，儒亦卧病，爲部下所執，送於行密，殺之。行密自宣城長驅入于廣陵。'《唐補紀》：'大順二年六月，孫儒兵敗於宛陵城下，楊行密進首級於西京。'《吳錄》曰：'景福元年，六月六日，太祖盡率諸將晨出擊儒，田頵臨陳擒儒以獻，斬儒於市，傳首京師。'《新紀》《實錄》《十國紀年》皆據此。《舊紀》《薛史》《唐補紀》皆誤。"見《舊唐書》卷二〇上《昭宗紀》、《十國春秋》卷一《吳太祖世家》。《新唐書》本紀未載錄此事，卷一八八《孫儒傳》載，與《吳錄》同。

[10]"行密既併孫儒"至"以圖霸道"：《通鑑》卷二五九景

福元年八月條："行密以用度不足，欲以茶鹽易民布帛，掌書記舒城高勗曰：'兵火之餘，十室九空，又漁利以困之，將復離叛。不若悉我所有易鄰道所無，足以給軍；選賢守令勸課農桑，數年之間，倉庫自實。'行密從之。田頵聞之曰：'賢者之言，其利遠哉！'行密馳射武伎，皆非所長，而寬簡有智略，善撫御將士，與同甘苦，推心待物，無所猜忌。嘗早出，從者斷馬鞦，取其金，行密知而不問，它日，復早出如故，人服其度量。淮南被兵六年，士民轉徙幾盡；行密初至，賜與將吏，帛不過數尺，錢不過數百；而能以勤儉足用，非公宴，未嘗舉樂。招撫流散，輕徭薄斂，未及數年，公私富庶，幾復承平之舊。"同卷景福二年八月丙辰條："楊行密遣田頵將宣州兵二萬攻歙州；歙州刺史裴樞城守，久不下。時諸將爲刺史者多貪暴，獨池州團練使陶雅寬厚得民，歙人曰：'得陶雅爲刺史，請聽命。'行密即以雅爲歙州刺史，歙人納之。雅盡禮見樞，送之還朝。"

［11］驍果：勇猛果敢之士。

［12］"選五千人豢養於府第"至"命曰'黑雲都'"：《新唐書》卷一八八《楊行密傳》："初，行密有銳士五千，衣以黑繒黑甲，號'黑雲都'。又並旴眙、曲溪二屯，籍其士爲'黃頭軍'，以李神福爲左右黃頭都尉，兵銳甚。"《通鑑》卷二五九景福元年八月條："孫儒降兵多蔡人，行密選其尤勇健者五千人，厚其稟賜，以皁衣蒙甲，號'黑雲都'，每戰，使之先登陷陳，四鄰畏之。"

乾寧二年，[1]行密盡有淮南之地，昭宗乃降制授行密淮南節度副大使、[2]知節度事、管内營田觀察處置等使、[3]開府儀同三司、檢校太傅、[4]同中書門下平章事、[5]兼揚州大都督府長史、[6]上柱國、[7]弘農郡王，[8]食邑三千户，食實封一百户。[9]

[1]乾寧：唐昭宗李曄年號（894—898）。

[2]制：帝王命令的一種。唐制，凡行大賞罰，授大官爵，釐革舊政，赦宥慮囚，皆用制書。由中書舍人起草擬定。禮儀等級較高。　節度副大使：官名。方鎮中僅次於節度使之使職，如持節，則位同於節度使。

[3]知節度事：官名。方鎮實際掌權者。　管内營田觀察處置等使：官品。掌方鎮内營田、觀察、處置等使職責。

[4]開府儀同三司：官名。魏晋始置，隋唐時爲散官之最高官階。多授功勳重臣。從一品。　檢校太傅：官名。爲散官或加官，以示恩寵，無實際執掌。

[5]同中書門下平章事：官名。唐高宗以後，凡實際任宰相之職者，常在其本官後加同平章事的職銜。後成爲宰相專稱。或爲節度使加銜。

[6]大都督府長史：官名。大都督府始設於三國時期。唐、五代時爲某些重要府州的軍政機構。長史爲實際統帥。從三品。中華書局本有校勘記：“‘督’字原闕，據殿本、劉本補。”

[7]上柱國：官名。北周武帝建德四年（575），置上柱國爲高級勳官。隋唐沿置。五代後唐明宗天成三年（928）詔，今後凡加勳，先自武騎尉經十二轉方授爲上柱國。正二品。

[8]“昭宗乃降制授行密淮南節度副大使”至“弘農郡王”：《新唐書》卷一八八《楊行密傳》：“乾寧二年……詔拜行密淮南節度副大使，知節度事，檢校太傅、同中書門下平章事，封弘農郡工。”

[9]食邑：即封地、封邑。食邑之名，蓋取受封者不之國，僅食其租税之意。　食實封：實際享用封户的租賦。

四年，梁祖平兗、鄆，[1]朱瑾及沙陁將李承嗣、史儼等皆奔淮南，[2]行密待之優厚，任以爲將，瑾與承嗣皆位至方伯。[3]是歲，行密縱兵侵掠鄰部，兩浙錢鏐、[4]江西鍾傳、[5]鄂州杜洪皆遣使求救于梁。[6]梁祖遣朱友恭率步騎萬人渡江，[7]取便討伐。行密先令都將瞿章據黃州，[8]及梁師至，即棄郡南渡，固守武昌寨。行密遣將馬珣以精兵五千助之，[9]友恭與杜洪大破其衆，遂拔武昌寨，擒瞿章並淮軍三千餘人，獲馬五百疋，淮夷大恐。[10]八月，梁祖遣葛從周領步騎萬人自霍丘渡淮，[11]遣龐師古率大軍營於清口。[12]淮人決堰縱水，流潦大至。又令朱瑾率勁兵以襲汴軍，汴軍大敗，師古死之。葛從周聞師古之敗，自濠梁班師，至渒河，[13]爲淮人所乘，諸軍僅得北歸。[14]

[1]兗：州名。治所在今山東濟寧市兗州區。 鄆：州名。治所在今山東東平縣。

[2]朱瑾：人名。宋州下邑（今河南夏邑縣）人。唐末軍閥。傳見《新五代史》卷四二。 沙陁：即沙陀。古部族名。原意爲沙漠。沙陀部源出西突厥。隋文帝開皇二年（582），突厥汗國分裂爲東、西突厥。處月部爲西突厥所屬部落，朱邪是處月的別部。唐初，處月部居於大磧（今古爾班通古特沙漠），因稱沙陀突厥。唐中期時西突厥、處月部均已衰落，朱邪部遂自號沙陀，其首領以朱邪爲姓。其事詳見本書卷二五《唐武皇紀上》、《新唐書》卷二一八《沙陀傳》、《新五代史》卷四《唐莊宗紀上》末歐陽修考證。參見樊文禮《沙陀的族源及其早期歷史》，《民族研究》1999年第6期；袁本海《沙陀的形成及其與北方民族關係研究》，博士學位論文，中央民族大學，2010年。 李承嗣：人名。代州雁門（今山西代縣）人。唐末、五代將領。傳見本書卷五五。 史儼：人名。代州雁門（今山西代縣）人。李克用部將。傳見本書卷五五。

[3]瑾與承嗣皆位至方伯：原輯者案語《舊五代史考異》："案《九國志》：行密承制授朱瑾泰寧軍節度使，李承嗣振武軍節度使。此云位至方伯，似未明晰，附識於此。" "梁祖平兖、鄆"至"瑾與承嗣皆位至方伯"：《通鑑》卷二六一乾寧四年（897）正月條："朱瑾留大將康懷貞守兖州。與河東將史儼、李承嗣掠徐州之境以給軍食。全忠聞之，遣葛從周將兵襲兖州。懷貞聞鄆州已失守，汴兵奄至，遂降。二月，戊申，從周入兖州，獲瑾妻子。朱瑾還，無所歸，帥其衆趨沂州，刺史尹處賓不納，走保海州，爲汴兵所逼，與史儼、李承嗣擁州民渡淮，奔楊行密。行密逆之于高郵，表瑾領武寧節度使……淮南舊善水戰，不知騎射，及得河東、兖、鄆兵，軍聲大振。史儼、李承嗣皆河東驍將，李克用深惜之，遣使間道詣楊行密請之；行密許之，亦遣使詣克用脩好。"

[4]兩浙：地區名。浙東、浙西的合稱。泛指今浙江全省及江蘇南部一帶的區域。 錢鏐：人名。臨安（今浙江杭州市）人。五代十國吳越開國君主。傳見本書卷一三三、《新五代史》卷六七。

[5]江西：地區名。即江南西道，治所在洪州（今江西南昌市）。 鍾傳：人名。洪州高安（今江西高安市）人。唐末軍閥。傳見本書卷一七、《新唐書》卷一九〇、《新五代史》卷四一。

[6]鄂州：州名。治所在今湖北武漢市。此處代指武昌軍。杜洪：人名。江夏（今湖北武漢市武昌區）人。伶人出身，唐末、五代軍閥。傳見本書卷一七、《新唐書》卷一九〇。

[7]朱友恭：人名。壽春（今安徽壽縣）人。本姓李，朱溫養子。傳見本書卷一九、《新唐書》卷二二三下。

[8]瞿章：人名。籍貫不詳。唐末將領。事見本書卷一九、卷二〇。 黃州：州名。治所在今湖北黃岡市黃州區。

[9]馬珣：人名。籍貫不詳。唐末藩鎮將領。事見《新唐書》卷一八八。

[10]淮：地名。即淮南。今淮河以南、長江以北地區。 "行密縱兵侵掠鄰部"至"淮夷大恐"：《通鑑》卷二六一乾寧四年二

月條：“詔以楊行密爲江南諸道行營都統，以討武昌節度使杜洪。”同年四月條：“杜洪爲楊行密所攻，求救於朱全忠。全忠遣其將聶金掠泗州，朱友恭攻黄州。行密遣右黑雲都指揮使馬珣等救黄州。黄州刺史瞿章聞友恭至，棄城，擁衆南保武昌寨。癸亥，兩浙將顧全武等破淮南十八營，虜淮南將士魏約等三千人。淮南將田頵屯驛亭埭，兩浙兵乘勝逐之。甲戌，頵自湖州奔還，兩浙兵追敗之，頵衆死者千餘人。”同年五月條：“辛巳，朱友恭爲浮梁于樊港，進攻武昌寨，壬午，拔之，執瞿章，遂取黄州；馬珣等皆敗走。”

[11]葛從周：人名。濮州鄄城（今山東鄄城縣）人。唐末、五代將領。傳見本書卷一六、《新五代史》卷二一。　霍丘：縣名。治所在今安徽霍邱縣。

[12]清口：地名。原爲泗水入淮之口，位於今江蘇淮安市淮陰區。

[13]濠梁：河流名。又名石梁河，在今安徽鳳陽縣境内，東北流至臨淮關入淮河。中華書局本有校勘記：“原作‘濛梁’，據殿本、劉本、邵本校改。”　淠（pì）河：河流名。源出大別山，在今安徽壽縣注入淮河。

[14]“梁祖遣葛從周領步騎萬人自霍丘渡淮”至“諸軍僅得北歸”：《通鑑》卷二六一乾寧四年九月條：“朱全忠既得兗、鄆，甲兵益盛，乃大舉擊楊行密，遣龐師古以徐、宿、宋、滑之兵七萬壁清口，將趨揚州，葛從周以兗、鄆、曹、濮之兵壁安豐，將趨壽州，全忠自將屯宿州；淮南震恐。”同年十月條：“楊行密與朱瑾將兵三萬拒汴軍於楚州，別將張訓自漣水引兵會之，行密以爲前鋒。龐師古營於清口，或曰：‘營地汙下，不可久處。’不聽。師古恃衆輕敵，居常弈棊。朱瑾壅淮上流，欲灌之；或以告師古，師古以爲惑衆，斬之。十一月，癸酉，瑾與淮南將侯瓚將五千騎潛渡淮，用汴人旗幟，自北來趣其中軍，張訓踰柵而入；士卒蒼黄拒戰，淮水大至，汴軍駭亂。行密引大軍濟淮，與瑾等夾攻之，汴軍大敗，斬師古及將士首萬餘級，餘衆皆潰。葛從周營于壽州西北，壽州團練

使朱延壽擊破之，退屯濠州，聞師古敗，奔還。行密、瑾、延壽乘勝追之，及於渒水。從周半濟，淮南兵擊之，殺溺殆盡，從周走免。渒後都指揮使牛存節棄馬步鬭，諸軍稍得濟淮，凡四日不食，會大雪，汴卒緣道凍餒死，還者不滿千人。全忠聞敗，亦奔還。行密遺全忠書曰：'龐師古、葛從周，非敵也，公宜自來淮上決戰。'"同年十一月條："行密大會諸將，謂行軍副使李承嗣曰：'始吾欲先趣壽州，副使云不如先向清口，師古敗，從周自走，今果如所料。'賞之錢萬緡，表承嗣領鎮海節度使。行密待承嗣及史儼甚厚，第舍、姬妾，咸選其尤者賜之，故二人爲行密盡力，屢立功，竟卒於淮南。行密由是遂保據江、淮之間，全忠不能與之爭。"《輯本舊史》卷二一《龐師古傳》所繫時日與《通鑑》稍異："乾寧四年八月，與葛從周分統大軍，渡淮以伐楊行密。十一月，師古寨於清口，寨地卑下，或請遷移，弗聽。俄有告淮人決上流者，曰：'水至矣。'師古怒其惑衆，斬之。須臾，我軍在淖中，莫能戰，而吳人襲焉，故及于敗，師古沒於陣。"按本書卷一《梁太祖紀一》："葛從周行及濠梁，聞師古之敗，亦命班師。"又，《舊五代史》不載光化元年事，姑附於此。《通鑑》卷二六一光化元年（898）正月條："兩浙、江西、武昌、淄青各遣使詣闕，請以朱全忠爲都統，討楊行密；詔不許。"同年七月條："忠義節度使趙匡凝聞朱全忠有清口之敗，陰附於楊行密。全忠遣宿州刺史尉氏氏叔琮將兵伐之，丙申，拔唐州，擒隨州刺史趙匡璘，敗襄州兵於鄧城。"同年十一月條："衢州刺史陳岌請降于楊行密，錢鏐使顧全武討之。朱全忠以奉國節度使崔洪與楊行密交通，遣其將張存敬攻之；洪懼，請以弟都指揮使賢爲質，且言：'將士頑悍，不受節制，請遣二千人詣麾下從征伐。'全忠許之，召存敬還。"同年十二月條："楊行密遣成及歸兩浙以易魏約等，錢鏐許之。"《新唐書》卷一八八《楊行密傳》："光化元年，秦裴取鏐崑山鎮，顧全武圍之。行密諸將數敗，全武遂圍蘇州，臺濛固守，鏐自以舟師至。濛食盡，行密遣李簡、蔣勳迎之，敗全武兵，濛得還。後軍潰，裴援絕，全武勸其降。決水灌城，城壞，裴乃降。鏐喜，具千人食以待。既至，士不及百。鏐曰：'軍寡，何拒之久?'裴曰：'糧盡歸死，非僕素也。'初，成及之執，行密閱其室，唯圖書藥劑，將辟爲行軍司馬，固辭，引刀欲自刺，行密乃止，厚禮而歸之。鏐亦遣魏約等還。"

光化二年，行密遣大將張歸厚禦之而退。[1]天復三年，青州王師範叛，[2]乞師於淮南，行密遣將王景仁帥師二萬以援之，攻討密州。[3]七月，梁祖大破師範及景仁之衆，景仁遁還，追至輔唐，殺數千人，進取密州。[4]天祐元年十一月，淮人攻光州，[5]梁祖率軍抵霍丘，略地於廬、壽之境，淮人遁去。二年正月，進攻壽州，淮人閉壁不出，大掠而還。[6]是月，行密攻陷鄂州，擒節度使杜洪，戮於揚州市，梁之戍兵數千人亦陷焉。[7]其後，江西鍾傳、宣州田頵俱爲行密所併。[8]三年，行密以疾卒於廣陵。及其子渭僭號，僞追尊爲太祖武皇帝。[9]《永樂大典》卷六千五十一。[10]

[1]光化：唐昭宗李曄年號（898—901）。　行密：下有原輯者案語："案：已下有闕文。"中華書局本有校勘記："句下殿本、劉本有'北侵'二字。"　遣大將張歸厚禦之而退：中華書局本有校勘記："'遣'字原闕，據殿本、劉本、孔本補。'大將'二字原闕，據孔本補。"　光化二年，行密遣大將張歸厚禦之而退：《通鑑》卷二六一光化二年（899）正月條："楊行密與朱瑾將兵數萬攻徐州，軍于呂梁，朱全忠遣騎將張歸厚救之……朱全忠遣崔賢還蔡州，發其兵兩千詣大梁。二月，蔡將崔景思等殺賢，劫崔洪，悉驅兵民渡淮奔楊行密。兵民稍稍遁歸，至廣陵者不滿二千人。"同年二月條："朱全忠自將救徐州，楊行密聞之，引兵去；汴人追及之

於下邳，殺千餘人。”同年七月條：“朱全忠海州戍將陳漢賓請降于楊行密。淮海游弈使張訓以漢賓心未可知，與漣水防遏使廬江王綰將兵二千直趣海州，遂據其城。”《新五代史》卷六七《錢鏐傳》：“婺州刺史王壇叛附于淮南，楊行密遣其將康儒應壇，因攻睦州。鏐遣其弟銶敗儒於軒渚，壇奔宣州。”《通鑑》卷二六二繫此事於光化三年正月。

[2]天復：唐昭宗李曄年號（901—904）。　青州：州名。治所在今山東青州市。此處指平盧軍。　王師範：人名。青州（今山東青州市）人。唐末、五代軍閥。傳見本書卷一三、《新五代史》卷四二。

[3]王景仁：人名。合淝（今安徽合肥市）人。五代後梁將領。傳見本書卷二三、《新五代史》卷二三。　密州：州名。治所在今山東諸城市。

[4]“青州王師範叛”至“進取密州”：《通鑑》卷二六一光化二年九月條：“淄青節度使王師範以沂、密內叛，乞師於楊行密。冬，十月，行密遣海州刺史臺濛、副使王綰將兵助之，拔密州，歸於師範；將攻沂州，先使覘之，曰：‘城中皆偃旗息鼓。’綰曰：‘此必有備，而救兵近，不可擊也。’諸將曰：‘密已下矣，沂何能爲！’綰不能止，乃伏兵林中以待之。諸將攻沂州不克，救兵至，引退；州兵乘之，綰發伏擊敗之。”胡注：“當是時，朱全忠盡有河南一道之地，王師範亦附屬焉。若沂、密內叛，將安歸邪？又不乞師於全忠而乞師於楊行密，此事當考。”《輯本舊史》卷一三《王師範傳》：“天復元年冬，李茂貞劫遷車駕幸鳳翔，韓全誨矯詔加罪於太祖，令方鎮出師赴難。詔至青州，師範承詔泣下曰：‘吾輩爲天子藩籬，君父有難，略無奮力者，皆强兵自衛，縱賊如此，使上失守宗祧，危而不持，是誰之過，吾今日成敗以之！’乃發使通楊行密遣將劉鄩襲兗州，別將襲齊。”《輯本舊史》之原輯者案語：“案《新唐書》：全忠圍鳳翔，昭宗詔方鎮赴難，以師範附全忠，命楊行密部將朱瑾攻青州，且欲代爲平盧軍節度使。師範聞之，哭

曰：‘吾爲國守藩，君危不持，可乎？’乃與行密連盟。是師範之通行密，因其將謀見代而始遣使也。《歐陽史》作‘因乞兵于楊行密’，殊失事實，而《薛史》亦未詳載。”見《新唐書》卷一八七《王敬武傳》、《新五代史》卷四二《王師範傳》。亦見《册府》卷三七四《將帥部·忠門五》。《通鑑》卷二六四天復三年（903）三月條：“戊午，王師範弟師魯圍齊州，朱友寧引兵擊走之。師範遣兵益劉鄩軍，友寧擊取之。由是兗州援絶，葛從周引兵圍之。友寧進攻青州。戊辰，全忠引四鎮及魏博兵十萬繼之。”同年四月條：“王師範求救於淮南，乙未，楊行密遣其將王茂章以步騎七千救之，又遣別將將兵數萬攻宿州。全忠遣其將康懷英救宿州，淮南兵遁去。”《新五代史》卷二三《王景仁傳》：“初名茂章，少從楊行密起淮南。景仁爲將驍勇剛悍，質略無威儀，臨敵務以身先士卒，行密壯之。梁太祖遣子友寧攻王師範於青州，師範乞兵於行密，行密遣景仁以步騎七千救師範。師範以兵背城爲兩柵，友寧夜擊其一柵，柵中告急，趣景仁出戰，景仁按兵不動。友寧已破一柵，連戰不已。遲明，景仁度友寧兵已困，乃出戰，大敗之，遂斬友寧，以其首報行密。”

　　[5]天祐：唐昭宗李曄開始使用的年號（904）。唐哀帝李柷即位後沿用（904—907）。唐亡後，河東李克用、李存勗仍稱天祐，沿用至天祐二十年（923）。五代其他政權亦有行此年號者，如南吴、吴越等，使用時間長短不等。　光州：州名。治所在今河南潢川縣。

　　[6]壽：州名。治所在今安徽壽縣。　“淮人攻光州”至“大掠而還”：《通鑑》卷二六五天祐元年（904）十月條：“光州叛楊行密，降朱全忠，行密遣兵圍之，與鄂州皆告急於全忠。十一月，戊辰，全忠自將兵五萬自潁州濟淮，軍於霍丘，分兵救鄂州。淮南兵釋光州之圍還廣陵，按兵不出戰，全忠分命諸將大掠淮南以困之。”

　　[7]“行密攻陷鄂州”至“梁之戍兵數千人亦陷焉”：《通鑑》

卷二六五天祐二年正月條："朱全忠遣其將曹延祚將兵與杜洪共守鄂州，庚子，淮南將劉存攻拔之，執洪、延祚及汴兵千餘人送廣陵，悉誅之。行密以存爲鄂岳觀察使。"

　　[8] 田頵：人名。盧州合淝（今安徽合肥市）人。五代十國藩鎮軍閥，後爲楊行密所殺。傳見本書卷一七、《新唐書》卷一八九。

　　江西鍾傳、宣州田頵俱爲行密所倂：《輯本舊史》卷一七《杜洪傳》："鍾傳卒於江西，其子繼之，尋爲楊行密所敗，其地亦入于淮夷。"原輯者案語引《五代史補》繫此事於天祐三年。同卷《田頵傳》："行密乃先以公牒徵（朱）延壽，次悉兵攻宣城，頵戎力寡薄，棄壁走，不能越境，爲行密軍所得。"原輯者案語引《九國志》："十二月，頵出外州柵疾戰，橋陷馬墜，爲外軍所殺。"

　　[9] "三年"至"僭追尊爲太祖武皇帝"：《通鑑》卷二六五天祐二年十一月庚辰條："吳武忠王楊行密薨。"胡注："年五十四。"《通鑑考異》："《十國紀年注》《吳錄》《唐烈祖實錄》及吳史官王振撰《楊本紀》皆云'天祐二年十一月庚辰，行密卒'。敬翔《梁編遺録》云：'天祐三年三月，潁州獲河東諜者，言去年十一月持李克用絹書往淮南，十二月至揚州，方知楊行密已死。'與《莊宗功臣列傳·行密傳》所載略同。沈顏《行密神道碑》、殷文圭《行密墓誌》、游恭《渥墓誌》皆云'天祐三年丙寅，二月十三日丙申卒'，薛居正《五代史·行密傳》亦云'天祐三年卒'。行密之亡，嗣君幼弱，不由朝命承襲，或始死未敢發喪，赴以明年二月，疑沈顏等從而書之。《墓誌》云，十一月，吳王寢疾，付渥後事，授淮南使。或《本紀》等誤以此月爲行密卒。王振、沈顏、殷文圭、游恭皆仕吳，而記録差異，固不可考。今從《舊史》而存墓誌年月，以廣傳聞。"《新唐書》卷一八八《楊行密傳》："卒，年五十四。遺令穀葛爲衣，桐瓦爲棺。夜葬山谷，人不知所在。諸將諡曰武忠。"《新五代史》卷六一《楊隆演傳》："隆演，字鴻源，行密第二子也。初名瀛，又名渭……（十六年）夏四月，溫奉玉册、寶綬尊隆演即吳王位。建宗廟、社稷，設百官如天子之制，改天祐十六

年爲武義元年，大赦境内，追尊行密孝武王，廟號太祖。”卷六一《楊溥傳》：“(順義七年) 十一月庚戌，溥御文明殿即皇帝位，改元曰乾貞，大赦境内，追尊行密武皇帝。”

[10]《大典》卷六〇五一“楊”字韻“姓氏（一一）”事目。

　　渥，字奉天，行密長子也。行密卒，渥遂襲僞位，[1]自稱吳王，委軍政於大將張顥。[2]渥性猜忍，不能御下。[3]天祐五年六月，渥爲顥所殺，[4]顥將納款于梁，遂自稱留後，委別將徐溫握兵權。[5]居無何，溫復殺顥，立行密次子渭爲主。[6]及渭僭號，僞追尊爲景帝。[7]《永樂大典》卷六千五十一。[8]

[1]行密卒，渥遂襲僞位：《通鑑》卷二六五天祐二年（905）九月條：“楊行密長子宣州觀察使渥，素無令譽，軍府輕之。行密寢疾，命節度判官周隱召渥。隱性憃直，對曰：‘宣州司徒輕易信讒，喜擊毬飲酒，非保家之主；餘子皆幼，未能駕馭諸將。廬州刺史劉威，從王起細微，必不負王，不若使之權領軍府，俟諸子長以授之。’行密不應。左右牙指揮使徐溫、張顥言於行密曰：‘王平生出萬死，冒矢石，爲子孫立基業，安可使他人有之！’行密曰：‘吾死瞑目矣！’……他日，將佐問疾，行密目留幕僚嚴可求；衆出，可求曰：‘王若不諱，如軍府何？’行密曰：‘吾命周隱召渥，今忍死待之。’可求與徐溫詣隱，隱未出見，牒猶在案上，可求即與溫取牒，遣使者如宣州召之。”同卷同年十月條：“楊渥至廣陵。辛丑，楊行密承制以渥爲淮南留後。”《通鑑》卷二六五天祐二年十一月庚辰條：“吳武忠王楊行密薨。將佐共請宣諭使李儼承制授楊渥淮南（揚州）節度使、東南諸道行營都統，兼侍中、弘農郡王。”《新唐書》卷一八八《楊行密傳》：“渥至，行密承制授檢校

太尉、同中書門下平章事、淮南節度留後。"

[2]張顥：人名。籍貫不詳。五代十國南吳大臣。事見本書本
卷、《新唐書》卷一八八。

[3]渥性猜忍，不能御下：《通鑑》卷二六五天祐二年十二月
條："楊渥之去宣州也，欲取其幄幕及親兵以行，觀察使王茂章不
與，渥怒。既襲位，遣馬步都指揮使李簡等將兵襲之。"《新唐書》
卷一八八《楊行密傳》："行密諗渥曰：'左衙都將張顥、王茂章、
李遇皆怙亂，不得爲兒除之。'"《輯本舊史》卷二三《王景仁
傳》："行密死，子渥自立，忌其勇悍，且有私憾，欲害之。景仁棄
宛陵，以腹心百人歸吳越王錢鏐。"《新五代史》卷二三《王景仁
傳》："渥已立，反求宣州故物，景仁惜不與，渥怒，以兵攻之。"
《通鑑》卷二六六開平元年（907）正月條："淮南節度使兼侍中、
東面諸道行營都統弘農郡王楊渥既得江西，驕侈益甚，謂節度判官
周隱曰：'君賣人國家，何面復相見！'遂殺之。由是將佐皆不自
安。黑雲都指揮使呂師周與副指揮使綦章將兵屯上高，師周與湖南
戰，屢有功，渥忌之。師周懼，謀於綦章曰：'馬公寬厚，吾欲逃
死焉，可乎？'章曰：'茲事君自圖之，吾舌可斷，不敢泄！'師周
遂奔湖南，章縱其孥使逸去。"《新五代史》卷六六《馬殷傳》繫
此事於楊行密之世，"綦章"作"綦毋章"。《通鑑》卷二六六開平
元年正月條："渥居喪，晝夜酣飲作樂，然十圍之燭以擊毬，一燭
費錢數萬。或單騎出遊，從者奔走道路，不知所之。左、右牙指揮
使張顥、徐溫泣諫，渥怒曰：'汝謂我不才，何不殺我自爲之！'二
人懼。渥選壯士，號'東院馬軍'，廣署親信爲將吏；所署者恃勢
驕橫，陵蔑勳舊。顥、溫潛謀作亂。渥父行密之世，有親軍數千營
於牙城之內，渥遷出於外，以其地爲射場，顥、溫由是無所憚。渥
之鎮宣州也，命指揮使朱思勍、范思從、陳璠將親兵三千；及嗣
位，召歸廣陵。顥、溫使三將從秦裴擊江西，因戍洪州，誣以謀
叛，命別將陳祐往誅之。祐間道兼行，六日至洪州，微服懷短兵徑
入秦裴帳中，裴大驚，祐告之故，乃召思勍等飲酒，祐數思勍等

罪，執而斬之。渥聞三將死，益忌顥、溫，欲誅之。丙戌，渥晨視事，顥、溫帥牙兵二百，露刃直入庭中，渥曰：'爾果欲殺我邪？'對曰：'非敢然也，欲誅王左右亂政者耳！'因數渥親信十餘人之罪，曳下，以鐵檛擊殺之。謂之'兵諫'。諸將不與之同者，顥、溫稍以法誅之，於是軍政悉歸二人，渥不能制。"《新五代史》卷六一《楊渥傳》所記稍異："初，渥之入廣陵也，留帳下兵三千于宣州，以其腹心陳璠、范遇將之。既入立，惡徐溫典牙兵，召璠等爲東院馬軍以自衛。而溫與左衙都指揮使張顥皆行密時舊將，又有立渥之功，共惡璠等侵其權。四年正月，渥視事，璠等侍側，溫、顥擁牙兵入，拽璠等下，斬之，渥不能止，由是失政，而心憤未能發，溫等益不自安。"《通鑑》卷二六六開平元年六月條："許玄應，弘農王之腹心也，常預政事，張顥、徐溫因其敗，收斬之。"

[4]天祐五年六月，渥爲顥所殺：《新五代史》卷六一《楊渥傳》："五年五月，溫、顥共遣盜入寢中殺渥，渥說羣盜能反殺溫等者皆爲刺史。羣盜皆諾，惟紀祥不從，執渥縊殺之，時年二十三，謚曰景。"《通鑑》卷二六六開平二年五月條："淮南左牙指揮使張顥、右牙指揮使徐溫專制軍政，弘農威王心不能平，欲去之而未能。二人不自安，共謀弑王，分其地以臣於梁。戊寅，顥遣其黨紀祥等弑王於寢室，詐云暴薨。"《通鑑考異》："《吳錄》：'顥使紀祥、陳暉、黎璠、孫殷等執渥於寢室，弑之。'不言徐溫，蓋徐鉉爲溫諱耳。《薛史》因之。而《江南別錄》有獨用左衙兵事。《歐陽史》云：'溫、顥共遣盜殺渥，約分其地以臣於梁。'按溫與顥分掌牙兵，溫若不同謀，顥必不敢獨弑渥。今從《江南別錄》。《十國紀年》：'張顥欲稱淮南留後，送款於梁，以淮南易蔡州節制。徐溫曰："揚州距汴州往返僅三千里，軍府踰月無主必亂，不若有所立，然後圖之。"'按顥稱留後，則有主矣。今不取。"按《通鑑》卷二六六開平元年四月條："是時，惟河東、鳳翔、淮南稱'天祐'，西川稱'天復'年號；餘皆稟梁正朔，稱臣奉貢。蜀王與弘農王移檄諸道，云欲與岐王、晉王會兵興復唐室，卒無應者。"天祐五年

（908）即梁開平二年。

　　[5]徐温：人名。海州朐山（今江蘇連雲港市海州區）人。五代十國南吴大臣，南唐政權的實際奠基者。傳見《新五代史》卷六一。

　　[6]“居無何”至“立行密次子渭爲主”：《通鑑》卷二六六開平二年五月己卯條：“顥集將吏於府庭，夾道及庭中堂上各列白刃，令諸將悉去衛從然後入。顥厲聲問曰：‘嗣王已薨，軍府誰當主之？’三問，莫應，顥氣色益怒。幕僚嚴可求前密啓曰：‘軍府至大，四境多虞，非公主之不可；然今日則恐太速。’顥曰：‘何謂速也？’可求曰：‘劉威、陶雅、李遇、李簡皆先王之等夷，公今自立，此曹肯爲公下乎？不若立幼主輔之，諸將孰敢不從！’顥默然久之。可求因屏左右，急書一紙置袖中，麾同列詣使宅賀，衆莫測其所爲；既至，可求跪讀之，乃太夫人史氏教也。大要言：‘先王創業艱難，嗣王不幸早世，隆演次當立，諸將宜無負楊氏，善開導之。’辭旨明切。顥氣色皆沮，以其義正，不敢奪，遂奉威王弟隆演稱淮南留後、東面諸道行營都統。”《新五代史》卷六一《楊隆演傳》：“顥由此與温有隙，諷隆演出温潤州。可求謂温曰：‘今捨衙兵而出外郡，禍行至矣。’温患之，可求因説顥曰：‘公與徐温同受顥托，議者謂公奪其衙兵，是將殺之於外，信乎？’顥曰：‘事已行矣，安可止乎？’可求曰：‘甚易也。’明日，從顥與諸將造温，可求陽責温曰：‘古人不忘一飯之恩，況公楊氏三世之將，今幼嗣新立，多事之時，乃求居外以苟安乎？’温亦陽謝曰：‘公等見留，不願去也。’由是不行。行軍副使李承嗣與張顥善，覺可求有附温意，諷顥使客夜刺殺之，客刺可求不能中。明日，可求詣温，謀先殺顥，陰遣鍾章選壯士三十人，就衙堂斬顥，因以弑渥之罪歸之。温由是專政，隆演備位而已。”據此，則温殺顥在立渭之後。

　　[7]僞追尊爲景帝：《新五代史》卷六一《楊渥傳》：“溥僭號，追尊渥爲烈宗景皇帝，陵曰紹陵。”同卷《楊隆演傳》：“夏四月，温奉玉册、寶綬尊隆演即吴王位……改天祐十六年爲武義元年……

大赦境内，追尊行密孝武王，廟號太祖，渥景王，廟號烈祖。"同卷《楊溥傳》：順義七年（927）十一月庚戌，溥御文明殿即皇帝位……追尊渥景皇帝。

[8]《大典》卷六〇五一"楊"字韻"姓氏（一一）"事目。

渭，渥之弟也。[1]既立，政事咸委於徐溫。時溫爲鎮海軍節度、内外馬步軍都指揮使，[2]乃於上元縣置昇州，[3]盛開幕府，自握兵柄於上流，留其子知訓等於揚州，[4]居以秉政，[5]凡十餘年。[6]溫乃册渭爲天子，國號大吳，改唐天祐十六年爲武義元年。[7]渭以溫爲大丞相、都督中外諸軍事。[8]渭僭號凡三年而卒，僞謚爲惠帝。[9]《永樂大典》卷六千五十一。[10]

[1]渭，渥之弟也：原輯者案語引《舊五代史考異》："案：《歐陽史》及《通鑑》皆作隆演，惟《薛史》作渭，詳見《通鑑考異》。"《通鑑》卷二六六開平二年（908）《考異》："楊隆演字鴻源，行密第二子。《薛史》及路振《九國志》皆以隆演爲渭。"《新五代史》卷六一《楊隆演傳》："隆演，字鴻源，行密第二子也。初名瀛，又名渭。"

[2]鎮海軍：方鎮名。治所在潤州（今江蘇鎮江市）。 馬步軍都指揮使：官名。五代時侍衛親軍長官，多爲皇帝親信。

[3]上元縣：縣名。治所在今江蘇南京市。

[4]知訓：人名。即徐知訓。海州朐山（今江蘇連雲港市海州區）人。徐溫之子。曾藉徐溫專權之勢欺侮吳主楊隆演，後爲朱瑾所殺。事見《新五代史》卷六一。 留其子知訓等於揚州：中華書局本有校勘記："'留'字原闕，據《通曆》卷一五、《新五代史》卷六一《吳世家》、《通鑑》卷二六九補。"

[5]居以秉政：中華書局本有校勘記："《通曆》卷一五作'居中秉政'。"

[6]"盛開幕府"至"凡十餘年"：《通鑑》卷二六六開平二年五月丁亥條："隆演以温爲左、右牙都指揮使，軍府事咸取決焉。"《新五代史》卷六一《楊隆演傳》："八年，徐温領昇州刺史，治舟師于金陵。宣州李遇自行密時爲大將，勳位已高，憤温用事，嘗曰：'徐温何人？吾猶未識，而驟至於此。'温聞之，怒，遣柴再用以兵送王壇代遇，且召之。遇疑不受命，再用圍之，隆演使客將何蕘諭遇使自歸。蕘因説曰：'公若欲反，可殺蕘以示衆，若本無心，何不隨蕘以出？'遇自以無反心，乃隨蕘出，温諷再用伺其出，殺之，並族其家。"《通鑑》卷二七○貞明四年（918）六月條："吳内外馬步都軍使、昌化節度使、同平章事徐知訓，驕倨淫暴……知訓狎侮吳王，無復君臣之禮。嘗與王爲優，自爲參軍，使王爲蒼鶻，總角弊衣執帽以從。又嘗泛舟濁河，王先起，知訓以彈彈之。又嘗賞花於禪智寺，知訓使酒悖慢，王懼而泣，四座股栗；左右扶王登舟，知訓乘輕舟逐之，不及，以鐵檛殺王親吏。將佐無敢言者，父温皆不之知……平盧節度使、同平章事、諸道副都統朱瑾遣家妓通候問於知訓，知訓强欲私之，瑾已不平。知訓惡瑾位加己上，置静淮軍於泗州，出瑾爲静淮節度使，瑾益恨之，然外事知訓愈謹。瑾有所愛馬，冬貯於幄，夏貯於幬；寵妓有絶色；知訓過別瑾，瑾置酒，自捧觴，出寵妓歌，以所愛馬爲壽，知訓大喜。瑾因延之中堂，伏壯士於户内，出妻陶氏拜之。知訓答拜，瑾以笏自後擊之踣地，呼壯士出斬之。瑾先繫二悍馬於廡下，將圖知訓，密令人解縱之，馬相蹄齧，聲甚厲，以是外人莫之聞。瑾提知訓首出，知訓從者數百人皆散走。瑾馳入府，以首示吳王曰：'僕已爲大王除害。'王懼，以衣障面，走入内，曰：'舅自爲之，我不敢知！'瑾曰：'婢子不足與成大事！'以知訓首擊柱，挺劍將出，子城使翟虔等已闔府門勒兵討之，乃自後踰城，墜而折足，顧追者曰：'吾爲萬人除害，以一身任患。'遂自剄。"亦見《新五代史》

卷四二《朱瑾傳》。

[7]武義：五代十國南吳高祖楊隆演年號（919—921）。

[8]"溫乃册渭爲天子"至"都督中外諸軍事"：《新五代史》卷六一《楊隆演傳》："溫之徙鎮金陵也，以其養子知誥守潤州。嚴可求嘗謂溫曰：'二郎君非徐氏子，而推賢下士，人望頗歸，若不去之，恐爲後患。'溫不能用其言。及知誥秉政，其語泄，知誥出可求于楚州，可求懼，詣金陵見溫謀曰：'唐亡於今十二年，而吳猶不敢改天祐，可謂不負唐矣。然吳所以征伐四方，而建基業者，常以興復爲辭。今聞河上之戰，梁兵屢絀，若李氏復興，其能屈節乎？宜於此時先建國以自立。'溫深然之，因留可求不遣，方謀迫隆演僭號。"《通鑑》卷二七〇貞明四年十一月條："初，吳徐溫自以權重而位卑，説吳王曰：'今大王與諸將皆爲節度使，雖有都統之名，不足相臨制；請建吳國，稱帝而治。'王不許。"同卷貞明五年三月條："吳徐溫帥將吏藩鎮請吳王稱帝，吳王不許。夏，四月，戊戌朔，即吳國王位。大赦，改元武義；建宗廟社稷，置百官，宮殿文物皆用天子禮。以金繼土，臘用丑。改謚武忠王曰孝武王，廟號太祖，威王曰景王，尊母爲太妃；以徐溫爲大丞相、都督中外諸軍事、諸道都統、鎮海寧國節度使、守太尉兼中書令、東海郡王，以徐知誥爲左僕射、參政事兼知内外諸軍事，仍領江州團練使，以揚府左司馬王令謀爲内樞密使，營田副使嚴可求爲門下侍郎，鹽鐵判官駱知祥爲中書侍郎，前中書舍人盧擇爲吏部尚書兼太常卿，掌書記殷文圭爲翰林學士，館驛巡官游恭爲知制誥，前駕部員外郎楊迢爲給事中。"同卷同年七月丙戌條："吳王立其弟濛爲廬江郡公，溥爲丹陽郡公，潯爲新安郡公，澈爲鄱陽郡公，子繼明爲廬陵郡公。"同年八月條："吳徐溫遣使以吳王書歸無錫之俘於吳越；吳越王鏐亦遣使請和於吳。自是吳國休兵息民，三十餘州民樂業者二十餘年。吳王及徐溫屢遺吳越王鏐書，勸鏐自王其國；鏐不從。"

[9]渭僭號凡三年而卒：中華書局本有校勘記："《新五代史》卷六一《吳世家》、《九國志》卷一皆云其卒於武義二年五月，稱

帝僅二年。" 僞諡爲惠帝：中華書局本有校勘記："'僞'字原闕，據《通曆》卷一五補。" 渭僭號凡三年而卒，僞諡爲惠帝：《通鑑》卷二七一後梁均王貞明六年四月條："吳宣王重厚恭恪，徐溫父子專政，王未嘗有不平之意形於言色，溫以是安之。及建國稱制，尤非所樂，多沈飲鮮食，遂成寢疾。"同卷同年五月："溫自金陵入朝，議當爲嗣者。或希溫意言曰：'蜀先主謂武侯："嗣子不才，君宜自取。"'溫正色曰：'吾果有意取之，當在誅張顥之初，豈至今日邪！使楊氏無男，有女亦當立。敢妄言者斬！'乃以王命迎丹楊公溥監國，徙溥兄濛爲舒州團練使。己丑，宣王殂。"《新五代史》卷六一《楊隆演傳》："（武義）二年五月，隆演卒。隆演少年嗣位，權在徐氏，及建國稱制，非其意，常怏怏，醑飲，稀復進食，遂至疾卒，年二十四，諡曰宣。弟溥立，僭號，追尊爲高祖宣皇帝，陵曰肅陵。"明本《册府》卷二一九《僭僞部·年號門》："至十六年，溫册渭爲天子，改元武義（盡二年）。"據《通鑑》，楊渭自貞明五年僭號，逝於貞明六年，凡二年。《輯本舊史》本傳及卷一三四《李昪傳》皆謂楊渭自天祐十六年（919）僭號，逝於天祐十八年，凡三年。《新五代史》卷六一《楊溥傳》：順義七年（927）"十一月庚戌，溥御文明殿即皇帝位，改元曰乾貞，大赦境內，追尊……隆演宣皇帝"。

[10]《大典》卷六〇五一"楊"字韻"姓氏（一一）"事目。

溥，行密幼子也。初封丹陽王，渭卒，徐溫乃推溥爲主，復僭僞號。[1]唐同光元年，莊宗平梁，[2]遷都於洛陽。十二月，溥遣使章景來朝，[3]稱"大吳國主致書上大唐皇帝"，其辭旨卑遜，有同箋表。[4]明年八月，又遣其司農卿盧蘋貢方物，[5]及獻貞簡太后珍玩，[6]莊宗命左藏庫使王居敏、[7]通事舍人張朗等以名馬報之。[8]郭崇韜之平西川也，[9]淮人大懼，將去僞號，稱藩於唐。時崇韜欲陳舟師下峽，爲平吴之策，會崇韜既誅，洛城有變，淮人聞之，比屋相慶。明宗纂嗣，[10]溥復遣使修好，安重誨奏曰："楊溥既不稱藩，無足與之抗禮，來偵國情，不如辭絶。"乃館其使，[11]不受所貢，遣之。唐天成二年十月，[12]徐温卒，追封爲齊王。[13]温之養子李昇代温佐輔，秉政數年，位至太尉、中書令、録尚書事，襲封齊王，僞加九錫。[14]晋天福二年，溥不得已遜位於昇。[15]昇遷溥於潤州，築丹陽宮以處之。溥自是服羽衣，習辟穀之術，年餘以幽死。[16]昇又遷其族於海陵，吴人謂其居爲永寧宮。[17]周顯德中，李景聞周師渡淮，慮楊氏爲變，使人盡殺之。[18]自唐大順二年，行密始有淮南之地，至溥遜位，凡四十七年而亡。[19]《永樂大典》卷六千五十一。[20]

[1]"初封丹陽王"至"復僭僞號"：《通鑑》卷二七〇貞明五年（919）七月丙戌條："吴王立其弟……溥爲丹陽郡公。"卷二七一貞明六年五月條："温自金陵入朝，議當爲嗣者。或希温意言曰：'蜀先主謂武侯："嗣子不才，君宜自取。"'温正色曰：'吾果有意取之，當在誅張顥之初，豈至今日邪！使楊氏無男，有女亦當立之。敢妄言者斬！'乃以王命迎丹楊公溥監國，徙溥兄濛爲舒州團練使。"《新五代史》卷六一《楊溥傳》："隆演卒，弟廬江公濛次當立，而徐氏秉政，不欲長君，乃立溥。"《通鑑》卷二七一貞明六年六月戊申條："溥即吴王位。尊母王氏曰太妃。"《新五代史》卷六一《楊溥傳》："七月，改昇州大都督府爲金陵府，拜徐温金陵尹。"《通鑑》卷二七一龍德元年（921）正月條："蜀主、吴主屢以書勸晋王稱帝，晋王以書示僚佐曰：'昔王太師亦嘗遺先王書，

勸以唐室已亡，宜自帝一方。先王語余云："昔天子幸石門，吾發兵誅賊臣，當是之時，威振天下，吾若挾天子據關中，自作九錫禪文，誰能禁我！顧吾家世忠孝，立功帝室，誓死不爲耳。汝他日當務以復唐社稷爲心，慎勿效此曹所爲！"言猶在耳，此議非所敢聞也。'因泣。"同卷同年二月條："吳改元順義。"同卷同年十月："吳徐溫勸吳王祀南郊，或曰：'禮樂未備；且唐祀南郊，其費巨萬，今未能辦也。'溫曰：'安有王者而不事天乎！吾聞事天貴誠，多費何爲！唐每郊祀，啓南門，灌其樞用脂百斛。此乃季世奢泰之弊，又安足法乎！'甲子，吳王祀南郊，配以太祖。乙丑，大赦；加徐知誥同平章事，領江州觀察使。尋以江州爲奉化軍，以知誥領節度使。"吳王祀南郊，《新五代史》卷六一《楊溥傳》繫於十一月。《通鑑》卷二七二同光元年（923）五月條："又遣使遺吳王書，告以已克鄆州，請同舉兵擊梁。五月，使者至吳，徐溫欲持兩端，將舟師循海而北，助其勝者。嚴可求曰：'若梁人邀我登陸爲援，何以拒之？'溫乃止。"同年十月條："吳人有告壽州團練使鍾泰章侵市官馬者，徐知誥以吳王之命，遣滁州刺史王稔巡霍丘，因代爲壽州團練使，以泰章爲饒州刺史。"

[2]同光：後唐莊宗李存勖年號（923—926）。　莊宗：即李存勖，小字亞子，沙陀部人，太原（今山西太原市）人。晉王李克用之子，後唐開國皇帝。紀見《舊五代史》卷二七至卷三四及《新五代史》卷四至卷五。

[3]章景：人名。籍貫不詳。五代十國藩鎮將領。事見本書本卷。

[4]"溥遣使章景來朝"至"有同箋表"：《輯本舊史》卷三〇《唐莊宗紀四》同光元年十二月戊寅條："淮南楊溥遣使賀登極，稱'大吳國主書上大唐皇帝'。"此條之下，殿本有原輯者案語："《十國春秋·吳世家》云：唐以滅梁來告，始稱詔，我國不受，唐主隨易書，用敵國禮，曰'大唐皇帝致書于吳國主'，王遣司農卿盧蘋獻金器二百兩、銀器三千兩、羅錦一千二百疋、龍腦香五斤、龍鳳

絲鞵一百事于唐。又遣使張景報聘，稱'大吳國主上書大唐皇帝'，辭禮如牋表。"明本《册府》卷二三二《僭僞部·稱藩門》繫此事於同光元年十一月。《通鑑》卷二七二同光元年十二月甲申條："吳王復遣司農卿洛陽盧蘋來奉使，嚴可求像料帝所問，教蘋應對，既至，皆如可求所料。蘋還，言唐主荒于游畋，嗇財拒諫，内外皆怨。"

[5]司農卿：官名。司農寺長官。掌管倉廩、籍田、苑囿諸事。從三品上。　盧蘋：人名。籍貫不詳。五代十國南吳官員。事見本書本卷。

[6]貞簡太后：即後唐莊宗生母曹太后。貞簡，諡號。傳見本書卷四九、《新五代史》卷一四。　"明年八月"至"及獻貞簡太后珍玩"：《輯本舊史》卷三二《唐莊宗紀六》同光二年八月癸未條："淮南楊溥遣使貢方物。"明本《册府》卷二三二《僭僞部·稱藩門》："二年八月甲申，復遣司農卿盧蘋獻方物，上皇太后金花、銀器、衣段等。"又載："八月，遣使雷岏獻新茶。九月壬寅，以皇太妃喪，獻慰禮銀絹二千。九月癸丑，淮南使張彦鑄對於中興殿，賜分物。十月，以皇太后喪，遣使張璟奉慰致禮。"按後唐代梁後數年，淮南貢獻極頻，附之於此。《輯本舊史》卷三一《唐莊宗紀五》同光二年三月丁巳條："淮南楊溥遣使貢賀郊天禮物。"此條之下，原輯者案語引《舊五代史考異》："案《十國春秋·吳世家》：王遣右衛上將軍許確進賀郊天銀二千兩、錦綺羅一千二百疋、細茶五百斤、象牙四株、犀角十株于唐。"亦見明本《册府》卷一六九《帝王部·納貢獻門》。明本《册府》卷二三二《僭僞部·稱藩門》："二年三月壬子，又遣使來朝。四月丙寅，又遣使貢方物。丁丑，獻鴉山茶、含膏茶。己丑，上皇太后賀書，爲帝巡幸還宫。"《輯本舊史》卷三二《唐莊宗紀六》同光二年十二月戊子條："淮南楊溥遣使貢獻。"明本《册府》卷一六九《帝王部·納貢獻門》："十二月，淮南吳國主楊溥遣使王權進賀正金花銀器、錦絲千段、御衣、金器洎太后禮物。"《輯本舊史》卷三二《唐莊宗紀六》同

光三年三月壬子條：“淮南楊溥遣使朝貢。”同卷同年四月丙寅條：“淮南楊溥遣使貢方物。”同年五月壬辰條：“淮南楊溥貢端午節物。”同書卷三三《唐莊宗紀七》同光三年十月丁卯條：“淮南楊溥遣使進慰禮。”同卷同年閏十二月甲辰條：“淮南楊溥遣使朝貢。”明本《册府》卷二三二《僭偽部·稱藩門》：“閏十二月甲辰，遣使貢長至賀禮。乙卯，遣使雷峴獻賀正禮幣金銀二千兩、羅錦千疋。”《輯本舊史》卷三四《唐莊宗紀八》同光四年二月丁酉條：“淮南楊溥遣使賀平蜀。”明本《册府》卷二三二《僭偽部·稱藩門》：“四年貳月辛亥，遣右驍衛將軍蘇虔獻金花銀器、錦綺綾羅千段。”《輯本舊史》卷三四《唐莊宗紀八》同光四年二月辛亥條：“淮南楊溥遣使貢方物。”明本《册府》卷二三二《僭偽部·稱藩門》：“四月庚子，明宗初即位，遣使楊殷進新茶。”《輯本舊史》卷三七《唐明宗紀三》天成元年十一月庚午條：“淮南楊溥遣使貢獻，賀登極。”明本《册府》卷一六九《帝王部·納貢獻門》：“是月，淮南偽吳主楊溥遣使魯思鄳來賀帝登極，持銀千兩、金百兩、綾一千二百疋、茶三百觔。受之。”

[7]左藏庫使：官名。左藏庫負責收納各地所輸財賦，以供官吏、軍兵俸給及賞賜等費用。長官稱左藏庫使。　王居敏：人名。籍貫不詳。五代後唐官員。事見本書卷四四《唐明宗紀十》。

[8]通事舍人：官名。東晉始置。唐代時爲中書省屬官，全稱中書通事舍人。掌殿前承宣通奏。從六品上。　張朗：人名。籍貫不詳。五代後唐官員。本書僅此一見。

[9]郭崇韜：人名。代州雁門（今山西代縣）人。五代後唐大臣。傳見本書卷五七、《新五代史》卷二四。　西川：方鎮名。治所在成都（今四川成都市）。

[10]明宗：即李嗣源。沙陀部人。原名邈佶烈，李克用養子。五代後唐皇帝，926 年至 933 年在位。紀見本書卷三五至卷四四、《新五代史》卷六。

[11]安重誨：《輯本舊史》之影庫本粘籤：“安重誨，原本作

'仲誨'，今從《通鑑》及《歐陽史》改正。"　乃館其使：中華書局本有校勘記："'館'，《通曆》卷一五同，殿本、劉本作'謝'。"

[12]天成：後唐明宗李嗣源年號（926—930）。

[13]徐溫卒，追封爲齊王：《輯本舊史》卷三八《唐明宗紀四》天成二年（927）四月丁酉條："僞吳楊溥遣移署右威衛將軍雷現貢端午禮幣。"同年五月乙丑條："僞吳楊溥貢新茶。"同年九月辛亥條："僞吳楊溥遣使以應聖節貢獻。"《通鑑》卷二七六天成二年十月辛丑條："辛丑，吳大丞相、都督中外諸軍事、諸道都統、鎮海寧國節度使兼中書令東海王徐溫卒……吳主贈溫齊王，諡曰忠武。"

[14]太尉：官名。與司徒、司空並爲三公，唐後期、五代時多爲大臣、勳貴加官。正一品。　中書令：官名。漢代始置，隋、唐前期爲中書省長官，屬宰相之職；唐後期多爲授予元勳大臣的虛銜。正二品。　録尚書事：官名。東漢始置。總領政務。魏晉以後，權重者爲之。　九錫：錫，通"賜"，意爲皇帝賜予大臣的九種物品，是對大臣最高的尊崇和禮遇。

[15]天福：五代後晉高祖石敬瑭年號（936—942）。出帝石重貴沿用至九年（944）。後漢高祖劉知遠繼位後沿用一年，稱天福十二年（947）。　"温之養子李昇代温佐輔"至"溥不得已遜位於昇"：《通鑑》卷二七六天成二年十一月丙子條："吳主……以徐知詢爲諸道副都統、鎮海寧國節度使兼侍中，加徐知誥都督中外諸軍事。"《新五代史》卷六一《楊溥傳》："（七年，）以徐知誥爲太尉兼侍中，拜温子知詢輔國大將軍、金陵尹，治温舊鎮。"《通鑑》卷二七七長興二年（931）二月條："吳徐知誥欲以中書侍郎、内樞使宋齊丘爲相，齊丘自以資望素淺，欲以退讓爲高，謁歸洪州葬父，因入九華山，止於應天寺，啓求隱居；吳主下詔徵之，知誥亦以書招之，皆不至。知誥遣其子景通自入山敦諭，齊丘始還朝，除右僕射致仕，更命應天寺曰徵賢寺。"卷二七八長興四年五月條："吳宋齊丘勸徐知誥徙吳主都金陵，知誥乃營宮城於金陵。"《通

鑑》卷二七八清泰元年（934）正月條：“吳徐知誥別治私第於金陵，乙未，遷居私第，虛府舍以待吳主。”卷二七九清泰元年二月條：“吳人多不欲遷都者，都押牙周宗言於徐知誥曰：‘主上西遷，公復須東行，不惟勞費甚大，且違衆心。’丙子，吳主遣宋齊丘如金陵，諭知誥罷遷都。先是，知誥久有傳禪之志，以吳主無失德，恐衆心不悅，欲待嗣君；宋齊丘亦以爲然。一旦，知誥臨鏡鑷白髭，歎曰：‘國家安而吾老矣，奈何？’周宗知其意，請如江都，微以傳禪諷吳主，且告齊丘。齊丘以宗先己，心疾之，遣使馳詣金陵，手書切諫，以爲天時人事未可；知誥愕然。後數日，齊丘至，請斬宗以謝吳主，乃黜宗爲池州副使。久之，節度副使李建勳、行軍司馬徐玠等屢陳知誥功業，宜早從民望，召宗復爲都押牙。知誥由是疏齊丘……吳主詔徐知誥還府舍。甲申，金陵大火；乙酉，又火。知誥疑有變，勒兵自衛。”金陵大火，《新五代史》卷六一《楊溥傳》繫於閏正月。《通鑑》卷二七九後唐潞王清泰元年十月條：“吳主加徐知誥大丞相、尚父、嗣齊王、九錫；辭不受。”《新五代史》卷六一《楊溥傳》：“（大和）七年九月，溥加尊號曰睿聖文明光孝應天弘道廣德皇帝，大赦，改元天祚。知誥進位太師、天下兵馬大元帥，封齊王。”《通鑑》卷二八〇後晉高祖天福元年（936）十一月癸巳條：“吳主詔齊王徐知誥置百官，以金陵府爲西都。”同卷同年十二月條：“徐知誥以鎮南節度使、太尉兼中書令李德誠、德勝節度使兼中書令周本位望隆重，欲使之帥衆推戴，本曰：‘我受先王大恩，自徐溫父子用事，恨不能救楊氏之危，又使我爲此，可乎！’其子弘祚強之，不得已與德誠帥諸將詣江都表吳主，陳知誥功德，請行冊命；又詣金陵勸進。宋齊丘謂德誠之子建勳曰：‘尊公，太祖元勳，今日掃地矣。’於是吳宮多妖，吳主曰：‘吳祚其終乎！’左右曰：‘此乃天意，非人事也。’”同書卷二八一後晉高祖天福二年二月戊子條：“吳主使宜陽王璲如西都，冊命齊王；王受冊，赦境内。冊王妃曰王后。”同卷同年八月條：“是月，吳主下詔，禪位於齊。”同卷同年九月丙寅條：“吳主命江夏王璘奉璽綬於齊。”同卷同年十月甲申條：“齊王誥即皇帝位於金陵，大赦，改元昇元，國號唐。”

　　[16]“昇遷溥於潤州”至“年餘以幽死”：《通鑑》卷二八一天福二年十月乙酉條：“（徐知誥）遣右丞相玠奉册詣吳主，稱受禪老臣誥謹拜稽首上皇帝尊號曰高尚思玄弘古讓皇，宮室、乘輿、服御皆如故，宗廟、正朔、徽章、服色悉從吳制。”《輯本舊史》卷一三四《李昇傳》作“高思元弘古讓皇”，《新五代史》卷六二《李昇傳》作“高尚思玄弘古讓皇帝”。《通鑑》卷二八一天福二年十月己丑條：“唐主表讓皇改東都宮殿名，皆取於仙經。讓皇常服羽衣，習辟穀術。”同月丙申條：“讓皇以唐主上表，致書辭之；唐主表謝而不改。”同月丁酉條：“加宋齊丘大司徒。齊丘雖爲左丞相，不預政事，心慍懟，聞制詞云‘布衣之交’，抗聲曰：‘臣爲布衣時，陛下爲刺史；今日爲天子，可以不用老臣矣。’還家請罪，唐主手詔謝之，亦不改命。久之，齊丘不知所出，乃更上書請遷讓皇於他州，及斥遠吳太子璉，絕其婚；唐主不從。”同卷天福三年四月條：“吳讓皇固辭舊宮，屢請徙居；李德誠等亦亟以爲言。五月，戊午，唐主改潤州牙城爲丹楊宮，以李建勳爲迎奉讓皇使。”同月壬戌條：“唐主以左宣威副統軍王輿爲鎮海留後，客省使公孫圭爲監軍使，親吏馬思讓爲丹楊宮使，徙讓皇居丹楊宮。”同年十一月辛丑條：“吳讓皇卒。唐主廢朝二十七日，追諡曰睿皇帝。”楊溥之死，《新五代史》卷六一《楊溥傳》繫於十二月。

　　[17]海陵：縣名。治所在今江蘇泰州市。　昇又遷其族於海陵，吳人謂其居爲永寧宮：《通鑑》卷二八二天福四年四月條：“唐人遷讓皇之族於泰州，號永寧宮，防衛甚嚴。康化節度使兼中書令楊珙稱疾，罷歸永寧宮。乙丑，以平盧節度使兼中書令楊璉爲康化節度使；璉固辭，請終喪，從之。”

　　[18]顯德：後周太祖郭威年號（954—960）。　慮楊氏爲變：中華書局本有校勘記：“‘楊氏’，原作‘其’，據殿本、孔本、《通曆》卷一五改。”　“周顯德中”至“使人盡殺之”：《通鑑》卷二

九二顯德三年（956）二月條："唐主遣園苑使尹延範如泰州，遷吳讓皇之族於潤州。延範以道路艱難，恐楊氏爲變，盡殺其男子六十人，還報，唐主怒，腰斬之。"《新五代史·楊溥傳》："顯德三年，世宗征淮南，下詔撫安楊氏子孫，而李景聞之，遣人盡殺其族。周先鋒都部署劉重進得其玉硯、馬腦碗、翡翠瓶以獻，楊氏遂絶。"與《通鑑》異，與本傳同。明本《册府》卷二一九《僭僞部·年號門》："楊浦，温之弟。渭卒，浦嗣僞位，改元順義（盡七年），又改乾貞（盡二年），又改太和（盡二年），又改天祚（盡二年），遂位於李昇。"

[19]"自唐大順二年"至"凡四十七年而亡"：明本《册府》卷二一九《僭僞部·姓繫門》與本傳同。《新五代史》卷六一《吳世家》傳論，徐無黨注："據《吳録》《運曆圖》《九國志》皆云行密以唐景福元年，再入揚州，至晋天福二年，爲李昇所篡，實四十六年。而《舊唐書》《舊五代史》皆云大順二年入揚州，至被篡，四十七年。《吳録》徐鉉等撰，《運曆圖》龔穎撰，二人皆江南故臣，所記宜得實。而唐末喪亂，中朝文字多差失，故今以鉉、穎所記爲定。"

[20]《大典》卷六〇五一"楊"字韻"姓氏（一一）"事目。《輯本舊史》後有原輯者引《五代史補》："楊行密常命宣州刺史田頵領兵圍錢塘，錢鏐危急，遣其子元璙修好於行密。元璙風神俊邁，行密見之甚喜，因以其女妻之，遽命頵罷兵。初，頵之圍城也，嘗遣使侯錢鏐起居，鏐厚待之。將行，復與之小飲，時羅隱、皮日休在坐，意以頵之師無能爲也，且欲譏之。於是日休爲令，取一字，四面被圍而不失其本音，因曰：'"其"字上加"艸"爲萁菜，下加"石"爲碁子，左加"玉"爲琪玉，右加"月"爲期會。'羅隱取'于'字上加'雨'爲舞雩，下加'皿'爲盤盂，左加'玉'爲玗玉，右加'邑'爲邘地。使者取'亡'字譏錢鏐必亡，然'亡'上加'艸'爲芒，下加'心'爲忘，右加'邑'爲邙，左加'心'爲忙，其令不通，合坐皆嘻笑之，使大慚而去。未

幾，頵果班師。先是，行密與鏐勢力相敵，其爲忿怒，雖水火之不若也。行密嘗命以大索爲錢貫，號曰'穿錢眼'。鏐聞之，每歲命以大斧科柳，謂之'斫楊頭'。至是，以元璙通婚，二境漸睦，穿眼、斫頭之論始止。""然亡上加草爲芒"，中華書局本有校勘記："'加'字原闕，據殿本、《舊五代史考異》卷五、《五代史補》卷一補。"

李昇　子景

李昇，本海州人。[1]僞吳大丞相徐溫之養子也。[2]溫，字敦美，亦海州人。初從淮南節度使楊行密起兵於廬州，漸至軍校。唐末，青州王師範爲梁祖所圍，乞師於淮南，楊行密發兵赴之，溫時爲小將，亦預其行。師次青之南鄙，師範已敗，淮兵大掠而還。昇時幼稺，[3]爲溫所擄，溫愛其惠黠，遂育爲己子，名曰知誥。[4]

[1]海州：州名。治所在今江蘇連雲港市海州區。

[2]本海州人，僞吳大丞相徐溫之養子也：《新五代史》《通鑑》俱作"徐州人"。《新五代史》卷六二《李昇傳》："李昇，字正倫，徐州人也。世本微賤，父榮，遇唐末之亂，不知其所終。昇少孤，流寓濠、泗間，楊行密攻濠州，得之，奇其狀貌，養以爲子。而楊氏諸子不能容，行密以乞徐溫，乃冒姓徐氏，名知誥。"《通鑑》卷二六〇乾寧二年（895）三月條："行密軍士掠得徐州人李氏之子，生八年矣，行密養以爲子，行密長子渥憎之；行密謂其將徐溫曰：'此兒質狀性識，頗異於人，吾度渥必不能容，今賜汝爲子。'"

[3]幼稺（zhì）：幼稚。

［4］名曰知誥：《通鑑》卷二六〇乾寧二年三月條："温名之曰知誥。知誥事温，勤孝過於諸子。嘗得罪於温，温笞而逐之；及歸，知誥迎拜於門。温問：'何故猶在此?'知誥泣對曰：'人子舍父母將何之！父怒而歸母，人情之常也。'温以是益愛之，使掌家事，家人無違言。及長，喜書善射，識度英偉。行密常謂温曰：'知誥俊傑，諸將子皆不及也。'"

天祐初，行密卒，其子渥嗣，會左衛都指揮使張顥殺渥，[1]欲歸命於梁。温謂顥曰："此去梁國，往復三千里，不月餘事不成，軍國未有主，無主將亂，不如有所立，徐圖其事。"顥然之，乃立渥弟渭爲帥。温尋殺顥，[2]渭僞授温常州刺史、檢校司徒。[3]温留廣陵，遣昇知州事。是歲，唐天祐五年也。七年，丁母憂，起復授檢校太尉、温州刺史，充本州團練觀察使。[4]八年，宣州叛，温與都將柴再用討平之，[5]加同中書平章事，[6]充淮南行軍司馬、內外馬步都指揮使、鎮海軍節度、浙江西道觀察等使。[7]十二年八月，温出鎮潤州，以其子知訓知政事，加温鎮海軍管內水陸馬步軍都軍使，兼寧國軍節度、宣歙池等州觀察使。[8]時昇爲温屬郡昇州刺史，乃大理郡廨，温表移其府於金陵，僞授昇州大都督府長史，[9]充鎮海軍節度副大使，[10]知節度事，以昇爲鎮海軍節度副使、行潤州刺史，[11]充本州團練使。十五年，知訓授淮南行軍副使、內外馬步軍都指揮使，[12]通判軍府事。居無何，知訓爲大將朱瑾所殺，温以昇代知政事。[13]明年，温册楊渭爲天子，僭稱大吳，改唐天祐十六年爲武義元年。[14]

[1]左衛都指揮使：官名。掌宮廷宿衛。中華書局本引影庫本粘籤：“‘左衛’，原本作‘位衛’，今從《十國春秋》改正。”

[2]溫尋殺顥：《新五代史》卷六一《徐溫傳》：“及行密病，平生舊將皆以戰守在外，而溫居帳下，遂預立渥之功。及弒渥，又與張顥有隙，使鍾章殺之。章許諾，選壯士三十人，椎牛享之，刺血爲盟。溫猶疑章不果，夜半使人探其意，陽謂曰：‘溫有老母，懼事不成，不如且止。’章曰：‘言已出口，寧可已乎？’溫乃安。明日，鍾章殺顥，溫因盡殺紀祥等，歸弒渥之罪於顥，以其事入白渥母史氏。史氏悸而泣曰：‘吾兒年幼，禍亂若此，得保百口以歸合淝，公之惠也。’”

[3]常州：州名。治所在今江蘇常州市。　檢校司徒：官名。爲散官或加官，以示恩寵，無實際執掌。

[4]團練觀察使：官名。兼掌團練、觀察使之職。唐代中期以後，於不設節度使的地區設團練使，掌本區各州軍事。觀察使掌一道州縣官的考績及民政。

[5]柴再用：人名。蔡州汝南（今河南汝南縣）人。楊行密麾下將領。事見《新五代史》卷六一。《輯本舊史》之影庫本粘籤：“柴再用，原本脫‘用’字，今從《九國志》增入。”　八年，宣州叛，溫與都將柴再用討平之：《通鑑》卷二六八乾化二年（912）三月條：“館驛使徐玠使於吳越，道過宣州，溫使玠說遇入見新王，遇初許之；玠曰：‘公不爾，人謂公反。’遇怒曰：‘君言遇反，殺侍中者非反邪！’侍中，謂威王也。溫怒，以淮南節度副使王檀爲宣州制置使，數遇不入朝之罪，遣都指揮使柴再用帥昇、潤、池、歙兵納檀於宣州，昇州副使徐知誥爲之副。遇不受代，再用攻宣州，踰月不克。”同卷同年五月條：“李遇少子爲淮南牙將，遇最愛之，徐溫執之，至宣州城下示之，其子啼號求生，遇由是不忍戰。溫使典客何蕘入城，以吳王命說之曰：‘公本志果反，請斬蕘以徇；不然，隨蕘納款。’遇乃開門請降，溫使柴再用斬之，夷其族。於是諸將始畏溫，莫敢違其命。徐知誥以功遷昇州刺史。知誥事溫甚

謹，安於勞辱，或通夕不解帶，溫以是特愛之，每謂諸子曰：'汝輩事我能如知誥乎？'時諸州長吏多武夫，專以軍旅爲務，不恤民事；知誥在昇州，獨選用廉吏，脩明政教，招延四方士大夫，傾家貲無所愛。洪州進士宋齊丘，好縱橫之術，謁知誥，知誥奇之，辟爲推官，與判官王令謀、參軍王翃專主謀議，以牙吏馬仁裕、周宗、曹悰爲腹心。"按乾化二年（912）即吳之天祐九年。

[6]同中書平章事：官名。即同中書門下平章事。唐高宗以後，凡實際任宰相之職者，常在其本官後加同平章事的職銜。後成爲宰相專稱。

[7]浙江西道：方鎮名。治所在杭州（今浙江杭州市）。

[8]都軍使：官名。所部統兵將領，位次於都指揮使。 寧國軍：方鎮名。治所在宣州（今安徽宣城市）。天復三年（903）廢，五代吳復置。 歙（shè）：州名。治所在今安徽歙縣。 池：州名。治所在今安徽池州市。

[9]溫：中華書局本有校勘記："'溫'字原闕，據彭校、《冊府》卷二二三補。"

[10]節度副大使：中華書局本有校勘記："'度'，原作'都'，據殿本、劉本、孔本校、邵本、彭校、《通曆》卷一五、《冊府》卷二二三改。"

[11]節度副使：官名。唐五代方鎮屬官。位在行軍司馬之下、判官之上。 行潤州刺史：《輯本舊史》之影庫本粘籤："潤州，原本作'澗州'，今從《歐陽史》改正。"

[12]行軍副使：官名。當爲執掌部隊調度、作戰之軍事副官。

[13]"居無何"至"溫以昇代知政事"：《通鑑》卷二六九貞明三年（917）四月條："吳昇州刺史徐知誥治城市府舍甚盛。五月，徐溫行部至昇州，愛其繁富。潤州司馬陳彥謙勸溫徙鎮海軍治所於昇州，溫從之，徙知誥爲潤州團練使。知誥求宣州，溫不許，知誥不樂。宋齊丘密言於知誥曰：'三郎驕縱，敗在朝夕。潤州去廣陵隔一水耳，此天授也。'知誥悅，即之官。三郎，謂溫長子知

訓也。"同書卷二七〇貞明四年六月條："知訓及弟知詢皆不禮於徐知誥，獨季弟知諫以兄禮事之。知訓嘗召兄弟飲，知誥不至，知訓怒曰：'乞子不欲酒，欲劍乎！'又嘗與知誥飲，伏甲欲殺之，知諫躡知誥足，知誥陽起如厠，遁去，知訓以劍授左右刁彥能使追殺之；彥能馳騎及於中塗，舉劍示知誥而還，以不及告。"《新五代史》卷六二《李昇傳》所載稍異："昇事徐溫甚孝謹，溫嘗罵其諸子不如昇，諸子頗不能容，而知訓尤甚，嘗召昇飲酒，伏劍士欲害之，行酒吏刁彥能覺之，酒至昇，以手爪掐之，昇悟起走，乃免。後昇自潤州入覲，知訓與飲於山光寺，又欲害之，徐知諫以其謀告昇，昇起遁去。知訓以劍授刁彥能，使追殺之，及於中塗而還，紿以不及，由是得免。後昇貴，以彥能爲撫州節度使。"《通鑑》卷二七〇貞明四年六月又載："徐知誥在潤州聞難，用宋齊丘策，即日引兵濟江。瑾已死，因撫定軍府。時徐溫諸子皆弱，溫乃以知誥代知訓執吳政，沉朱瑾尸於雷塘而滅其族。"同年七月戊戌條："吳徐溫入朝于廣陵，疑諸將皆預朱瑾之謀，欲大行誅戮。徐知誥、嚴可求具陳徐知訓過惡，所以致禍之由，溫怒稍解，乃命綱瑾骨于雷塘而葬之，責知訓將佐不能匡救，皆抵罪；獨刁彥能屢有諫書，溫賞之。戊戌，以知誥爲淮南節度行軍副使、内外馬步都軍副使、通判府事，兼江州團練使。以徐知諫權潤州團練事。溫還鎮金陵，總吳朝大綱，自餘庶政，皆決於知誥。"同月又載："知誥悉反知訓所爲，事吳王盡恭，接士大夫以謙，御衆以寬，約身以儉。以吳王之命，悉蠲天祐十三年以前逋稅，餘俟豐年乃輸之。求賢才，納規諫，除奸猾，杜請託。於是士民翕然歸心，雖宿將悍夫無不悦服。先是，吳有丁口錢，又計畝輸錢，錢重物輕，民甚苦之。齊丘説知誥，以爲'錢非耕桑所得，今使民輸錢，是教民棄本逐末也。請蠲丁口錢；自餘稅悉輸穀帛，紬絹匹直千錢者當稅三千。'或曰：'如此，縣官歲失錢億萬計。'齊丘曰：'安有民富而國家貧者邪！'知誥從之。由是江、淮間曠土盡闢，桑柘滿野，國以富強。知誥欲進用齊丘而徐溫惡之，以爲殿直、軍判官。知誥每夜引齊丘於水亭屏語，常至夜分，或居高堂，悉去屏障，獨置大爐，相向坐，不言，以鐵筋畫灰爲字，隨以匙滅去之，故其所謀，人莫得而知也。"同卷同年十一月條："嚴可求屢勸溫以次子知詢代徐知誥知吳政，知誥與駱知祥謀，出可求爲楚州刺史。可求既受命，至金陵，見溫，説之曰：'吾奉唐正朔，常以興復爲辭。今朱、李方争，朱氏日衰，李氏日熾。一旦李氏有天下，吾能北面爲之臣乎？不若先建吳國以繫民望。'溫大悦，復留可求參總庶政，使草具禮儀。知誥知可求不可去，乃以女妻其子續。"

[14]"明年"至"改唐天祐十六年爲武義元年"：《通鑑》卷二七〇貞明五年三月條："吳徐溫帥將吏藩鎮請吳王稱帝，吳王不許。夏，四月，戊戌朔，即吳國王位。大赦，改元武義；建宗廟社稷，置百官，宮殿文物皆用天子禮。以金繼土，臘用丑。改諡武忠王曰孝武王，廟號太祖，威王曰景王，尊母爲太妃；以徐溫爲大丞相、都督中外諸軍事、諸道都統、鎮海寧國節度使，守太尉兼中書令、東海郡王，以徐知誥爲左僕射、參政事兼知内外諸軍事，仍領江州團練使。"

　　十八年，[1]渭死，溫聞之，自金陵馳歸揚州，夜入廣陵，議有所立。或有希溫旨，言及蜀先主遺命諸葛亮之事，[2]溫厲聲曰："若楊氏無男，有女當立矣，無得異議。"由是羣心乃定，遂迎丹陽王溥於潤州，以其年六月十八日即僞位，改元爲順義。[3]自是溫父子愈盛，中外共專其國，楊氏主祭而已。溫累官至竭忠定難建國功臣、大丞相、都督中外諸軍事、[4]諸道都統、鎮海寧國等軍節度、宣歙池等州管内營田觀察等使、開府儀同三司、守太師、中書令、金陵尹，封東海王，[5]食邑一萬户，實封五百户。僞順義七年改乾貞元年，[6]即後唐天成二年。其年十月二十三日，温卒，僞贈大元帥，追封齊王，謚曰忠武。[7]

[1]十八年：中華書局本有校勘記：“《新五代史》卷六一《吳世家》、《九國志》卷一繫其事於武義二年五月，按武義二年即天祐十七年。”《通鑑》卷二七一貞明六年（920）五月己丑條同。

[2]蜀先主：即蜀漢開國君主劉備。涿郡涿縣（今河北涿州市）人。傳見《三國志》卷三二。　諸葛亮：字孔明，號臥龍。徐州瑯琊郡陽都（今山東沂南縣）人。三國時期著名政治家、軍事家。輔佐劉備在四川地區建立蜀漢政權。後積勞成疾而病逝。傳見《三國志》卷三五。

[3]順義：五代十國南吳睿帝楊溥年號（921—927）。

[4]大丞相：官名。授予功勳卓著者，非定制。　都督中外諸軍事：中華書局本有校勘記：“‘事’，原作‘使’，據殿本、劉本、《冊府》卷二一九及本卷上文改。”

[5]諸道都統：官名。總諸道兵馬專征伐之最高長官。　封東海王：中華書局本有校勘記：“‘封’字原闕，據《冊府》卷二一九、卷二二三補。”

[6]乾貞：五代十國南吳睿帝楊溥年號（927—929）。

[7]大元帥：官名。即“天下兵馬大元帥”。總掌天下兵馬。爲特設超品之官職。　“温卒”至“謚曰忠武”：《通鑑》卷二七六天成二年（927）十月辛丑條：“吳大丞相、都督中外諸軍事、諸道都統、鎮海寧國節度使兼中書令東海王徐温卒。初，温子行軍司馬、忠義節度使、同平章事知詢以其兄知誥非徐氏子，數請代之執吳政，温曰：‘汝曹皆不如也。’嚴可求及行軍副使徐玠屢勸温以知詢代知誥，温以知誥孝謹，不忍也。陳夫人曰：‘知誥自我家貧賤時養之，柰何富貴而棄之！’可求等言之不已。温欲帥諸藩鎮入朝，勸吳王稱帝，將行，有疾，乃遣知詢奉表勸進，因留代知誥執政。

知誥草表欲求洪州節度使，俟旦上之，是夕，溫凶問至，乃止。知詢亟歸金陵。吳主贈溫齊王，謚曰忠武。"

　　昪前夢溫負登山，逾月溫卒，[1]昪乃僞授輔政興邦功臣，知內外左右事、[2]開府儀同三司、守太尉、中書令、宣城公。昪自平朱瑾之亂，遂執吳政。天成四年，僞吳改大和元年，[3]是歲，昪出鎮金陵，[4]尋封東海王。[5]至清泰二年改天祚元年，[6]其年以金陵爲齊國，[7]封昪爲齊王，乃追謚溫爲忠武王，廟號太祖。昪又進位太尉、錄尚書事，留鎮金陵，以其子景總政於揚州。未幾，僞加昪九錫，建天子旌旗，改金陵爲西都，以揚州爲東都。昪開國依齊、梁故事，用徐玠爲齊國右丞相，宋齊丘爲左丞相，以爲謀主。[8]僞吳天祚三年，楊溥遜位於昪，國號大齊，改元爲昪元，[9]建都於金陵，時晋氏天福二年也。昪乃册楊溥爲讓皇，其册文曰"受禪老臣知誥，謹上册皇帝爲高尚思玄宏古讓皇"云。仍以其子遙領平廬軍節度使，遷於海陵。[10]

　　[1]逾月溫卒：中華書局本有校勘記："'月'，殿本作'年'。"
　　[2]知內外左右事：中華書局本有校勘記："'事'，《册府》卷二二三作'軍'。"
　　[3]大和：五代十國南吳睿帝楊溥年號（929—935）。　僞吳改大和元年：中華書局本有校勘記："'大和'，原作'太和'，據邵本、《新五代史》卷六一《吳世家》改。按王仁遇墓誌（拓片刊《北京圖書館藏中國歷代石刻拓本匯編》第三十六册）記其卒於吳大和七年六月，則當以'大和'爲正。"
　　[4]是歲，昪出鎮金陵：中華書局本有校勘記："《新五代史》

卷六二《南唐世家》、馬令《南唐書》卷一繫其事於大和三年。按
《通鑑》卷二七七：'（長興二年）癸亥，徐知誥至金陵'，長興二
年即大和三年。"

[5]"天成四年"至"尋封東海王"：《通鑑》卷二七六天成四
年（929）十月條："吳諸道副都統、鎮海寧國節度使兼侍中徐知詢
自以握兵據上流，意輕徐知誥，數與知誥爭權，內相猜忌，知誥患
之；內樞密使王令謀曰：'公輔政日久，挾天子以令境內，誰敢不
從！知詢年少，恩信未洽於人，無能爲也。'知詢待諸弟薄，諸弟
皆怨之。徐玠知知詢不可輔，反持其短以附知誥。吳越王鏐遺知詢
金玉鞍勒、器皿，皆飾以龍鳳；知詢不以爲嫌，乘用之。知詢典客
周廷望說知詢曰：'公誠能捐寶貨以結朝中勳舊，使皆歸心於公，
則彼誰與處！"知詢從之，使廷望如江都諭意。廷望與知誥親吏周
宗善，密輸款於知誥，亦以知誥陰謀告知詢。知詢召知誥詣金陵除
父溫喪，知誥稱吳主之命不許，周宗謂廷望曰：'人言侍中有不臣
七事，宜亟入謝！'廷望還，以告知詢。十一月，知詢入朝，知誥
留知詢爲統軍，領鎮海節度使，遣右雄武都指揮使柯厚徵金陵兵還
江都，知誥自是始專吳政。知詢責知誥曰：'先王違世，兄爲人子，
初不臨喪，可乎？'知誥曰：'爾挺劍待我，我何敢往！爾爲人臣，
畜乘輿服御物，亦可乎？"知詢又以廷望所言詰知誥，知誥曰：'以
爾所爲告我者，亦廷望也。'遂斬廷望。"同卷同年十二月條："吳
加徐知誥兼中書令，領寧國節度使。知誥召徐知詢飲，以金鍾酌酒
賜之，曰：'願弟壽千歲。'知詢疑有毒，引他器均之，跪獻知誥
曰：'願與兄各享五百歲。'知誥變色，左右顧，不肯受，知詢捧酒
不退。左右莫知所爲，伶人申漸高徑前爲詼諧語，掠二酒合飲之，
懷金鍾趨出，知誥密遣人以良藥解之，已腦潰而卒。"卷二七七長
興元年十月丙辰條："吳左僕射、同平章事嚴可求卒。徐知誥以其
長子大將軍景通爲兵部尚書、參政事，知誥將出鎮金陵故也。"同
卷長興二年（931）二月條："吳徐知誥欲以中書侍郎、內樞使宋齊
丘爲相，齊丘自以資望素淺，欲以退讓爲高，謁歸洪州葬父，因入

九華山，止于應天寺，啓求隱居；吳主下詔徵之，知誥亦以書招之，皆不至。知誥遣其子景通自入山敦諭，齊丘始還朝，除右僕射致仕，更命應天寺曰徵賢寺。"同年十一月乙未條："吳中書令徐知誥表稱輔政歲久，請歸老金陵；乃以知誥爲鎮海、寧國節度使，鎮金陵，餘官如故，總錄朝政如徐溫故事。"同年十二月癸亥條："徐知誥至金陵。"同卷長興三年二月條："吳徐知誥作禮賢院於府舍，聚圖書，延士大夫，與孫晟及海陵陳覺談議時事。"卷二七八長興三年八月條："吳徐知誥廣金陵城周圍二十里。"同卷同年十一月條："吳以諸道都統徐知誥爲大丞相、太師，加領得勝節度使；知誥辭丞相、太師。"同卷長興四年五月條："吳宋齊丘勸徐知誥徙吳主都金陵，知誥乃營宮城於金陵。"同卷同年九月條："吳徐知誥以國中水火屢爲災，曰：'兵民困苦，吾安可獨樂！'悉縱遣侍妓，取樂器焚之。"卷二七九清泰元年（934）二月條："吳人多不欲遷都者，都押牙周宗言於徐知誥曰：'主上西遷，公復須東行，不惟勞費甚大，且違衆心。'丙子，吳主遣宋齊丘如金陵，諭知誥罷遷都。先是，知誥久有傳禪之志，以吳主無失德，恐衆心不悅，欲待嗣君；宋齊丘亦以爲然。一旦，知誥臨鏡鑷白髭，歎曰：'國家安而吾老矣，柰何？'周宗知其意，請如江都，微以傳禪諷吳主，且告齊丘。齊丘以宗先己，心疾之，遣使馳詣金陵，手書切諫，以爲天時人事未可；知誥愕然。後數日，齊丘至，請斬宗以謝吳主，乃黜宗爲池州副使。久之，節度副使李建勳、行軍司馬徐玠等屢陳知誥功業，宜早從民望，召宗復爲都押牙。知誥由是疏齊丘……吳主詔徐知誥還府舍。甲申，金陵大火；乙酉，又火。知誥疑有變，勒兵自衛。"同年六月條："吳徐知誥將受禪，忌昭武節度使兼中書令臨川王濛，遣人告濛藏匿亡命，擅造兵器；丙子，降封歷陽公，幽于和州，命控鶴軍使王宏將兵二百衛之。"同卷同年七月條："吳徐知誥召左僕射兼中書侍郎、同平章事宋齊丘還金陵，以爲諸道都統判官，加司空，於事皆無所關預，齊丘屢請退居，知誥以南園給之。"同卷同年十月條："吳主加徐知誥大丞相、尚父、嗣齊王、九錫，辭不受。"同卷同年十一月條："徐知誥召其子司徒、同平章事景通還金陵，爲鎮海寧國節度副大使、諸道副都統、判中外諸軍事；以次子牙內馬步都指揮使、海州團練使景遷爲左右軍都軍使、左僕射、參政事，留江都輔政。"

　　[6]清泰：五代後唐末帝李從珂年號（934—936）。　天祚：五代十國南吳睿帝楊溥年號（935—937）。《輯本舊史》之影庫本粘籤："天祚，原本作'天福'，今從《十國春秋》改正。"

　　[7]其年以金陵爲齊國：中華書局本有校勘記："《新五代史》卷六二《南唐世家》繫其事於天祚三年。"

　　[8]徐玠：人名。彭城（今江蘇徐州市）人。五代十國時期南吳、南唐官員，官拜右丞相。事見本書本卷。　宋齊丘：人名。豫章（今江西南昌市）人，一說廬陵（今江西吉安市吉州區）人。久仕於南吳、南唐，官至宰執，後以政爭失勢，爲李璟餓死於九華山中。事見本書本卷。　"至清泰二年改天祚元年"至"以爲謀主"：《通鑑》卷二七九清泰二年三月條："吳加徐景遷同平章事、知左右軍事；徐知誥令尚書郎陳覺輔之，謂覺曰：'吾少時與宋子嵩論議，好相詰難，或吾捨子嵩還家，或子嵩拂衣而起。子嵩攜衣笥望秦淮門欲去者數矣，吾常戒門者止之。吾今老矣，猶未徧達時事，況景遷年少當國，故屈吾子以誨之耳。'"同卷同年十月條："吳加中書令徐知誥尚父、太師、大丞相、大元帥，進封齊王，備殊禮，以昇、潤、宣、池、歙、常、江、饒、信、海十州爲齊國；知誥辭尚父、丞相，殊禮不受。"卷二八〇天福元年（936）正月條："吳徐知誥始建大元帥府，以幕職分判吏、戶、禮、兵、刑、工部及鹽鐵。"同卷同年三月條："吳徐知誥以其子副都統景通爲太尉、副元帥，都統判官宋齊丘、行軍司馬徐玠爲元帥府左右司馬。"同年四月條："高從誨遣使奉牋於徐知誥，勸即帝位。"同年十一月癸巳條："吳主詔齊王徐知誥置百官，以金陵府爲西都。"同年十二月條："徐知誥以鎮南節度使、太尉兼中書令李德誠、德勝節度使兼中書令周本位望隆重，欲使之帥衆推戴，本曰：'我受先王大恩，

李德誠曰：'陛下應天順人，惟宋齊丘不樂。'因出齊丘止德誠勸進書，唐主執書不視，曰：'子嵩三十年舊交，必不相負。'齊丘頓首謝。己丑，唐主表讓皇改東都宮殿名，皆取於仙經。讓皇常服羽衣，習辟穀術。辛卯，吳宗室建安王珙等十二人皆降爵爲公，而加官增邑。丙申，以吳同平章事張延翰及門下侍郎張居詠、中書侍郎李建勳並同平章事。讓皇以唐主上表，致書辭之；唐主表謝而不改。丁酉，加宋齊丘大司徒。齊丘雖爲左丞相，不預政事，心慍懟，聞制詞云'布衣之交'，抗聲曰：'臣爲布衣時，陛下爲刺史；今日爲天子，可不用老臣矣。'還家請罪，唐主手詔謝之，亦不改命。久之，齊丘不知所出，乃更上書請遷讓皇於他州，及斥遠吳太子璉，絕其婚；唐主不從。乙巳，立王后宋氏爲皇后。戊申，以諸道都統、判元帥府事景通爲諸道副元帥、判六軍諸衛事、太尉、尚書令、吳王。"同年十一月條："唐主賜楊璉妃號永興公主；妃聞人呼公主則流涕而辭。戊午，唐主立其子景遂爲吉王，景達爲壽陽公；以景遂爲侍中、東都留守、江都尹，帥留司百官赴東都。"

　　昇自云唐玄宗第六子永王璘之裔。[1]唐天寶末，[2]安禄山連陷兩京，[3]玄宗幸蜀，詔以璘爲山南、嶺南、黔中、江南四道節度採訪等使。[4]璘至廣陵，大募兵甲，有窺圖江左之意，[5]後爲官軍所敗，死於大庾嶺北，[6]故昇指之以爲遠祖。因還姓李氏，始改名昇，國號大唐，尊徐溫爲義祖。[7]昇僭位凡七年，子景立。[8]《永樂大典》卷一萬三百九十一。[9]

　　[1]唐玄宗：即李隆基。唐睿宗李旦第三子。紀見《舊唐書》卷八至卷九及《新唐書》卷五。　永王璘：即李璘。唐玄宗第十六子。以謀反罪被殺。傳見《舊唐書》卷一〇七、《新唐書》卷

八二。

[2]天寶：唐玄宗李隆基年號（742—756）。

[3]安禄山：人名。營州柳城（今遼寧朝陽市）人。與史思明聯合發動安史之亂，後被其子安慶緒謀殺。傳見《舊唐書》卷二〇〇上、《新唐書》卷一五〇上。　兩京：指東都洛陽和西都長安。

[4]山南：此處指山南東道。唐開元二十一年（733）分山南道置，爲十五道之一。治所在襄州（今湖北襄陽市）。　嶺南：道名。貞觀元年（627）置，爲十道之一。治所在廣州（今廣東廣州市）。　黔中：道名。唐開元二十一年分江南道西部置，爲十五道之一。治所在黔州（今重慶彭水苗族土家族自治縣）。　江南：道名。貞觀元年置，爲十道之一。唐開元二十一年分爲江南東道、江南西道和黔中道。　節度採訪等使：官名。兼領節度、採訪等使職。唐玄宗時於十道各置採訪處置使，掌本道民政。唐肅宗時改爲觀察處置使。

[5]江左：地區名。又稱江東。本指今安徽蕪湖市、江蘇南京市間長江以東地區。有時泛指江南地區。

[6]大庾嶺：山名。又名東嶠山、梅嶺、凉熱山。位於今江西大余縣、廣東南雄市交界處。

[7]“故昇指之以爲遠祖”至“尊徐温爲義祖”：《通鑑》卷二八一天福三年（938）九月壬戌條：“唐太府卿趙可封請唐主復姓李，立唐宗廟。”同書卷二八二天福四年正月條：“唐羣臣江王知證等累表請唐主復姓李，立唐宗廟，乙丑，唐主許之。羣臣又請上尊號，唐主曰：‘尊號虛美，且非古。’遂不受。其後子孫皆踵其法，不受尊號，又不以外戚輔政，宦者不得預事，皆他國所不及也。”同年二月乙亥條：“改太祖廟號曰義祖。”同月庚寅條：“唐主更名昇。”二月條又載：“詔百官議二祚合享禮。辛卯，宋齊丘等議以義祖居七室之東。唐主命居高祖於西室，太宗次之，義祖又次之，皆爲不祧之主。羣臣言：‘義祖諸侯，不宜與高祖、太宗同享，請於

太廟正殿後別建廟祀之。’帝曰：‘吾自幼託身義祖，曏非義祖有功於吳，朕安能啟此中興之業？’羣臣乃不敢言。唐主欲祖吳王恪，或曰：‘恪誅死，不若祖鄭王元懿。’唐主命有司考二王苗裔，以吳王孫禕有功，禕子峴爲宰相，遂祖吳王，云自峴五世至父榮。其名率皆有司所撰。唐主又以歷十九帝、三百年，疑十世太少。有司曰：‘三十年爲世，陛下生於文德，已五十年矣。’遂從之。”同年三月庚戌條：“唐主追尊吳王恪爲定宗孝靜皇帝，自曾祖以下皆追尊廟號及謚。”《新五代史》卷六二《李昪傳》：“徐氏諸子請昪復姓，昪謙抑不敢忘徐氏恩，下其議百官，百官皆請，然後復姓李氏，改名曰昪。自言唐憲宗子建王恪生超，超生志，爲徐州判司；志生榮。乃自以爲建王四世孫，改國號曰唐。立唐高祖、太宗廟，追尊四代祖恪爲孝靜皇帝，廟號定宗；曾祖超爲孝平皇帝，廟號成宗；祖志孝安皇帝，廟號惠宗；考榮孝德皇帝，廟號慶宗。”《通鑑》卷二八二天福四年四月條：“唐江王知證等請亦姓李，不許。”

[8]昪僭位凡七年，子景立：《通鑑》卷二八二天福四年五月條：“唐主將立齊王璟爲太子，固辭；乃以爲諸道兵馬大元帥、判六軍諸衛、守太尉、錄尚書事、昪揚二州牧。”同書卷二八二天福五年七月丁巳條：“唐主立齊王璟爲太子，兼大元帥，錄尚書事。”同年九月條：“唐齊王璟固辭太子；九月，乙丑，唐主許之，詔中外致牋如太子禮。”同年十月：“術士孫智永以四星聚斗，分野有災，勸唐主巡東都，乙巳，唐主命齊王璟監國。”同卷天福八年二月條：“唐主嘗夢吞靈丹，旦而方士史守沖獻丹方，以爲神而餌之，浸成躁急。左右諫，不聽。嘗以藥賜李建勳，建勳曰：‘臣餌之數日，已覺躁熱，況多餌乎！’唐主曰：‘朕服之久矣。’群臣奏事，往往暴怒；然或有正色論辯中理者，亦斂容慰謝而從之。……會疽發背，祕不令人知，密令醫治之，聽政如故。庚午，疾亟，太醫吳廷裕遣親信召齊王璟入侍疾。唐主謂璟曰：‘吾餌金石，始欲益壽，乃更傷生，汝宜戒之！’是夕，殂。祕不發喪，下制：‘以齊王監國，大赦。’”《新五代史》卷六二《李昪傳》：“（昪元）七年，昪

卒，年五十六，謚曰光文肅武孝高皇帝，廟號烈祖，陵曰永陵。子景立。"《通鑑》卷二八二天福六年六月條："唐主自以專權取吳，尤忌宰相權重，以右僕射兼中書侍郎、同平章事李建勳執政歲久，欲罷之。會建勳上疏言事，意其留中；既而唐主下有司施行。建勳自知事挾愛憎，密取所奏改之；秋，七月，戊辰，罷建勳歸私第……吳越府署火，宮室府庫幾盡。吳越王元瓘驚懼，發狂疾，唐人爭勸唐主乘弊取之，唐主曰：'奈何利人之災！'遣使唁之，且賙其乏。"同年十一月條："唐主性節儉，常躡蒲屨，盥頮用鐵盎，暑則寢於青葛帷，左右使令惟老醜宮人，服飾粗略。死國事者皆給禄三年。分遣使者按行民田，以肥瘠定其稅，民間稱其平允。自是江、淮調兵興役及他賦斂，皆以稅錢爲率，至今用之。唐主勤於聽政，以夜繼晝，還自江都，不復宴樂；頗傷躁急，内侍王紹顔上書，以爲'今春以來，羣臣獲罪者衆，中外疑懼。'唐主手詔釋其所以然，令紹顔告諭中外。"同書卷二八三天福七年八月條："唐主自爲吳相，興利除害，變更舊法甚多。及即位，命法官及尚書删定爲《昇元條》三十卷；庚寅，行之。"

[9]《大典》卷一〇三九一"李"字韻"姓氏（三六）"事目。

　　景，本名璟，及將臣于周，以犯廟諱，故改之。昇之長子也，[1]昇卒，乃襲僞位，改元爲保大。[2]以仲弟遂爲皇太弟，季弟達爲齊王，仍於父柩前設盟約，兄弟相繼。[3]景僭號之後，屬中原多事，北土亂離，雄據一方，行餘一紀。其地東暨衢、婺，[4]南及五嶺，西至湖湘，北據長淮，[5]凡三十餘州，廣袤數千里，盡爲其所有，近代僭竊之地，最爲强盛。[6]又嘗遣使私賂北戎，俾爲中國之患，自固偷安之計。[7]

[1]昇之長子也：《輯本舊史》之原輯者案語：“案《釣磯立談》云：烈祖一日晝寢，夢一黃龍出殿之西楹，矯首內向，如窺伺狀。烈祖驚起，使人偵之，顧見玄宗方倚楹而立，遣人候上動靜，於是立嫡之意遂決。”

[2]保大：五代十國南唐中主李璟年號（943—957）。中華書局本有校勘記：“‘保大’，原作‘保太’，據殿本、劉本、彭校、《通曆》卷一五、《册府》卷二一九、《新五代史》卷六二《南唐世家》、《通鑑》卷二八三改。”《通鑑》卷二八一天福二年（937）十一月乙卯條：“唐吳王景通更名璟。”

[3]“景”至“兄弟相繼”：《通鑑》卷二八三天福八年二月條：“（李昇）會疽發背，祕不令人知，密令醫治之，聽政如故。庚午，疾亟，太醫吳廷裕遣親信召齊王璟入侍疾。唐主謂璟曰：‘吾餌金石，始欲益壽，乃更傷生，汝宜戒之！’是夕，殂。祕不發喪，下制：‘以齊王監國，大赦。’”同年三月條：“唐元宗即位，大赦，改元保大。祕書郎韓熙載請俟踰年改元，不從。尊皇后曰皇太后，立妃鍾氏爲皇后。唐主未聽政，馮延巳屢入白事，一日至數四。唐主曰：‘書記有常職，何爲如是其煩也！’唐主爲人謙謹，初即位，不名大臣，數延公卿論政體，李建勳謂人曰：‘主上寬仁大度，優於先帝；但性習未定，苟旁無正人，但恐不能守先帝之業耳。’唐主以鎮南節度使宋齊丘爲太保兼中書令，奉化節度使周宗爲侍中。唐主以齊丘、宗先朝勳舊，故順人望召爲相，政事皆自決之。徙壽王景遂爲燕王，宣城王景達爲鄂王。初，唐主爲齊王，知政事，每有過失，常夢錫常直言規正；始雖忿懟，終以諒直多之。及即位，許以爲翰林學士，齊丘之黨疾之，坐封駁制書，貶池州判官……宋齊丘待陳覺素厚，唐主亦以覺爲有才，遂委任之。馮延巳、延魯、魏岑，雖齊邸舊僚，皆依附覺，與休寧查文徽更相汲引，侵蠹政事，唐人謂覺等爲‘五鬼’。延魯自禮部員外郎遷中書舍人、勤政殿學士，江州觀察使杜昌業聞之，歎曰：‘國家所以驅駕羣臣，在官爵而已。若一言稱旨，遽躋通顯，後有立功者，何以賞之！’未

幾，唐主以岑及文徽皆爲樞密副使。岑即得志，會覺遭母喪，岑即暴揚覺過惡，擯斥之。”

[4]衢：州名。治所在今浙江衢州市。　婺：州名。治所在今浙江金華市婺城區。

[5]五嶺：今湖南、江西和廣東、廣西邊境上大庾、騎田、都龐、萌渚、越城五嶺的總稱。　湖湘：洞庭湖和湘江地帶，指今湖南地區。　長淮：指淮河地區。

[6]强盛：中華書局本有校勘記：“‘强盛’，原作‘疆盛’，據殿本、劉本、邵本、《通曆》卷一五改。影庫本批校：‘“疆”訛“彊”。’”

[7]又嘗遣使私賂北戎，俾爲中國之患，自固偷安之計：《輯本舊史》之原輯者案語：“案《南唐書》云：契丹遣二使來告曰：‘晋少主逆命背約，自貽廢黜，吾主欲與唐繼先世之好，將册君爲中原主。’嗣主曰：‘孤守江、淮，社稷已固，與梁、宋阻隔。若爾主不忘先好，惠賜行人，受賜多矣，其他不敢拜命之辱。’”見馬令《南唐書》卷三《嗣主書》，繫此事於保大五年（即天福十二年，947）正月辛卯。　“景僭號之後”至“自固偷安之計”：《通鑑》卷二八六天福十二年正月條：“唐主遣使賀契丹滅晋，且請詣長安脩復諸陵。契丹不許，而遣使報之。晋密州刺史皇甫暉，棣州刺史王建，皆避契丹，帥衆奔唐；淮北賊帥多請命於唐。唐虞部員外郎韓熙載上疏，以爲：‘陛下恢復祖業，今也其時。若虜主北歸，中原有主，則未易圖也。’時方連兵福州，未暇北顧；唐人皆以爲恨，唐主小悔之。”卷二八七天福十二年六月條：“唐主聞契丹主德光卒，蕭翰棄大梁去，下詔曰：‘乃眷中原，本朝故地。’以左右衛聖統軍、忠武節度使李金全爲北面行營招討使，議經略北方。聞帝已入大梁，遂不敢出兵。”卷二九〇廣順二年（952）二月條：“唐自烈祖以來，常遣使泛海與契丹相結，欲與之共制中國，更相饋遺，約爲兄弟。然契丹利其貨，徒以虛語往來，實不爲唐用也。”

　　周顯德二年冬，世宗始議南征，[1]以宰臣李穀爲前軍都部署。[2]是冬，周師圍壽春。[3]三年春，世宗親征淮甸，大敗淮寇於正陽，遂進攻壽州。[4]尋又今上敗何延錫於渦口，[5]擒皇甫暉於滁州。[6]景聞之大懼，遣其臣鍾謨、李德明等奉表於世宗，[7]乞爲附庸之國，仍歲貢百萬之數，又進金銀器幣及犒軍牛酒。未幾，又遣其臣孫晟、王崇質等奉表修貢，[8]且言："景願割濠、壽、泗、楚、光、海等六州之地，[9]隸於大朝，乞罷攻討。"世宗未之許。[10]時李德明等見周師急攻壽春，慮不能保，乃奏云："寬臣等五日之誅，容臣等自往江南，取本國表章，舉江北諸州，盡獻於大朝。"世宗許其行。久之，德明等不至，乃權議迴鑾，惟留偏師數千圍守壽春而已。[11]

　　[1]顯德：後周太祖郭威年號（954—960）。　世宗：後周皇帝柴榮，邢州堯山（今河北隆堯縣）人。後周太祖郭威養子。紀見本書卷一一四至卷一一九、《新五代史》卷一二。

　　[2]李穀：人名。潁州汝陰（今安徽阜陽市）人。後周宰相。傳見《宋史》卷二六二。　都部署：官名。五代後唐始置，爲臨時委任的大軍區統帥。掌管屯戍、攻防等事務。

　　[3]壽春：地名。位於今安徽壽縣。　"周顯德二年冬"至"周師圍壽春"：《通鑑》卷二九二顯德二年（955）六月丁未條："蜀主遣間使如北漢及唐，欲與之俱出兵以制周，北漢主、唐主皆許之。"同年十月、十一月條："唐主性和柔，好文章，而喜人佞己，由是諂諛之臣多進用，政事日亂。即克建州，破湖南，益驕，有吞天下之志。李守貞、慕容彥超之叛，皆爲之出師，遙爲聲援。又遣使自海道通契丹及北漢，約共圖中國；值中國多事，未暇與之

校。先是，每冬淮水淺涸，唐人常發兵戍守，謂之'把淺'。壽州監軍吳廷紹以爲疆場無事，坐費資糧，悉罷之；清淮節度使劉仁贍上表固爭，不能得。十一月，乙未朔，帝以李穀爲淮南道前軍行營都部署兼知盧、壽等行府事，以忠武節度使王彥超副之，督侍衛馬軍都指揮使韓令坤等十二將以伐唐……唐主以神武統軍劉彥貞爲北面行營都部署，將兵二萬趣壽州，奉化節度使、同平章事皇甫暉爲應援使，常州團練使姚鳳爲應援都監，將兵三萬屯定遠。召鎮南節度使宋齊丘還金陵，謀國難，以翰林承旨、户部尚書殷崇義爲吏部尚書、知樞密院。"

[4]正陽：地名。位於今安徽壽縣西南、淮河南岸正陽關。壽州：州名。治所在今安徽壽縣。

[5]何延錫：人名。籍貫不詳。五代十國南唐將領。事見本書卷一一六、本卷。　渦口：地名。渦水入淮河之處。位於今安徽懷遠縣東北。

[6]皇甫暉：人名。魏州（今河北大名縣）人，五代藩鎮將領。傳見本書附録、《新五代史》卷四九。　滁州：州名。治所在今安徽滁州市。《輯本舊史》之影庫本粘籤："滁州，原本作'涂州'，今從《歐陽史》改正。"　"世宗親征淮甸"至"擒皇甫暉於滁州"：《通鑑》卷二九二顯德三年（956）正月條："劉彥貞素驕貴，無才略，不習兵，所歷藩鎮，專爲貪暴，積財巨億，以賂權要，由是魏岑等爭譽之，以爲治民如龔、黃，用兵如韓、彭，故周師至，唐主首用之……（世宗）詔以武平節度使兼中書令王逵爲南面行營都統，使攻唐之鄂州……唐主聞湖南兵將至，命武昌節度使何敬洙徙民入城，爲固守之計；敬洙不從，使除地爲戰場，曰：'敵至，則與軍民俱死於此耳！'唐主善之。"《輯本舊史》卷一一六《周世宗紀三》顯德三年二月壬申條："今上奏，破淮賊萬五千人於清流山，乘勝攻下滁州，擒僞命江州節度使、充行營應援使皇甫暉，常州團練使、充應援都監姚鳳以獻。"此條下原輯者案語引《舊五代史考異》："案王銍《默記》：李景聞世宗親至淮上，而滁州

其控扼，且援壽州，命大將皇甫暉、監軍姚鳳提兵十萬扼其地。太祖以周師數千與暉遇于清流關隘路，周師大敗，暉整全師入憩滁州城下，會翊日再出。太祖兵聚關下，其虞暉兵再至，聞諸村人，云有鎮州趙學究在村中教學，多智計，村民有爭訟者，多請以決曲直。太祖往訪之，學究曰：'我有奇計，所謂因敗爲勝，轉禍爲福。今關下有徑路，人無行者，雖牌軍亦不知之，乃山之背也，可以直抵城下。方值西澗水大漲之時，彼必謂我既敗之後，無敢躡其後者，誠能由山背小路率兵浮西澗水至城下，斬關而入，可以得志。'太祖大喜，且命學究以指其路。學究亦不辭，而遣人前導，即下令誓師，夜從小徑行，三軍跨馬浮西澗以迫城，暉果不爲備。奪門以入，暉始聞之，率親兵擐甲與太祖巷戰，三縱而三擒之，遂下滁州。"

［7］鍾謨：人名。會稽（今浙江紹興市）人。五代十國南唐官員。事見本書本卷。 李德明：人名。五代十國南唐官員。事見本書卷一一六、本卷。

［8］孫晟：人名。又名孫忌、孫鳳。高密（今山東高密市）人，一説齊郡（今山東濟南市）人。五代十國南唐大臣。傳見本書卷一三一。 王崇質：人名。籍貫不詳。五代十國南唐大臣。事見本書卷一一六。

［9］濠：州名。治所在今安徽鳳陽縣。 泗：州名。治所在今江蘇泗洪縣東南。 楚：州名。治所在今江蘇淮安市。 光：州名。治所在今河南潢川縣。 海：州名。治所在今江蘇連雲港市海州區。

［10］"景聞之大懼"至"世宗未之許"：《通鑑》卷二九二顯德三年二月條："唐主遣泗州牙將王知朗齎書抵徐州，稱：'唐皇帝奉書大周皇帝，請息兵脩好，願以兄事帝，歲輸貨財以助軍費。'甲戌，徐州以聞；帝不答。"明本《册府》卷一一八《帝王部·親征門三》："二月甲戌，徐州遣牙將王崟押泗州牙校王知朗齎江南國主李景書一函來，上書云：'唐皇帝奉書於大周皇帝。'不答。"《輯

本舊史》卷一一六《周世宗紀三》顯德三年二月甲戌條：“江南國主李景遣泗州牙將王知朗齎書一函至滁州，本州以聞，書稱唐皇帝奉書于大周皇帝，其略云：‘願陳兄事，永奉鄰歡，設或俯鑒遠圖，下交小國，悉班卒乘，俾乂蒼黔，慶雞犬之相聞，奉瓊瑤以爲好，必當歲陳山澤之利，少助軍旅之須。虔俟報章，以聽高命，道塗朝坦，禮幣夕行’云。書奏不答。”馬令《南唐書》卷三《嗣主書》、卷一六《孫晟傳》亦作“遣泗州牙將王知朗至滁州”，與《輯本舊史》卷一一六同。《通鑑》卷二九二顯德三年二月條：“唐主兵屢敗，懼亡，乃遣翰林學士户部侍郎鍾謨、工部侍郎文理院學士李德明奉表稱臣，來請平，獻御服、湯藥及金器千兩，銀器五千兩，繒錦二千匹，犒軍牛五百頭，酒二千斛，壬午，至壽州城下。謨、德明素辯口，上知其欲遊説，盛陳甲兵而見之，曰：‘爾主自謂唐室苗裔，宜知禮義，異於他國。與朕止隔一水，未嘗遣一介脩好，惟泛海通契丹，捨華事夷，禮義安在？且汝欲説我令罷兵邪？我非六國愚主，豈汝口舌所能移邪！可歸語汝主：亟來見朕，再拜謝過，則無事矣。不然，朕欲觀金陵城，借府庫以勞軍，汝君臣得無悔乎！’謨、德明戰栗不敢言。吳越王弘俶遣兵屯境上以俟周命。蘇州營田指揮使陳滿言於丞相吳程曰：‘周師南征，唐舉國驚擾，常州無備，易取也。’會唐主有詔撫安江陰吏民，滿告程云：‘周詔書已至。’程爲之言於弘俶，請亟發兵從其策。丞相元德昭曰：‘唐大國，未可輕也。若我入唐境而周師不至，誰與并力，能無危乎！請姑俟之。’程固爭，以爲時不可失，弘俶卒從程議。癸未，遣程督衢州刺史鮑脩讓、中直都指揮使羅晟趣常州……唐主遣園苑使尹延範如泰州，遷吳讓皇之族於潤州。延範以道路艱難，恐楊氏爲變，盡殺其男子六十人，還報，唐主怒，腰斬之。”《輯本舊史》卷一三四《楊溥傳》、《新五代史》卷六一《楊溥傳》均作李景聞周師渡淮，慮楊氏爲變，使人盡殺其族，與《通鑑》異。《通鑑》卷二九二顯德三年二月條：“唐主遣人以蠟丸求救於契丹。壬辰，静安軍使何繼筠獲而獻之。”同書卷二九三顯德三年三月條：“唐主復以右僕射孫晟爲司空，遣與禮部尚書王崇質奉表入見，稱：‘自天祐以來，海內分崩，或跨據一方，或遷革異代，臣紹襲先業，奄有江表，顧以瞻烏未定，附鳳何從！今天命有歸，聲教遠被，願比兩浙、湖南，仰奉正朔，謹守土疆，乞收薄伐之威，赦其後服之罪，首於下國，俾作外臣，則柔遠之德，云誰不服！’又獻金千兩，銀十萬兩，羅綺二千匹……秦、鳳之平也，上赦所俘蜀兵以隸軍籍，從征淮南，復亡降於唐。癸卯，唐主表獻百五十人；上悉命斬之……唐主使李德明、孫晟言於上，請去帝號，割壽、濠、泗、楚、光、海六州之地。仍歲輸金帛百萬以求罷兵。上以淮南之地已半爲周有，諸將捷奏日至，欲盡得江北之地，不許。”《輯本舊史》卷一一六《周世宗紀三》顯德三年三月庚子條：“江南國主李景表送先隔過朝廷兵士一百五十人至行在。其軍即蜀軍也，秦、鳳之役，爲王師所擒，配隸諸軍，及渡淮，輒復南逸。帝怒其奔竄，盡戮之。”同月丙午條：“江南國主李景遣其臣僞司空孫晟、僞禮部尚書王崇質等奉表來上，仍進金一千兩、銀十萬兩、羅綺二千匹，又進賞給將士茶絹金銀羅帛等。”同月辛亥條：“賜江南李景書曰：‘……但以淮南部內，已定六州，盧、壽、濠、黃，大軍悉集，指期剋日，拉朽焚枯，其餘數城，非足介意。必若盡淮甸之土地，爲大國之隄封，猶是遠圖，豈同迷復。如此則江南吏卒，悉遣放還，江北軍民，並當留住，免違物類之性，俾安鄉土之情。至於削去尊稱，願輸臣禮，非無故事，實有前規。蕭詧奉周，不失附庸之道；孫權事魏，自同藩國之儀。古也雖然，今則不取，但存帝號，何爽歲寒。儻堅事大之心，終不迫人於險，事資真愨，辭匪枝游，俟諸郡之悉來，即大軍之立罷……’”案以上諸條，《通鑑》與《輯本舊史》所繫時日均異，且事件先後順序不同。孫晟與王崇質奉表入見之事，明本《册府》卷二三二《僭僞部·稱藩門》繫於二月丙午，且詳載奉表內容。

[11]“時李德明等見周師急攻壽春”至“惟留偏師數千圍守壽春而已”：《輯本舊史》卷一一六《周世宗紀三》顯德三年三月

條："初，李景遣鍾謨、李德明奉表至行闕，使人面奏云：'本國主願割壽、濠、泗、楚、光、海六州之地，歸於大朝。'帝志在盡取江北諸郡，不允其請。使人見王師急攻壽陽，李德明奏曰：'願陛下寬臣數日之誅，容臣自往江南，取本國表，盡獻江北之地。'帝許之，乃令李德明、王崇質齎此書以賜李景。"《通鑑》卷二九三顯德三年三月庚戌條："德明見周兵日進，奏稱：'唐主不知陛下兵力如此之盛，願寬臣五日之誅，得歸白唐主，盡獻江北之地。'上乃許之。晟因奏遣王崇質與德明俱歸。上遣供奉官安弘道送德明等歸金陵，賜唐主書，其略曰：'但存帝號，何爽歲寒！儻堅事大之心，終不迫人於險。'又曰：'俟諸郡之悉來，即大軍之立罷。言盡於此，更不煩云；苟曰未然，請從茲絶。'又賜其將相書，使熟議而來。唐主復上表謝。李德明盛稱上威德及甲兵之強，勸唐主割江北之地；唐主不悅。宋齊丘以割地爲無益；德明輕佻，言多過實，國人亦不之信。樞密使陳覺、副使李徵古素惡德明與孫晟，使王崇質異其言，因譖德明於唐主曰：'德明賣國求利。'唐主大怒，斬德明於市。"明本《册府》卷二三二《僭偽部·稱藩門》："三月己未，景以王崇質等歸國，復遣使奉表來上，表云：'臣叨居舊邦，獲嗣先業。聖人有作，曾無先見之明；王祭弗供，果致後時之責。六龍電邁，萬騎雲屯，舉國震驚，群臣惴悚，遂馳下使，徑詣行宮，乞停薄伐之師，請預外臣之籍。天聽懸邈，聖問未回，通宵九驚，一食三歎，由是繼飛密表，再遣行人，敘江河羨海之心，指葵藿向陽之意。皇帝陛下自天生德，命世應期，含容每法於方輿，亭育不遺於下國。先令副介，密導宸慈，綸旨優隆，乾文炳煥。仰認懷來之道，喜則可知；深惟事大之言，服之無斁。"《輯本舊史》卷一一六《周世宗紀三》顯德三年四月辛未條："揚州奏，江南大破兩浙軍於常州。初，兩浙錢俶承詔遣部將率兵攻常州，爲江南大將陸孟俊所敗，將佐陷没者甚衆，李景亦以表聞。"同月丁丑條："揚州韓令坤破江南賊軍於州東境，獲大將陸孟俊。今上表大破江南軍於六合，斬首五千級。時李景乘常州之捷，遣陸孟俊領兵迫泰州，王師不守，韓令坤欲棄揚州而迴。帝怒，急遣殿前都指揮使張永德帥親兵往援之，又命今上領步騎二千人屯於六合。俄而陸孟俊領其徒自海陵抵揚州，令坤迎擊，敗之，生擒孟俊。李景遣其弟齊王達率大眾由瓜步濟江，距六合一舍而設柵。居數日，乃棄柵來迫官軍。今上麾兵以擊之，賊軍大敗，餘眾赴江溺死者不可勝紀。”同年八月戊辰條：“殿前都指揮使張永德奏，破淮賊于下蔡。先是，江南李景以王師猶在壽州，遣其將林仁肇、郭廷謂率水陸軍至下蔡，欲奪浮梁，以舟實薪芻，乘風縱火，永德禦之。有頃，風勢倒指，賊眾稍却，因爲官軍所敗。”《通鑑》卷二九三顯德三年十月條：“張永德與李重進不相悅，永德密表重進有二心，帝不之信。時二將各擁重兵，眾心憂恐。重進一日單騎詣永德營，從容宴飲，謂永德曰：‘吾與公幸以肺附俱爲將帥，奚相疑若此之深邪？’永德意乃解，眾心亦安。唐主聞之，以蠟丸遺重進，誘以厚利，其書皆謗毀及反間之語；重進奏之。”同年：“是歲，唐主……遣兵部郎中陳處堯持重幣浮海詣契丹乞兵；契丹不能爲之出兵，而留處堯不遣。”

　　四年春，世宗再駕南征。三月，大敗江南援軍於紫金山，尋下壽州，乃命班師。[1]是歲冬十月，世宗復臨淮甸，連下濠、泗二郡，進攻楚州。明年春正月，[2]拔之，遂移幸揚州，駐大軍於迎鑾，將議濟江。[3]景聞之，自謂亡在朝夕，乃謀欲傳位其世子，使稱藩於周。遣其臣陳覺奉表陳情，[4]且順世宗之旨焉。覺至，世宗召對於御幄。是時，江北諸州，唯廬、舒、蘄、黃四郡未下，[5]世宗因謂覺曰：“江南國主若能以江北之地盡歸於我，則朕亦不至窮兵黷武。”覺聞命忻然，即遣人過江取景表，以廬、舒、蘄、黃等四州來上，乞畫江爲界，仍歲貢地征數十萬。世宗許之，乃還京。[6] 自是景始行大朝正朔，上章稱"唐國主臣景"，累遣使修貢，亦不失外臣之禮焉。[7]

　　[1] 紫金山：山名。又名八公山，位於今安徽壽縣東北，淮河南岸。　"四年春"至"乃命班師"：《輯本舊史》卷一一七《周世宗紀四》顯德四年（957）春正月丁未條："淮南道招討使李重進奏，破淮賊五千人于壽州北。先是，李景遣其弟僭齊王達率全軍來援壽州，達留駐濠州，遣其將許文縝、邊鎬、朱元領兵數萬，泝淮而上，至紫金山，設十餘砦，與城內烽火相應。又築夾道數里，將抵壽春，爲運糧之路，至是爲重進所敗。"《通鑑》卷二九三顯德四年三月條："三月，己丑夜，帝渡淮，抵壽春城下。庚寅旦，躬擐甲胄，軍于紫金山南，命太祖皇帝擊唐先鋒寨及山北一寨，皆破之，斬獲三千餘級，斷其甬道，由是唐兵首尾不能相救。至暮，帝分兵守諸寨，還下蔡……帝慮其餘衆沿流東潰，遽命虎捷左廂都指揮使趙晁將水軍數千沿淮而下。壬辰旦，帝軍于趙步，諸將擊唐紫金山寨，大破之，殺獲萬餘人，擒許文稹、邊鎬、楊守忠。餘衆果沿淮東走，帝自趙步將騎數百循北岸追之，諸將以步騎循南岸追之，水軍自中流而下，唐兵戰溺死及降者殆四萬人，獲船艦糧仗以十萬數。晡時，帝馳至荊山洪，距趙步二百餘里。是夜，宿鎮淮軍，癸酉，從官始至……甲午，發近縣丁夫城鎮淮軍，爲二城，夾淮水，徙下蔡浮梁於其間，扼濠、壽應援之路。會淮水漲，唐濠州都監彭城郭廷謂以水軍泝淮，欲掩不備，焚浮梁；右龍武統軍趙匡贊覘知之，伏兵邀擊，破之。唐齊王景達及陳覺皆自濠州奔歸金陵，惟靜江指揮使陳德誠全軍而還……己亥，上自鎮淮軍復如下蔡。庚子，賜劉仁贍詔，使自擇禍福。唐主議自督諸將拒周……既而竟不敢自行。甲辰，帝耀兵于壽春城北……戊申，帝大陳甲兵，受降于壽春城北……庚戌，徙壽州治下蔡，赦州境死罪以下。州民

受唐文書聚山林者，並召令復業，勿問罪；有嘗爲其殺傷者，毋得雠訟。曏日政令有不便於民者，令本州條奏……詔開壽州倉振飢民。丙辰，帝北還。”

[2]明年春正月：《輯本舊史》之原輯者案語：“案《南唐書》：正月，改元交泰。”見馬令《南唐書》卷四《嗣主書》。陸游《南唐書》卷二《元宗紀》繫此事於三月，《通鑑》卷二九四繫於三月丁亥。

[3]迎鑾：地名。位於今江蘇儀徵市。　將議濟江：中華書局本有校勘記：“‘江’原作‘北’，據殿本、劉本、邵本校、《通曆》卷一五、《宋史》卷四七八《南唐李氏世家》改。”　“明年春正月”至“將議濟江”：《輯本舊史》卷一一七《周世宗紀四》顯德四年十一月：“癸巳，帝親率諸軍攻濠州，奪關城，破水砦，賊衆大敗，焚戰艦七十餘艘，斬首二千級，進軍攻羊馬城。丙申夜，僞濠州團練使郭廷謂上表陳情，且言家在江南，欲遣人禀命于李景，從之。”同年十二月乙卯條：“泗州守將范再遇以其城降。”《通鑑》卷二九三顯德四年十二月條：“郭廷謂使者自金陵還，知唐不能救，命録事參軍鄱陽李延鄒草降表。延鄒責以忠義，廷謂以兵臨之，延鄒擲筆曰：‘大丈夫終不負國爲叛臣作降表！’廷謂斬之，舉濠州降，得兵萬人，糧數萬斛。唐主賞李延鄒之子以官。”

[4]陳覺：人名。揚州海陵（今江蘇泰州市）人。五代十國南唐大臣，率軍與後周交戰而敗，後爲李璟所殺。事見本書卷一一八、本卷。

[5]舒：州名。治所在今安徽潛山縣。　蘄：州名。治所在今湖北蘄春縣。　黃：州名。治所在今湖北黃岡市黃州區。

[6]“景聞之”至“乃還京”：《輯本舊史》卷一一七《周世宗紀四》顯德四年十二月丙寅條：“江南李景遣兵驅擄揚州士庶渡江，焚其州郭而去。”《通鑑》卷二九四顯德五年三月條：“唐太弟景遂前後凡十表辭位，且言：‘今國危不能扶，請出就藩鎮。燕王弘冀嫡長有軍功，宜爲嗣，謹奏上太弟寶册。’齊王景達亦以敗軍

辭元帥。唐主乃立景遂爲晉王，加天策上將軍、江南西道兵馬元帥、洪州大督都、太尉、尚書令，以景達爲浙西道元帥、潤州大都督。景達以浙西方用兵，固辭，改撫州大都督。立弘冀爲太子，參決庶政……唐主聞上在江上，恐遂南渡，又恥降號稱藩，乃遣兵部侍郎陳覺奉表，請傳位於太子弘冀，使聽命於中國。時淮南惟廬、舒、蘄、黃未下。丙申，覺至迎鑾，見周兵之盛，白上，請遣人渡江取表，獻四州之地，畫江爲境，以求息兵，辭指甚哀。上曰：‘朕本興師止取江北，爾主能舉國內附，朕復何求！’覺拜謝而退。”亦見明本《冊府》卷二〇《帝王部·功業門二》、卷一一八《帝王部·親征門三》。《通鑑》卷二九四顯德五年三月條：“丁酉，覺請遣其屬閤門承旨劉承遇如金陵，上賜唐主書，稱‘皇帝恭問江南國主’，慰納之……唐主復遣劉承遇奉表稱唐國主，請獻江北四州，歲輸貢物十萬……上賜唐主書，諭以：‘緣江諸軍及兩浙、湖南、荊南兵並當罷歸，其廬、蘄、黃三道，亦令斂兵近外。俟彼將士及家屬皆就道，可遣人召將校以城邑付之。江中舟艦有須往來者，並令就北岸引之。’”《輯本舊史》卷一一八《周世宗紀五》、《通鑑》卷二九四、明本《冊府》卷一一八《帝王部·親征門三》繫此事於三月己亥。

[7]“自是景始行大朝正朔”至“亦不失外臣之禮焉”：明本《冊府》卷二三二《僭僞部·稱藩門》：“五年三月丙午，景遣其臣偽宰相馮延巳、偽給事中田霖奉表，進銀一十萬兩、絹一十萬疋、錢一十萬貫、茶五十萬斤、米三十萬石。表云：‘……今既六師返旆，萬乘還京，合申解甲之儀，粗表克庭之實，但以自經保境，今已累年，供給既繁，困虛頗甚，曾無厚幣可達深誠。然又思內附已來，聖慈益厚，雖在照臨之下，有如骨肉之恩，縱悉力以貢輸，終厚顏於微鮮。今有少物色以備宣給軍士，謹遣左僕射、平章事臣馮延巳、給事中臣田霖部署上進。’延巳因稱李景命，進納漢陽、汶川二縣。是二縣在大江之北，元隸鄂州，景以既畫江爲界，故歸於我。”亦見《輯本舊史》卷一一八《周世宗紀五》顯德五年三月丙

午條，但無進納漢陽、汊川之記載。明本《册府》卷二三二《僭僞部·稱藩門》："辛亥，景遣其臣僞臨汝郡公徐遼、僞客省使尚全恭奉表來上買宴錢二百萬……時景又選伶官五十人，各賫樂器，與遼偕至，且言來獻壽觴。"《輯本舊史》卷一一八《周世宗紀五》顯德五年三月辛亥條亦載。《輯本舊史》卷一一八《周世宗紀五》顯德五年四月癸丑條："宴從臣及江南進奉使馮延巳等於行宮，徐遼代李景捧壽觴以獻，進金酒器、御衣、犀帶、金銀、錦綺、鞍馬等。"亦見明本《册府》卷一一一《帝王部·宴享門三》、卷二三二《僭僞部·稱藩門》。明本《册府》卷二三二《僭僞部·稱藩門》："五月戊子，景遣僞供奉官傅滌奉表起居，仍進細茶五百斤、清酒百瓶。"《通鑑》卷二九四顯德五年五月辛卯條："唐主避周諱，更名景，下令去帝號，稱國主，凡天子儀制皆有降損，去年號，用周正朔，仍告於太廟。左僕射、同平章事馮延巳罷爲太子太傅，門下侍郎、同平章事嚴續罷爲少傅，樞密使、兵部侍郎陳覺罷守本官。初，馮延巳以取中原之策説唐主，由是有寵。延巳嘗笑烈祖戢兵爲齷齪，曰：'安陸所喪纔數千兵，爲之輟食咨嗟者旬日，此田舍翁識量耳，安足與成大事！豈如今上暴師數萬於外，而擊毬宴樂無異平日，真英主也！'延巳與其黨談論，常以天下爲己任，更相唱和。翰林學士常夢錫屢言延巳等浮誕，不可信；唐主不聽，夢錫曰：'奸言似忠，陛下不悟，國必亡矣！'及臣服於周，延巳之黨相與言，有謂周爲大朝者，夢錫大笑曰：'諸公常欲致君堯、舜，何意今日自爲小朝邪！'衆默然。"明本《册府》卷二三二《僭僞部·稱藩門》："五月己亥，侍御使李重進自淮南差人上言，李景令人賫牛酒來犒師。"《通鑑》卷二九四顯德五年五月條："自唐主内附，帝止因其使者賜書，未嘗遣使至其國。己酉，始命太僕卿馮延魯、衛尉少卿鍾謨使於唐，賜以御衣、玉帶等及犒軍帛十萬，并今年《欽天曆》。"亦見明本《册府》卷一六七《帝王部·招懷門五》。《通鑑》卷二九四顯德五年五月："劉承遇之還自金陵也，唐主使陳覺白帝，以江南無鹵田，願得海陵監南屬以贍軍。帝曰：

'海陵在江北，難以交居，當別有處分。'至是，詔歲支鹽三十萬斛以給江南，所俘獲江南士卒，稍稍歸之。"明本《册府》卷二三二《僭僞部·稱藩門》：八月辛丑，"太府卿馮延魯、衛尉少卿鍾謨自江南使迴，奉李景手表來上。手表者，蓋景親書，以表其虔懇也……又貢謝賜欽天曆及歲候曆日表各一函，又表乞賜史館書目。"《通鑑》卷二九四顯德五年八月辛丑條："唐主復令謨白帝，欲傳位太子。"同年九月條："丁巳……唐主復遣吏部尚書、知樞密院殷崇義來賀天清節。"章注："乙十一行本'唐'上有'己未，先遣謨還，賜書諭以未可傳位之意'十六字；孔本同；張校同；退齋校同。"《輯本舊史》卷一一八《周世宗紀五》顯德五年九月丁巳條："以太府卿馮延魯爲刑部侍郎，以衛尉少卿鍾謨爲給事中，並放歸江南。時延魯、鍾謨自江南復命，李景復奏欲傳位於其世子弘冀，帝亦以書答之。"同月壬申條："天清節，羣臣詣廣德殿上壽。江南進奉使商崇儀代李景捧壽觴以獻。"明本《册府》卷二《帝王部·誕聖門》繫此次天清節於九月壬子。明本《册府》卷二三二《僭僞部·稱藩門》："十月乙巳，遣其臣僞屯田郎中龔慎儀進賀冬銀器二千兩、錦綺綾絹共五百疋。"《通鑑》卷二九四顯德五年十一月乙丑條："唐主復遣禮部侍郎鍾謨入見。"同年十二月條："唐主欲誅齊丘等，復遣謨入稟於帝。帝以異國之臣，無所可否。己亥，唐主命知樞密院殷崇義草詔暴齊丘、覺、徵古罪惡，聽齊丘歸九華山舊隱，官爵悉如故；覺責授國子博士，宣州安置；徵古削奪官爵，賜自盡；黨與皆不問。遣使告於周。"明本《册府》卷二三二《僭僞部·稱藩門》："十二月癸卯，遣其臣僞工部郎中楊元鼎進賀正銀三千兩、錦綺綾絹一千疋。"《通鑑》卷二九四顯德六年六月條："唐清源節度使留從效遣使入貢，請置進奏院于京師，直隷中朝。詔報以'江南近服，方務綏懷，卿久奉金陵，未可改圖。若置邸上都，與彼抗衡，受而有之，罪在於朕。卿遠脩職貢，足表忠勤，勉事舊君，且宜如故。如此，則於卿篤始終之義，於朕盡柔遠之宜，惟乃通方，諒達予意'。"《輯本舊史》卷一一九《周世宗紀六》繫此事於顯德六年五月壬子。《通鑑》卷二九四顯德六年六月條："唐主遣其子紀公從善與鍾謨俱入貢，上問謨曰：'江南亦治兵，脩守備乎？'對曰：'既臣事大國，不敢復爾。'上曰：'不然，曩時則爲仇敵，今日則爲一家，吾與汝國大義已定，保無他虞；然人生難期，至于後世，則事不可知。歸語汝主：可及吾時完城郭，繕甲兵，據守要害，爲子孫計。'謨歸，以告唐主。唐主乃城金陵，凡諸州城之不完者葺之，戍兵少者益之。"同年七月條："唐主以金陵去周境纔隔一水，洪州險固居上游，集羣臣議徙都之。羣臣多不欲徙，惟樞密副使、給事中唐鎬勸之，乃命經營豫章爲都城之制。唐自淮上用兵及割江北，臣事於周，歲時貢獻，府藏空竭，錢益少，物價騰貴。禮部侍郎鍾謨請鑄大錢，一當五十，中書舍人韓熙載請鑄鐵錢；唐主始皆不從，謨陳請不已，乃從之。是月，始鑄當十大錢，文曰'永通泉貨'，又鑄當二錢，文曰'唐國通寶'，與開元錢並行。"同年九月條："唐禮部侍郎、知尚書省事鍾謨數奉使入周，傳世宗命於唐主，世宗及唐主皆厚待之，恃此驕橫於其國，三省之事皆預焉。"《輯本舊史》卷一二〇《周恭帝紀》顯德六年十月辛丑條："江南國主李景來告，世子弘冀卒，遣御廚使張延範充弔祭使。"《通鑑》卷二九四顯德六年十二月條："端明殿學士、兵部侍郎竇儀使於唐，天雨雪，唐主欲受詔於廡下。儀曰：'使者奉詔而來，不敢失舊禮。若雪霑服，請俟他日。'唐主乃拜詔於庭。"《新五代史》卷六二《李景傳》："世宗使人謂景曰：'吾與江南，大義已定，然慮後世不能容汝，可及吾世修城隍、治要害爲子孫計。'景因營緝諸城，謀遷其都于洪州，羣臣皆不欲遷，惟樞密使唐鎬贊之，乃升洪州爲南昌，建南都。建隆二年，留太子從嘉監國，景遷于南都。而洪州迫隘，宮府營廨，皆不能容，羣臣日夕思歸，景悔怒不已。"

皇朝建隆二年夏，景以疾卒於金陵，時年四十六。[1]以其子煜襲僞位,[2]其後事具皇家日曆。《永樂大典》卷一萬三百九十一。[3]

[1]"皇朝建隆二年夏"至"時年四十六":《宋史》卷一《宋太祖紀一》建隆二年(961)八月甲辰條:"南唐主李景死,子煜嗣,遣使請追尊帝號,從之。"《新五代史》卷六二《李景傳》:"六月,景卒,年六十四。從嘉嗣立,以喪歸金陵,遣使入朝,願復景帝號,太祖皇帝許之,乃謚曰明道崇德文宣孝皇帝,廟號元宗,陵曰順陵。"

[2]煜:即李煜。人名。即南唐後主。李景第六子。傳見《新五代史》卷六二、《宋史》卷四七八。

[3]《大典》卷一〇三九一"李"字韻"姓氏(三六)"事目。《輯本舊史》引《五代史補》:"李昪,本爲徐溫所養,溫殺張顥,權出於己,自稱大丞相、中書令、都統。及出居金陵,以嫡子知訓爲丞相,昪爲潤州節度。昪始爲宣州,忽得潤州,甚怏怏,將白溫辭之。宋齊丘素與昪善,因謂昪曰:"知訓驕倨,不可大用,殆必有損足焚巢之患。宣州去江都遠,難爲應,潤州方隔一水爾,有急則可以立功,慎勿辭也。"昪聞之釋然,遂行,至潤州,未幾,知訓果爲朱瑾所殺。是夜,江都亂,火光亘天,昪望之曰:"宋公之言中矣。"遂引軍渡江,盡誅朱瑾之黨。後解甲去備,以待徐溫。溫至,且喜且怒,謂昪曰:"猶幸汝在潤州,不然吾家大事將去矣。汝於兄弟中有大功者耶!"即日用昪爲左僕射,知政事,以代知訓。昪善於撫御,內外之心翕然而歸之,故徐溫卒未幾而江南遂爲昪所有。先是,江南童謠云:"東海鯉魚飛上天。"東海即徐之望也,李者鯉也,蓋言李昪一旦自溫家起而爲君爾。初,昪既蓄異志,且欲諷動僚屬。雪天大會,酒酣,出一令,須借雪取古人名,仍詞理通貫。時齊丘、徐融在坐,昪舉杯爲令曰:"雪下紛紛,便是白起。"齊丘曰:"着屐過街,必須雍齒。"融意欲挫昪等,遂曰:"明朝日

出，爭奈蕭何。”昇大怒，是夜收融投于江，自是與謀者惟齊丘而已。宋齊丘，豫章人。父嘗在鍾傳幕下，齊丘素落魄，父卒，家計蕩盡，已在窮悴，朝夕不能度。時姚洞天爲淮南騎將，素好士，齊丘欲謁之，且囊空無備紙筆之費，計無所出，但於逆旅杜門而坐，如此殆數日。鄰房有散樂女尚幼，問齊丘曰：“秀才何以數日不出？”齊丘以實告，女歎曰：“此甚小事，秀才何吝一言相示耶！”乃惠以數緡。齊丘用市紙筆，爲詩詠以投洞天，其略曰：“某學武無成，攻文失志，歲華蹭蹬，身事蹉跎。胸中之萬仞青山，壓低氣宇；頭上之一輪紅日，燒盡風雲。加以天步凌遲，皇綱廢絶，四海淵黑，中原血紅。挹飛蒼走黃之辨，有出鬼没神之機。”洞天怒其言大，不即接見。齊丘窘急，乃更其啓，翼日復至，其略曰：“有生不如無生，爲人不若爲鬼。”又云：“其爲誠懇萬端，只爲饑寒兩字。”洞天始憫之，漸加以拯救。徐温聞其名，召至門下。及昇之有江南也，齊丘以佐命功，遂至將相，乃上表以散樂女爲妻，以報宿惠，許之。韓熙載仕江南，官至諸行侍郎。晚年不羈，女僕百人，每延請賓客，而先令女僕與之相見，或調戲，或毆擊，或加以爭奪靴笏，無不曲盡，然後熙載始緩步而出，習以爲常。復有醫人及燒煉僧數輩，每來無不升堂入室，與女僕等雜處。僞主知之，雖怒，以其大臣，不欲直指其過，因命待詔畫爲圖以賜之，使其自愧，而熙載視之安然。沈彬，宜春人。能爲歌，詩格高逸，應進士不第，遂游長沙。會武穆方霸，彬獻頌德詩云：‘金翅動身摩日月，銀河轉浪洗乾坤。’武穆覽而壯之，欲辟之在幕府，以其有足疾，遂止。彬由是往來衡、湘間，自稱進士。邊鎬之下湖南也，後主聞其名，召歸金陵，令爲縣宰，彬辭不就，遂授金部郎中致仕，年八十九。初，彬既致仕，嘗別業於鍾山，庭有古柏可百餘尺，一旦爲迅雷所擊，仆於地，自成四片。彬視之欣然，謂子庭瑞曰：‘此天所以賜吾也，汝宜成之。’庭瑞曰：‘雷擊之木，恐非祥，不宜爲棺。’彬怒曰：‘吾命汝，安得違之耶！’庭瑞懼，遂如教，卒竟用此棺。及葬，掘地未及丈餘，又得石槨，上有篆文四字云‘沈彬之椁’，其制度大小與棺正相稱，遂葬之，時人異焉。僧謙光，金陵人也。素有才辨，江南國主以國師禮之。然無羈檢，飲酒如常，國主無以禁制，而又於諸肉中尤嗜鵝、鱉。國主常以從容語及釋氏果報，且問曰：‘吾師莫有志願否？寡人固欲聞之。’謙光對曰：‘老僧無他願，但得鵝生四隻腿，鱉長兩重裙足矣。’國主大笑。顯德中，政亂，國主猶晏然不以介意。一旦，因賞花，命謙光賦詩，因爲所諷詩云：‘擁衲對芳叢，由來事不同。鬢從今日白，花似去年紅。艷冶隨朝露，馨香逐曉風。何須對零落，然後始知空。’”“張顥”，中華書局本有校勘記：“原作‘張鎬’，據殿本、劉本、《新五代史》卷六一《吳世家》及本卷正文改。影庫本粘籤：‘張鎬，《通鑑》作張顥，考《五代史補》前後俱作“鎬”，今姑仍其舊。’”“吾師莫有志願否寡人固欲聞之謙光對曰”，中華書局本有校勘記：“以上十七字原闕，據《五代史補》卷五補。”

王審知[1]　子延鈞　延鈞子昶　子延羲　延政

[1]《輯本舊史》之影庫本粘籤：“《王審知傳》，《永樂大典》僅存一條，今考《册府元龜》所引《薛史》，考其事蹟，前後排比成篇，謹附識于此。”今檢清輯本所云録自《大典》之一則，實爲《通鑑》原文，當係《大典》編者誤注出處。今據《通曆》《册府》諸書重做輯補。

　　王審知，字信通，光州固始人。[1]父恁，世爲農民。[2]唐廣明中，黃巢犯闕，[3]江淮盜賊蜂起，有賊帥王緒者，[4]自稱將軍，陷固始縣。審知兄潮，[5]時爲縣佐，緒署爲軍正。蔡賊秦宗權以緒爲光州刺史，尋遣兵攻緒。緒率衆渡江，所在剽掠，自南康轉至閩中，入臨汀，[6]自稱刺史。緒多疑忌，部將有出己之右者皆誅之。潮與豪首數輩共殺緒，其衆求帥，乃刑牲歃血爲盟，植劍於前，祝曰："拜此劍動者爲將軍。"至潮拜，劍躍於地，衆以爲神異，即奉潮爲帥。時泉州刺史廖彦若爲政貪暴，[7]軍民苦之，聞潮爲理所整肅，耆老乃奉牛酒，遮道請留。潮因引兵圍彦若，歲餘克之。又平狼山賊帥薛蘊，[8]兵鋒日盛。唐光啓二年，福建觀察使陳巖表潮爲泉州刺史。[9]大順中，巖卒，子壻范暉自稱留後，[10]潮遣審知將兵攻之。踰年，城中食盡，乃斬暉而降，由是盡有閩嶺五州之地。[11]潮即表其事，昭宗因建威武軍於福州，以潮爲節度、福建管内觀察使，命審知爲副。[12]

[1]固始：縣名。治所在今河南固始縣。　"王審知"至"光州固始人"：《通曆》卷一五《僭偽·王審知》。明本《册府》卷二二〇《僭偽部·形貌門》："閩王審知，身長七尺六寸，紫色方口隆準。"

[2]父恁，世爲農民：明本《册府》卷二一九《僭偽部·姓系門》。

[3]廣明：唐僖宗李儇年號（880—881）。　黄巢：人名。曹州冤句（今山東菏澤市）人。唐末農民起義領袖。傳見《舊唐書》卷二〇〇下、《新唐書》卷二二五下。

[4]王緒：人名。壽州（今安徽壽縣）人。唐末、五代方鎮軍閥。事見本書本卷。

[5]潮：人名。即王潮。光州固始（今河南固始縣）人。唐末軍閥。傳見《新唐書》卷一九〇。

[6]南康：縣名。治所在今江西贛州市南康區。　閩中：地名。

位於今福建福州市。　臨汀：地名。即汀州。治所在今福建長汀縣。

[7]泉州：州名。治所在今福建泉州市。　廖彦若：人名。籍貫不詳。唐末、五代藩鎮軍閥。事見本書本卷。

[8]狼山：地名。今地不詳。　薛藴：人名。籍貫不詳。唐末、五代藩鎮軍閥。事見本書本卷。

[9]福建：方鎮名。治所在福州（今福建福州市）。　陳巖：人名。汀州（今福建長汀縣）人。唐末、五代藩鎮軍閥。事見本書本卷。

[10]范暉：人名。籍貫不詳。唐末、五代藩鎮軍閥。事見本書本卷。

[11]閩嶺：嶺爲南嶺，代指嶺南的南漢政權。閩嶺泛指今福建、嶺南地區。

[12]命審知爲副：“命”字原闕，今據《通曆》卷一五《僭僞·王審知》、明本《册府》卷二一九《僭僞部·姓系門》補。“唐廣明中”至“命審知爲副”：明本《册府》卷二二三《僭僞部·勳伐門三》。按，此則中“唐廣明中”至“緒署爲軍正”、“潮與豪首數輩共殺緒”至“即奉潮爲帥”、“唐光啓二年”至“命審知爲副”三小段，亦見《通曆》卷一五《僭僞·王審知》，文字僅稍有不同，《通曆》卷一五《僭僞·王審知》可信據《舊五代史》節録而成，故本則當係《舊五代史》原文，兹予以輯録。《舊五代史考異》：“案：《王審知德政碑》作詔授潮節度，累加檢校右僕射，無審知爲副事。”

　　乾寧中，潮卒，審知遂繼兄位，封琅邪王。梁開平中，封閩王。[1]是時，楊氏據江、[2]淮，故閩中與中國隔越，審知每歲遣使朝貢，泛海至登、萊抵岸，[3]往復頗有風水之患，漂溺者十四五。[4]莊宗即位，遣使奉貢，制加功臣，進爵邑。[5]

[1]封琅邪王：《新五代史》卷六八《閩世家》同，明本《册府》卷二一九《僭僞部·姓系門》、卷二三二《僭僞部·稱藩門》作"封琅邪郡王"。　開平：後梁太祖朱温年號（907—911）。梁開平中，封閩王：原作"梁封閩王"，據明本《册府》卷二一九《僭僞部·姓系門》補"開平中"三字。　"乾寧中"至"封閩王"：《通曆》卷一五《僭僞·王審知》。明本《册府》卷二三二《僭僞部·稱藩門》："唐末，爲威武軍節度、福建觀察使，累遷檢校太保，封琅琊郡王。梁朝開國，累加中書令，封閩王。"《舊五代史考異》："案：《王審知德政碑》云：潮付公以戎旅，仍具表奏，尋加刑部尚書、威武軍留後，俄授金紫光禄大夫、右僕射、本軍節度使。又改光禄大夫、檢校司空、轉特進、檢校司徒。又轉檢校太保、琅邪郡王，食邑四千户，食實封一百户。"按，《輯本舊史》卷一三四《王審知傳》據《大典》卷一四五三六輯録下列文字："審知爲觀察副使，有過，潮猶加捶撻，審知無怨色。潮寢疾，舍其子延興、延虹、延豐、延休，命審知知軍府事。十二月丁未，潮薨，審知以讓其兄審邽，審邽以審知有功，辭不受。審知自稱福建留後，表於朝廷。"今檢其文，實見於《通鑑》卷二六一乾寧四年十二月丁未條，《通鑑》此條"其兄"後多"泉州刺史"四字，其餘文字全同，且"十二月丁未"之表述與《舊五代史》列傳體例尤其不合，當係《大典》編者誤注出處，兹不再輯入正文。《舊五代史考異》："案：《王審知德政碑》作仲兄審邽，此作審邽，當以碑爲正。"《宋本册府》卷八九四《總録部·謡言門》："先是，閩中有童謡云：'潮水來，巖頭没；潮水去，矢口出。' '矢口'，'知'字也。果陳巖死，王潮代之；潮死，審知繼位。"同書卷一九六《閏位部·封建門》：開平三年（909）四月"福建節度使王審知封閩王"。《通鑑》卷二六七繫於開平三年四月庚子。

[2]楊氏：指楊行密南吳政權。

[3]登：州名。治所在今山東蓬萊市。　萊：州名。治所在今山東萊州市。

[4]“是時”至“漂溺者十四五”：明本《册府》卷二三二《僭僞部·稱藩門》。

[5]“莊宗即位”至“進爵邑”：《通曆》卷一五《僭僞·王審知》。明本《册府》卷一六九《帝王部·納貢獻門》：同光二年（924）二月，“福建節度使王審知遣使奉貢”。《輯本舊史》卷三二《唐莊宗紀六》同光二年五月丙午條：“以福建節度使、閩王王審知依前檢校太師、守中書令、福建節度使。”

　審知起自隴畝間，以至富貴，每以節儉自處，選任良吏，省刑惜費，輕徭薄斂，與民休息，三十年間，一境晏然。[1]

[1]“審知起自隴畝間”至“一境晏然”：《通曆》卷一五《僭僞·王審知》。亦見明本《册府》卷二二九《僭僞部·政治門》，文字全同。

　同光元年十二月，卒。[1]子延翰嗣。延翰驕恣不法，尋爲弟延鈞所殺。及延鈞僭號，僞追尊審知爲武皇帝。[2]

[1]同光元年十二月，卒：《新五代史》卷七一《十國世家年譜》徐無黨注引《五代舊史·王審知傳》。《新五代史》卷六八《閩世家》：“審知同光三年卒，年六十四，謚曰忠懿。”《王審知墓志》：“同光三年十二月十二日，薨于威武軍之使宅。”可知審知實

卒於同光三年（925），《舊五代史》誤。《輯本舊史》卷三四《唐莊宗紀八》同光四年二月庚子條："福建節度副使王延翰奏，節度使王審知委權知軍府事。"同月癸丑條："湖南馬殷奏，福建節度使王審知疾甚，副使王延翰已權知軍府事，請降旌節。"所記當爲奏到之日期。

　　[2]"子延翰嗣"至"僞追尊審知爲武皇帝"：《通曆》卷一五《僭僞・王審知》。《新五代史》卷六八《閩世家》："延翰，字子逸，審知長子也。同光四年，唐拜延翰節度使。是歲，莊宗遇弒，中國多故，延翰乃取司馬遷《史記》閩越王無諸傳示其將吏曰：'閩，自古王國也，吾今不王，何待之有？'於是軍府將吏上書勸進。十月，延翰建國稱王，而猶稟唐正朔。延翰爲人長大，美皙如玉，其妻崔氏陋而淫，延翰不能制。審知喪未期，徹其几筵，又多選良家子爲妾。崔氏性妒，良家子之美者，輒幽之別室，繫以大械，刻木爲人手以擊頰，又以鐵錐刺之，一歲中死者八十四人。崔氏後病，見以爲祟而卒。"《輯本舊史》卷三四《唐莊宗紀八》同光四年三月辛亥條："以威武軍節度副使、福建管内都指揮使、檢校太傅、守江州刺史王延翰爲福建節度使，依前檢校太傅。"辛亥，《通鑑》卷二七四天成元年（926）作辛酉，是年三月丁巳朔，有"辛酉"無"辛亥"，《舊五代史》誤。《通鑑》卷二七五天成元年十月條："昭武節度使、同平章事王延翰，驕淫殘暴，己丑，自稱大閩國王。立宮殿，置百官，威儀文物皆倣天子之制，羣下稱之曰殿下。赦境内，追尊其父審知曰昭武王。"同卷同年十二月條："閩王延翰蔑棄兄弟，襲位纔踰月，出其弟延鈞爲泉州刺史。延翰多取民女以充後庭，採擇不已。延鈞上書極諫，延翰怒，由是有隙。父審知養子延稟爲建州刺史，延翰與書使之採擇，延稟復書不遜，亦有隙。十二月，延稟、延鈞合兵襲福州。延稟順流先至，福州指揮使陳陶帥衆拒之，兵敗，陶自殺。是夜，延稟帥壯士百餘人趣西門，梯城而入，執守門者，發庫取兵仗。及寢門，延翰驚匿別室；辛卯旦，延稟執之，暴其罪惡，且稱延翰與妻崔氏共弒先王，告諭

吏民，斬於紫宸門外。是日，延鈞至城南，延稟開門納之，推延鈞爲威武留後。”《新五代史》卷六八《閩世家》：“（王延鈞）追諡審知爲昭武孝皇帝，廟號太祖。”按，《新五代史》卷六八《閩世家》有王延翰傳記，然延翰自襲位至見殺僅一年，敘事較簡，今依《通曆》，以其事迹附見於《審知傳》中，當得《舊五代史》之實。

　　延鈞，審知次子。[1]襲位，封閩王。[2]唐長興三年，[3]上言乞封吳越國王，請授尚書令，[4]朝廷不報，延鈞遂絕朝貢。[5]

　　[1]審知次子：原作“審知第二子”，且爲小字，據明本《册府》卷二一九《僭僞部·年號門》改。
　　[2]封閩王：原作“封閔王”，據明本《册府》卷二一九《僭僞部·年號門》、卷二二四《僭僞部·宗族門》、卷二三二《僭僞部·稱藩門》改。　　“延鈞”至“封閩王”：《通曆》卷一五《僭僞·王延鈞》。《輯本舊史》卷三八《唐明宗紀四》天成二年（927）五月癸丑條：“以福建留後、檢校太傅、舒州刺史王延鈞爲檢校太師、守中書令，充福建節度使、瑯琊郡王。”同書卷三九《唐明宗紀五》天成三年七月戊辰條：“詔福建節度使王延鈞可依前檢校太師、守中書令，進封閩王。”《新五代史》卷六八《閩世家》：“延鈞立，更名鏻……初，延稟與鏻之謀殺延翰也，延稟之兵先至，已執延翰而殺之，明日鏻兵始至，延稟自以養子，推鏻而立之。延稟還建州，鏻餞于郊，延稟臨訣謂鏻曰：‘善繼先志，毋煩老兄復來！’鏻銜之。長興二年，延稟率兵擊鏻，攻其西門，使其子繼雄轉海攻其南門，鏻遣王仁達拒之。仁達伏甲舟中，僞立白幟請降，繼雄信之，登舟，伏兵發，刺殺之，梟其首西門，其兵見之皆潰去，延稟見執。鏻誚之曰：‘予不能繼先志，果煩老兄復來。’延稟不能對，遂殺之。延稟子繼昇守建州，聞敗，奔于錢塘。”明

本《册府》卷二二四《僭僞部·宗族門》："延鈞初封閩王，表兄延禀爲建州節度使，累官至中書令。頃之，延禀以軍州委長子繼雄，退居別第。"

[3]長興：後唐明宗李嗣源年號（930—933）。

[4]上言乞封吴越國王：明本《册府》卷二一九《僭僞部·年號門》作"上言吴越國王錢鏐薨，乞封爲吴越王"。 尚書令：官名。秦始置。隋、唐前期爲尚書省長官，與中書令、侍中並爲宰相。因以李世民爲之，後皆不授，唐高宗廢其職。唐後期以李適、郭子儀有功而特授此職，爲大臣榮衘，不參與政務。五代因之。唐時爲正二品，後梁開平三年（909）升爲正一品。

[5]"唐長興三年"至"延鈞遂絶朝貢"：《通曆》卷一五《僭僞·王延鈞》。《輯本舊史》卷四三《唐明宗紀九》長興三年（932）六月乙未條："福建節度使王延鈞進絹表云：'吴越王錢鏐薨，乞封臣爲吴越王。湖南馬殷官是尚書令，殷薨，請授臣尚書令。'不報。"

未幾，乃自稱帝，國號大閩，[1]僞改元龍啓，[2]然猶稱藩於朝廷。[3]

[1]大閩：原作"大閟"，據明本《册府》卷二一九《僭僞部·年號門》、卷二三二《僭僞部·稱藩門》改。

[2]龍啓：閩惠宗王延鈞年號（933—934）。

[3]稱藩於朝廷：原作"稱藩"，據明本《册府》卷二三二《僭僞部·稱藩門》補。 "未幾"至"然猶稱藩於朝廷"：《通曆》卷一五《僭僞·王延鈞》。《新五代史》卷六八《閩世家》："鏻好鬼神、道家之説，道士陳守元以左道見信，建寶皇宫以居之。守元謂鏻曰：'寶皇命王少避其位，後當爲六十年天子。'鏻欣然遜位，命其子繼鵬權主府事。既而復位，遣守元問寶皇：'六十年後

將安歸？'守元傳寶皇語曰：'六十年後，當爲大羅仙人。'鏻乃即
皇帝位，受册於寶皇，以黃龍見眞封宅，改元爲龍啓，國號閩。追
諡審知爲昭武孝皇帝，廟號太祖，立五廟，置百官，以福州爲長樂
府。"《通鑑》卷二七八繫其事於長興四年（933）正月，並云：
"以其僚屬李敏爲左僕射、門下侍郎，其子節度副使繼鵬爲右僕射、
中書侍郎，並同平章事；以親吏吳勗爲樞密使。唐册禮使裴傑、程
侃適至海門，閩王以傑爲如京使；侃固求北還，不許。閩主自以國
小地僻，常謹事四鄰，由是境內差安。"

在僞位十二年。唐清泰二年，爲其臣李仿所殺，[1]
僞諡爲惠帝。[2]

[1] 李仿：人名。籍貫不詳。五代十國閩國大臣。事見《新五
代史》卷六八。

[2] "在僞位十二年"至"僞諡爲惠帝"：《通曆》卷一五
《僭僞·王延鈞》。《新五代史》卷六八《閩世家》："閩地狹，國用
不足，以中軍使薛文傑爲國計使。文傑多察民間陰事，致富人以
罪，而籍没其貲以佐用，閩人皆怨。又薦妖巫徐彦，曰：'陛下左
右多姦臣，不質諸鬼神，將爲亂。'鏻使彦視鬼於宮中……鏻妻早
卒，繼室金氏賢而不見答。審知婢金鳳，姓陳氏，鏻嬖之，遂立以
爲后。初，鏻有嬖吏歸守明者，以色見倖，號歸郎，鏻後得風疾，
陳氏與歸郎姦。又有百工院使李可殷，因歸郎以通陳氏。鏻命錦工
作九龍帳，國人歌曰：'誰謂九龍帳，惟貯一歸郎？'鏻婢春鶯有
色，其子繼鵬烝之，鏻已病，繼鵬因陳氏以求春鶯，鏻怏怏與之。
其次子繼韜怒，謀殺繼鵬，繼鵬懼，與皇城使李倣圖之。是歲十
月，鏻饗軍於大酺殿，坐中昏然，言見延稟來，倣以爲鏻病已甚，
乃令壯士先殺李可殷于家。明日晨朝，鏻無恙，問倣殺可殷何罪，
倣懼而出，與繼鵬率皇城衛士而入。鏻聞鼓噪聲，走匿九龍帳中，

衛士刺之不殂，宮人不忍其苦，爲絶之。繼韜及陳后、歸郎皆爲做所殺。鏻立十年見殺，謚曰惠皇帝，廟號太宗。"《通鑑》卷二七九清泰二年（935）十月條："可殷嘗譖皇城使李做於閩主，后族陳匡勝無禮於福王繼鵬，做及繼鵬皆恨之。閩主疾甚，繼鵬有喜色。做以閩主爲必不起，冬，十月，己卯，使壯士數人持白梃擊李可殷，殺之，中外震驚。庚辰，閩主疾少間，陳后訴之。閩主力疾視朝，詰可殷死狀，做懼而出，俄頃，引部兵鼓譟入宮。閩主聞變，匿於九龍帳下，亂兵刺之而出。閩主宛轉未絶，宮人不忍其苦，爲絶之。做與繼鵬殺陳后、陳守恩、陳匡勝、歸守明及繼鵬弟繼韜；繼韜素與繼鵬相惡故也。辛巳，繼鵬稱皇太后令監國，是日，即皇帝位。更名昶。謚其父曰齊肅明孝皇帝，廟號惠宗。"所記與《新五代史》頗異，茲並録之。《新五代史》卷七一《十國世家年譜》徐無黨注："鏻本名延鈞，《五代舊史》本傳云，在位十二年。《九國志》云，在位十一年。《閩王列傳》《紀年通譜》皆云在位十年。蓋鏻以天成元年殺延翰自立，是歲丙戌，至清泰二年乙未，實十年而卒，與《閩王列傳》合，而《舊史》《九國志》皆繆也。鏻以清泰二年改元永和，是歲見殺，而《舊史》《九國志》《運曆圖》皆無永和之號，又《運曆圖》書鏻見殺在天福元年丙申者，皆繆也。"

昶，延鈞子。李仿既殺延鈞，國人立昶爲嗣。昶遂殺李仿，朝廷因授昶福建節度使。昶在鎮，僭稱僞號，改元通文。[1]天福三年，晋祖下制封昶爲閩國王，子繼恭封臨海郡王。[2]

[1]通文：閩康宗王繼鵬年號（936—939）。　改元通文：原作"改元文通"，據明本《册府》卷二一九《僭僞部·年號門》、《新五代史》卷六八《閩世家》、《通鑑》卷二八〇天福元年（936）

三月條改。

[2]"昶"至"子繼恭封臨海郡王"：《通曆》卷一五《僭偽·王昶》。《新五代史》卷六八《閩世家》："繼鵬，鏻長子也。既立，更名昶，改元通文，以李倣判六軍諸衛事。倣有弒君之罪，既立昶，而心常自疑，多養死士以爲備。昶患之，因大享軍，伏甲擒倣殺之，梟其首於市。倣部曲千人叛，燒啓聖門，奪倣首，奔於錢塘。晋天福二年，昶遣使朝貢京師，高祖遣散騎常侍盧損册昶閩王，拜其子繼恭臨海郡王。"中華書局本《新五代史》有校勘記："《通鑑》卷二八一云繼恭係其弟。按《王延鈞妻劉華墓誌》記繼恭爲繼鵬弟。"可知繼恭實爲昶弟，《舊五代史》誤作昶子，《新五代史》因之。《輯本舊史》卷四八《唐末帝紀下》清泰三年（936）三月辛丑條："權知福建節度使王昶奏，節度使王延鈞以去年十月十四日卒。是時延鈞父子雖僭竊於閩嶺，猶稱藩於朝廷，故有是奏。"《通鑑》卷二八〇天福元年三月條："閩主昶改元通文，立賢妃李氏爲皇后，尊皇太后曰太皇太后。"《輯本舊史》卷七七《晋高祖紀三》天福三年十一月丙午條："封閩王昶爲閩國王，加食邑一萬五千户。"明本《册府》卷二三二《僭偽部·稱藩門》："晋天福三年，遣使貢奉至闕，止稱閩王，其子繼恭稱節度使，晋祖乃下制封昶爲閩國王。"

昶性殘忍多忌，諸父諸兄誅滅殆盡。遣僚佐鄭元弼來朝貢，[1]昶致書於執政，晋祖省之，不悦。李知損奏請禁錮來人，[2]籍没綱運，晋祖可其奏。是歲，福建軍亂，僞閤門使連重遇殺昶與繼恭於府署，[3]孩稚皆死焉。[4]延羲立，謚昶曰康宗。[5]

[1]鄭元弼：人名。仙游（今福建仙游縣）人。五代十國閩國官員。事見本書本卷。

[2]李知損：人名。大梁（今河南開封市北）人。五代十國官員。傳見本書卷一三一。

[3]閤門使：官名。唐代中期始置，掌供朝會、贊引百官。初以宦官充任，五代改用武階。 連重遇：人名。籍貫不詳。五代十國閩國將領。與朱文進先後殺閩康宗王繼鵬、閩景宗王延羲，繼而擁立朱文進，後被部將林仁翰所殺。事見本書本卷。

[4]"昶性殘忍多忌"至"孩稚皆死焉"：《通曆》卷一五《僭偽·王昶》。《新五代史》卷六八《閩世家》："昶亦好巫，拜道士譚紫霄爲正一先生，又拜陳守元爲天師，而妖人林興以巫見幸，事無大小，興輒以寶皇語命之而後行……三年夏，虹見其宮中，林興傳神言：'此宗室將爲亂之兆也。'乃命興率壯士殺審知子延武、延望及其子五人。後興事敗，亦被殺。"《通鑑》卷二八二天福四年（939）四月條："閩主忌其叔父前建州刺史延武、戶部尚書延望才名，巫者林興與延武有怨，托鬼神語云：'延武、延望將爲變。'閩主不復詰，使興帥壯士就第殺之，並其五子。"王昶殺戮宗室事，《新五代史》繫於天福三年，《通鑑》繫於天福四年。《輯本舊史》卷七八《晉高祖紀四》天福四年十月庚戌條："閩王王昶、威武軍節度使王繼恭遣僚佐林思、鄭元弼等朝貢，致書於宰執，無人臣之禮。帝怒，詔令不受所貢，應諸州綱運，並令林思、鄭元弼等押歸本道。既而兵部員外郎李知損上疏，請禁錮使人，籍沒綱運，可之，收林思等下獄。"《新五代史》卷六八《閩世家》："而昶愈惑亂，立父婢春鶯爲淑妃，後立以爲皇后。又遣醫人陳究以空名堂牒賣官。昶弟繼嚴判六軍諸衛事，昶疑而罷之，代以季弟繼鏞，而募勇士爲宸衛都以自衛，其賜予給賞，獨厚於他軍。控鶴都將連重遇、拱宸都將朱文進，皆以此怒激其軍。是歲夏，術者言昶宮中當有災，昶徙南宮避災，而宮中火，昶疑重遇軍士縱火。內學士陳郯素以便佞爲昶所親信，昶以火事語之，郯反以告重遇。重遇懼，夜率衛士縱火焚南宮，昶挾愛姬、子弟、黃門衛士斬關而出，宿于野次。重遇迎延羲立之。延羲令其子繼業率兵襲昶，及之；射殺數

人，昶知不免，擲弓于地，繼業執而殺之，及其妻、子皆死無遺類。"《輯本舊史》卷七九《晋高祖紀五》天福五年正月癸酉條："湖南奏，閩人殺王昶，夷其族，王延羲因民之欲而定之。"

[5]延羲立，謚昶曰康宗：《新五代史》卷六八《閩世家》。《通鑑》卷二八二天福四年七月條："（王延羲）謚閩主曰聖神英睿文明廣武應道大弘孝皇帝，廟號康宗。"所記王昶謚號與《新五代史》異。

福州城中有王霸壇、煉丹井，壇旁有皂莢木，久枯，一旦忽生枝葉。井中有白黿浮出，掘地得石銘，有"王霸裔孫"之文，昶以爲己應之，於壇側建寶皇宮。[1]

[1]"福州城中有王霸壇"至"於壇側建寶皇宮"：《通鑑》卷二七七長興二年（931）六月條胡注引《舊五代史》。按，《新五代史》卷六八《閩世家》、《通鑑》卷二七七長興二年六月條正文皆言寶皇宮爲王延鈞所建，與胡注所引《舊五代史》異。《新五代史》卷六八《閩世家》："（陳）守元教昶起三清臺三層，以黃金數千斤鑄寶皇及元始天尊、太上老君像，日焚龍腦、薰陸諸香數斤，作樂于臺下，晝夜聲不輟，云如此可求大還丹。"《通鑑》卷二八一天福二年（937）四月條："閩主作紫微宮，飾以水晶，土木之盛倍於寶皇宮。又遣使散詣諸州，伺人隱慝。"

延羲，審知少子。連重遇既殺昶，迎立延羲爲主，僭改元永隆。[1]在僭位六年，爲朱文進等所殺。[2]謚曰景宗。[3]

[1]永隆：閩景宗王延羲年號（939—943）。

[2]朱文進：人名。五代十國閩國將領。與連重遇先後殺閩康宗王繼鵬、閩景宗王延羲而自立，曾爲後晉出帝册爲閩國王，後被部將林仁翰所殺。事見本書卷八三《晋少帝紀三》。　"延羲"至"爲朱文進等所殺"：《通曆》卷一五《僭僞·王延羲》。其書"爲朱文進等所殺"下，另有小注"晋天福七年"五字。《新五代史》卷六八《閩世家》："延羲，審知少子也。既立，更名曦，遣使者朝貢于晉，改元永隆。鑄大鐵錢，以一當十……曦弟延政爲建州節度使，封富沙王，自曦立，不叶，數舉兵相攻，曦由此惡其宗室，多以事誅之……曦性既淫虐，而妻李氏悍而酗酒，賢妃尚氏有色而寵。李仁遇，曦甥也，以色嬖之，用以爲相。曦常爲牛飲，羣臣侍酒，醉而不勝，有訴及私棄酒者輒殺之。諸子繼柔棄酒，并殺其贊者一人。連重遇殺昶，懼爲國人所討，與朱文進連姻以自固。曦心疑之，常以語誚重遇等，重遇等流涕自辨。李氏妬尚妃之寵，欲圖曦而立其子亞澄，乃使人謂重遇等曰：'上心不平於二公，奈何？'重遇等懼。六年三月，曦出遊，醉歸，重遇等遣壯士拉於馬上而殺之。"《通鑑》卷二八二天福四年（939）七月條："延羲自稱威武節度使、閩國王，更名曦，改元永隆，赦繫囚，頒賚中外。以宸衛弑閩主赴於鄰國；謚閩主曰聖神英睿文明廣武應道大弘孝皇帝，廟號康宗。遣商人間道奉表稱藩于晉；然其在國，置百官皆如天子之制。以太子太傅致仕李真爲司空兼中書侍郎、同平章事。"《考異》曰："《十國紀年》，通文四年，延羲自稱威武節度使，改元永隆，即晋天福四年也。《周世宗實錄》《薛史》《唐餘錄》《南唐烈祖實錄》《吳越備史》及《運曆圖》《紀年通譜》皆同。惟《閩中啓運圖》：'通文四年己亥，閏七月，延羲立，明年庚子，改元永隆，五年甲辰，被弑。'"《輯本舊史》卷七九《晋高祖紀五》天福五年七月戊寅條："福州王延羲遣商人間路貢表自述。"同年十月癸卯條："湖南上言：福建王延羲與弟延政互起干戈，内相侵伐。"同年十一月甲申條："制授閩國王延羲檢校太師、兼中書令、福州威武軍節度使，封閩國王。"《通鑑》卷二八二天福六年七月條："閩主

曦自稱大閩皇，領威武節度使，與王延政治兵相攻，互有勝負，福、建之間，暴骨如莽。”同年十月條：“曦即皇帝位；王延政自稱兵馬元帥。閩同平章事李敏卒。”《輯本舊史》卷八〇《晉高祖紀六》天福六年十一月條：“丁未……福州王延羲遣使貢方物……壬申，遣給事中李式、考功郎中張鑄持節冊閩國王王延羲。”《通鑑》卷二八三天福七年正月條：“曦立皇后李氏，同平章事真之女也；嗜酒剛愎，曦寵而憚之。”天福八年三月條：“曦納金吾使尚保殷之女，立爲賢妃。妃有殊色，曦嬖之；醉中，妃所欲殺則殺之，所欲宥則宥之。”同書卷二八四開運元年三月乙酉條：“會后父李真有疾，乙酉，曦如真第問疾。文進、重遇使拱宸馬步使錢達弑曦於馬上。”所言王延羲被殺事，與《新五代史·閩世家》異。

[3]諡曰景宗：《新五代史》卷六八《閩世家》。《通鑑》卷二八四開運元年三月條：“葬閩主曦，諡曰睿文廣武明聖元德隆道大孝皇帝，廟號景宗。”所記王延羲諡號與《新五代史》異。

文進遂自據其位，間道送欵於朝，封閩王。[1]

[1]“文進遂自據其位”至“封閩王”：《通曆》卷一五《僭僞·王延羲》。《通鑑》卷二八四開運元年（944）三月條：“（朱文進、連重遇）召百官集朝堂，告之曰：‘太祖昭武皇帝，光啓閩國，今子孫淫虐，荒墜厥緒。天厭王氏，宜更擇有德者立之。’衆莫敢言。重遇乃推文進升殿，被袞冕，帥羣臣北面再拜稱臣。文進自稱閩主，悉收王氏宗族延喜以下少長五十餘人，皆殺之……以重遇總六軍……禮部尚書、判三司鄭元弼抗辭不屈，黜歸田里，將奔建州，文進殺之。文進下令，出宮人，罷營造，以反曦之政。殷主延政遣統軍使吳成義將兵討文進，不克。文進加樞密使鮑思潤同平章事，以羽林統軍使黃紹頗爲泉州刺史，左軍使程文緯爲漳州刺史。汀州刺史同安許文稹，舉郡降之。”《輯本舊史》卷八三《晉少帝

紀三》開運元年八月條:"壬寅,閩王王延羲爲其下連重遇、朱文進所害,衆推文進知留後事,稱天福年號,間道以聞……癸丑,以威武軍兵馬留後、權知閩國事朱文進爲檢校太傅、福州威武軍節度使,知閩國事。"所記八月壬寅,當爲奏到之日。同年十二月癸丑條:"福州節度使朱文進加同平章事,封閩國王。"

　　延政,亦審知子。聞延羲篡立,亦自稱帝於建州,[1]國號大殷,改元天德。[2]朱文進黨連重遇梟文進首送建安,延政遣其將黄仁諷,[3]授從子繼昌爲福州留守。仁諷既至,與福州列校李仁達殺繼昌。[4]仁達欲自立,懼衆不附,以雪峯寺僧卓儼明示衆曰:"此非常人也。"被以衮冕,率諸將吏北面而臣之。已而又殺儼明,[5]遂自立。朝廷因以仁達爲福建節度使,知閩國事。[6]

　　[1]建州:州名。治所在今福建建甌市。
　　[2]天德:閩末王王延政年號(943—945)。　"延政"至"改元天德":《通曆》卷一五《僭僞·王延政》。明本《册府》卷二一九《僭僞部·姓系門》:"(王延羲)兄延政,自稱帝於建州。晋開運三年,爲李景所滅。"《新五代史》卷六八《閩世家》、《輯本舊史》卷七九《晋高祖紀五》天福五年(940)十月癸卯條、《通鑑》卷二八二天福五年正月條皆云王延政爲延羲之弟,與《册府》異。《新五代史》卷六八《閩世家》:"延政,審知子也。曦立,爲淫虐,延政數貽書諫之。曦怒,遣杜建崇監其軍,延政逐之,曦乃舉兵攻延政,爲延政所敗。延政乃以建州建國稱殷,改元天德。"《通鑑》卷二八三天福八年二月條:"閩富沙王延政稱帝於建州,國號大殷,大赦,改元天德。以將樂縣爲鏞州,延平鎮爲鐔州。立皇后張氏。以節度判官潘承祐爲吏部尚書,節度巡官建陽楊

思恭爲兵部尚書。未幾，以承祐同平章事，思恭遷僕射，録軍國事。延政服赭袍視事，然牙參及接鄰國使者，猶如藩鎮禮。殷國小民貧，軍旅不息。楊思恭以善聚斂得幸，增田畝山澤之税，至於魚鹽蔬果，無不倍征，國人謂之'楊剥皮'。"同卷開運元年（944）正月條："殷鑄天德通寶大鐵錢，一當百。唐主遣使遺閩主曦及殷主延政書，責以兄弟尋戈。曦復書，引周公誅管、蔡，唐太宗誅建成、元吉爲比。延政復書，斥唐主奪楊氏國。唐主怒，遂與殷絶。"

　　[3]建安：地名。位於今福建建甌市。　黄仁諷：人名。籍貫不詳。五代十國閩國將領。事見本書本卷。

　　[4]李仁達：人名。光州（今河南潢川縣）人。五代十國藩鎮軍閥。事見《新五代史》卷六二、卷六八。　"朱文進黨連重遇梟文進首送建安"至"與福州列校李仁達殺繼昌"：《通曆》卷一五《僭僞・王延政》。本則中兩處"仁諷"，宛委別藏本《通曆》均作"仁調"，鐵琴銅劍樓藏鈔本上一處作"仁調"，下一處作"仁諷"，兹據《通鑑》卷二八四開運元年十二月條統改爲"仁諷"。《新五代史》卷六八《閩世家》："（朱文進）以黄紹頗守泉州，程贇守漳州，許文稹守汀州，稱晋年號，時開運元年也。泉州軍將留從効詐其州人曰：'富沙王兵收福州矣，吾屬世爲王氏臣，安能交臂而事賊乎？'州人共殺紹頗，迎王繼勳爲刺史，漳州聞之，亦殺贇，迎王繼成爲刺史，皆王氏之諸子也。文稹懼，以汀州降于延政。延政已得三州，重遇亦殺文進，傳首建州以自歸。福州裨將林仁翰又殺重遇，謀迎延政都福州。是時，南唐李景聞閩亂，發兵攻之，延政遣其從子繼昌守福州。而南唐兵方急攻延政，福州將李仁達謂其徒曰：'唐兵攻建州，富沙王不能自保，其能有此土也？'乃擒繼昌殺之。"《通鑑》卷二八四開運元年十二月條："朱文進聞黄紹頗死，大懼，以重賞募兵二萬，遣統軍使林守諒、内客省使李廷鍔將之攻泉州，鉦鼓相聞五百里。殷主延政遣大將軍杜進將兵二萬救泉州，留從効開門與福州兵戰，大破之，斬守諒，執廷鍔。延政遣統軍使吴成義帥戰艦千艘攻福州，朱文進遣子弟爲質於吴越以

求救……唐主以洪州營屯都虞候邊鎬爲行營招討諸軍都虞候，將兵從（查）文徽伐殷。文徽自建陽進屯蓋竹，聞漳、泉、汀三州皆降於殷，殷將張漢卿自鏞州將兵八千將至，文徽懼，退保建陽。臧循屯邵武，邵武民導殷兵襲破循軍，執循送建州斬之……殷吳成義聞有唐兵，詐使人告福州吏民曰：‘唐助我討賊臣，大兵今至矣。’福人益懼。乙未，朱文進遣同平章事李光準等奉國寶於殷。丁酉，福州南廊承旨林仁翰謂其徒曰：‘吾曹世事王氏，今受制賊臣，富沙王至，何面見之！’帥其徒三十人被甲趣連重遇第，重遇方嚴兵自衛，三十人者望之，稍稍遁去。仁翰執槊直前刺重遇，殺之，斬其首以示衆曰：‘富沙王且至，汝輩族矣！今重遇已死，何不亟取文進以贖罪！’衆踴躍從之，遂斬文進，迎吳成義入城，函二首送建州。”言朱文進爲林仁翰所殺，與《通曆》引《舊五代史》、《新五代史·閩世家》異。《通鑑》卷二八四開運二年正月條：“閩之故臣共迎殷主延政，請歸福州，改國號曰閩。延政以方有唐兵，未暇徙都，以從子門下侍郎、同平章事繼昌都督南都內外諸軍事，鎮福州；以飛捷指揮使黃仁諷爲鎮遏使，將兵衛之……發南都侍衛及兩軍甲士萬五千人，詣建州以拒唐。”同卷同年三月條：“王繼昌闇弱嗜酒，不恤將士，將士多怨。仁達潛入福州，説黃仁諷曰：‘今唐兵乘勝，建州孤危。富沙王不能保建州，安能保福州！昔王潮兄弟，光山布衣耳，取福建如反掌。況吾輩乘此機會，自圖富貴，何患不如彼乎！’仁諷然之。是夕，仁達等引甲士突入府舍，殺繼昌及吳成義。”

[5]“仁達欲自立”至“已而又殺儼明”：《新五代史》卷六八《閩世家》。“仁達”二字原無，據文義補。《通鑑》卷二八四開運二年三月條：“（李）仁達欲自立，恐衆心未服，以雪峰寺僧卓巖明素爲衆所重，乃言：‘此僧目重瞳子，手垂過膝，真天子也。’相與迎之。己亥，立爲帝，解去衲衣，被以衮冕，帥將吏北面拜之。然猶稱天福十年，遣使奉表稱藩於晉。”《考異》曰：“《閩録》《啟運圖》《啟國實録》《江南録》作‘巖明’，《閩中實録》《閩王列傳》

《九國志》《薛史》《唐餘録》《王審知傳》《吳越備史》作'儼明'。按《启運圖》，巖明本名偓，爲僧名體明，即位改巖明；今從之。《江南録》云：'繼昌爲裨將王延諷所殺，旬日，故内臣李義殺諷，立巖明爲主。'今從《十國紀年》。"可知《舊五代史》中記有卓儼明事，兹據《新五代史》補録相關文字。《通鑑》卷二八四開運二年五月丁巳條："李仁達大閲戰士，請卓巖明臨視。仁達陰教軍士突前登階，刺殺巖明。仁達陽驚，狼狽而走；軍士共執仁達，使居巖明之坐。"

[6]"遂自立"至"知閩國事"：《通曆》卷一五《僭僞·王延政》。《新五代史》卷六八《閩世家》："（李仁達）乃自立，送款于李景，景以仁達爲威武軍節度使，更其名曰弘義。"《通鑑》卷二八四開運二年五月條："（李）仁達乃自稱威武留後，用保大年號，奉表稱藩於唐；亦遣使入貢於晋……唐以仁達爲威武節度使、同平章事，賜名弘義，編之屬籍。弘義又遣使脩好於吳越。"《輯本舊史》卷八四《晋少帝紀四》開運三年九月甲午條："以權知威武軍節度使李弘達爲檢校太尉、同平章事，充福建節度使，知閩國事。"據《通鑑》，李仁達，南唐賜名李弘義，叛南唐後更名李弘達，稱臣吳越後更名李達，吳越又賜名李孺贇。

後江南李景遣其將邊鎬帥師攻建安，[1]延政乞降，鎬使人送金陵，時晋開運三年也。[2]後吳人僞封延政爲光山王，俾奉其祀焉。[3]

[1]邊鎬：人名。籍貫不詳。五代十國南唐將領。事見本書卷一一二。

[2]開運：後晋出帝石重貴年號（944—946）。

[3]"後江南李景遣其將邊鎬帥師攻建安"至"俾奉其祀焉"：《通曆》卷一五《僭僞·王延政》。《新五代史》卷六八《閩世家》：

"景兵攻破建州，遷延政族於金陵，封鄱陽王。是歲，景保大四年也。"《通鑑》卷二八四開運二年（945）七月條："延政遣使奉表稱臣於吳越，請爲附庸以求救。"同書卷二八五開運二年八月丁亥條："唐先鋒橋道使上元王建封先登，遂克建州，閩主延政降。"云王延政於開運二年降南唐，與《通曆》卷一五引《舊五代史》、《新五代史·閩世家》異。據下文注釋引《新五代史·閩世家》徐無黨注，《通鑑》或據《江南録》書開運二年，誤。《通鑑》卷二八五開運二年十月條："王延政至金陵，唐主以爲羽林大將軍。斬楊思恭以謝建人。"同書卷二八七天福十二年（947）載："是歲，唐主以羽林大將軍王延政爲安化節度使鄱陽王，鎮饒州。"同書卷二九〇廣順元年（951）載："是歲，唐主以安化節度使、鄱陽王王延政爲山南西道節度使，更賜爵光山王。"同書卷二九三顯德三年三月條："馬希崇及王延政之子繼沂皆在揚州，詔撫存之。"

　　始，王氏以唐光啓丙午歲據有閩越，時有異僧言："騎馬來，騎馬去。"至開運丙午歲，果絶。[1]

　　[1]"始"至"果絶"：《通曆》卷一五《僭僞·王延政》。《新五代史》卷六八《閩世家》徐無黨注："晉開運三年丙午，南唐保大四年也。是歲，李景兵破建州，王氏滅。《江南録》云：'保大三年，虜王氏之族，遷于金陵。'謬也。據王潮實以唐景福元年入福州，拜觀察使，而後人紀録者，乃用'騎馬來，騎馬去'之讖以爲據，遂以王潮光啓二年歲在丙午拜泉州刺史爲始年，至保大四年，歲復在丙午而滅，故爲六十一年。然其奄有閩國，則當自景福元年爲始，實五十五年也。今諸家記其國滅丙午是也。其始年則牽於讖書，謬矣。惟《江南録》又差其末年也。"

　　後李仁達以福州歸兩浙，汀、建爲江南所有，漳、泉爲留從效所據，閩嶺五州自此分割矣。[1]

[1]“後李仁達以福州歸兩浙”至“閩嶺五州自此分割矣”：
《通曆》卷一五《僭僞·王延政》。《新五代史》卷六八《閩世家》：
“留從効聞延政降唐，執王繼勳送于金陵，李景以泉州爲清源軍，
以從効爲節度使。景已破延政，遣人召李仁達入朝，仁達不從，遂
降于吳越。而留從効亦逐景守兵，據泉、漳二州，景猶封從効晉江
王。周世宗時，從効遣牙將蔡仲興爲商人，間道至京師，求置邸內
屬。是時，世宗與李景畫江爲界，遂不納，從効仍臣于南唐。其後
事具國史。”

王氏凡二世七王，通六十一年而亡。[1]

[1]王氏凡二世七王，通六十一年而亡：《通曆》卷一五《僭
僞·王延政》。“六十一年”，原作“六十年”。今按，上文既有
“騎馬來，騎馬去”之說，據其注釋所引《新五代史》卷六八《閩
世家》徐無黨注，此處當作“六十一年”，故補“一”字。

史臣曰：昔唐祚橫流，異方割據，行密以高材捷足
啓之於前，李昇以履霜堅冰得之於後，以僞易僞，逾六
十年。洎有周興薄伐之師，皇上示懷柔之德，而乃走梯
航而入貢，奉正朔以來庭，如是則長江之險，又何足以
恃哉！審知僻據一隅，僅將數世，始則可方於吳芮，終
則竊効於尉佗，[1]與夫穴蜂井蛙，亦何相遠哉！五紀之
亡，蓋其幸也。《永樂大典》卷六千八百四十八。[2]

[1]吳芮：人名。漢初功臣，被封長沙王。傳見《漢書》卷三

四。　　尉佗：人名。漢初南越武帝。傳見《史記》卷一一三。

　　[2]《大典》卷六八四八"王"字韻"姓氏（三三）"事目。按,《大典》卷六八五〇"王"字韻"姓氏（三五）"今尚存,其中録有《新五代史·王景仁傳》全文, 而傳末另據《五代薛史》録"史臣曰"史論一則。據此推知,《大典》卷六八四八中應録有閩王審知至王延政諸人之傳, 其全文皆出自《新五代史》, 僅於傳末附載《舊五代史》"史臣曰"至"蓋其幸也"一段史論。

舊五代史　卷一三五

僭偽列傳第二

劉守光

劉守光，深州樂壽人也。[1]其父仁恭，[2]初隨父晟客於范陽，[3]晟以軍吏補新興鎮將，[4]事節度使李可舉。[5]仁恭幼多智機，數陳力於軍中。李全忠之攻易定也，[6]別將于晏圍易州，[7]累月不能拔，仁恭穴地道以陷之，軍中號曰"劉窟頭"，稍遷裨校。仁恭志大氣豪，自言嘗夢大佛幡出於指端，或云年四十九當領旄節。[8]此言頗泄，燕帥李匡威惡之，[9]不欲令典軍，改爲府掾，出爲景城令。[10]屬瀛州軍亂，殺郡守，仁恭募白丁千人討平之，匡威壯其才，復使爲帳中爪牙，令將兵戍蔚州。[11]兵士以過期不代，思歸流怨，會李匡儔奪兄位，[12]戍軍擁仁恭爲帥，欲攻幽州，比至居庸關，[13]爲府兵所敗，仁恭挈族奔於太原。[14]武皇遇之甚厚，[15]賜田宅以處之，出爲壽陽鎮將，從征吐渾。[16]仁恭數進畫於蓋寓，言幽州可圖之狀，[17]願得步騎萬人，即指期可取，武皇從之。洎仁恭舉兵，屢不剋捷。

　　[1]深州：州名。治所在今河北深州市。　樂壽：縣名。治所在今河北獻縣。

　　[2]仁恭：人名。即劉仁恭。深州（今河北深州市）人。唐末、五代軍閥。傳見《新唐書》卷二一二。

　　[3]晟：人名。即劉晟。劉仁恭之父。事見本書本卷。　范陽：地名。位於今河北涿州市。

　　[4]新興：地名。位於今河北定州市。

　　[5]節度使：官名。唐時在重要地區所設掌握一州或數州軍、民、財政的長官。　李可舉：人名。回鶻阿不思族人。唐幽州節度使李茂勳之子。襲父位爲唐幽州節度使，累官至檢校太尉。傳見《舊唐書》卷一八〇。《輯本舊史》之影庫本粘籤："李可舉，原本作'斯舉'，今從《新唐書》改正。"見《新唐書》卷二一二《劉守光傳》。

　　[6]李全忠：人名。范陽（今河北涿州市）人。唐末軍閥。傳見《舊唐書》卷一八〇、《新唐書》卷二一二。　易：州名。治所在今河北易縣。　定：州名。治所在今河北定州市。

　　[7]于晏：人名。籍貫不詳。本書僅此一見。

　　[8]旄節：亦作"髦節""毛節"。使臣所持之信物。以竹爲柄，以牦牛尾爲垂飾。　"仁恭志大氣豪"至"或云年四十九當領旄節"：《宋本册府》卷八九三《總録部・夢徵門二》："劉仁恭爲幽州節度使。仁恭微時，曾夢佛幡於手指飛出。或占曰：'君年四十九，必有旌幡之貴。'後如其夢。"

　　[9]燕帥：指幽州盧龍節度使。　李匡威：人名。范陽（今河北涿州市）人。幽州節度使李全忠之子，襲父位爲節度使。唐末軍閥。傳見《舊唐書》卷一八〇、《新唐書》卷二一二。

　　[10]景城：縣名。治所在今河北滄縣。

　　[11]瀛州：州名。治所在今河北河間市。　蔚州：州名。治所在今河北蔚縣。

　　[12]李匡儔：人名。新、舊《唐書》作"李匡籌"。范陽（今河

河北涿州市）人。幽州節度使李全忠之子、李匡威之弟。唐末軍閥。傳見《舊唐書》卷一八〇、《新唐書》卷二一二。

[13]居庸關：關隘名。位於今北京市昌平區西北。

[14]太原：府名。治所在今山西太原市。

[15]武皇：即後唐太祖李克用，謚號武皇。沙陀部人，生於神武川新城（一說是今山西朔州市朔城區之梵王寺村，一說是今山西應縣縣城，一說在今山西懷仁縣之日中城）。唐末軍閥，後唐太祖。紀見本書卷二五至卷二六。

[16]壽陽：縣名。治所在今山西壽陽縣。　吐渾：部族名。吐谷渾的省稱。源出鮮卑，後遊牧於今甘肅、青海一帶。參見周偉洲《吐谷渾資料輯録（增訂本）》，商務印書館 2017 年版。

[17]蓋寓：人名。蔚州（今河北蔚縣）人。唐末、五代李克用部將。傳見本書卷五五。　幽州：州名。治所在今北京市。

　　唐乾寧元年十一月，[1]武皇親征匡儔。十二月，破燕軍於威塞，進拔嬀州，[2]收居庸。二十六日，匡儔棄城而遁，武皇令李存審與仁恭入城撫勞，[3]封府庫，即以仁恭爲幽州節度使，留腹心燕留德等十餘人分典軍政，[4]武皇乃還。二年七月，武皇討王行瑜，師於渭北，[5]上章請授仁恭節鉞。九月，天子以仁恭爲檢校司空、幽州盧龍軍節度使。[6]三年，羅弘信背盟，[7]武皇遣李存信攻魏州，[8]徵兵於燕，仁恭託以契丹入寇，[9]俟敵退聽命。四年七月，武皇聞兖、鄆俱陷，[10]復徵兵於仁恭，數月之間，使車結轍，仁恭辭旨不遜。武皇以書讓之，[11]仁恭覽書嫚罵，拘其使人，晉之戍兵在燕者皆拘之，[12]復以厚利誘晉之驍將，由是亡命者衆矣。八月，武皇討仁恭。九月五日，次安塞軍。[13]九日，渡木瓜澗，[14]大爲燕軍所敗，死傷大半。既而仁恭告捷於梁祖，[15]梁祖聞之喜，因表仁恭加平章事。[16]仁恭又遣使於武皇，自陳邊將擅興之罪，武皇以書報之。[17]仁恭既絕於晉，恒懼討伐，募兵練衆，常無虛月。

［1］乾寧：唐昭宗李曄年號（894—898）。

［2］威塞：方鎮名。治所在新州（今河北涿鹿縣）。　嬀州：州名。治所在今河北懷來縣東南。

［3］李存審：人名。陳州宛丘（今河南淮陽縣）人。原姓符名存。五代後唐將領。傳見本書卷五六、《新五代史》卷二五。

［4］燕留德：人名。籍貫不詳。晉王李克用親信。事見本書本卷。中華書局本有校勘記：“《新五代史》卷三九《劉守光傳》作‘燕留得’。”《輯本舊史》卷二六《唐武皇紀下》乾寧二年（895）二月條亦作“燕留德”。

［5］王行瑜：人名。邠州（今陝西彬縣）人。唐末軍閥。傳見《舊唐書》卷一七五、《新唐書》卷二二四下。　渭北：即渭河以北地區。

［6］檢校司空：官名。爲散官或加官，以示恩寵加此官，無實際執掌。司空，與太尉、司徒並爲三公。　盧龍軍：方鎮名。治所在幽州（今北京市）。

［7］羅弘信：人名。魏州貴鄉（今河北大名縣）人。唐末、五代軍閥。傳見《舊唐書》卷一八一、《新唐書》卷二一〇。

［8］李存信：人名。本姓張。回鶻人。唐末、五代後唐將領。傳見本書卷三六、《舊五代史》卷五三。　魏州：州名。治所在今河北大名縣。

［9］契丹：古部族、政權名。公元4世紀中葉宇文部爲前燕攻破，始分離而成單獨的部落，自號契丹。唐貞觀中，置松漠都督府，以其首領爲都督。唐末强盛，916年迭刺部耶律阿保機建立契

丹國（遼）。先後與五代、北宋並立，保大五年（1125）爲金所滅。參見張正明《契丹史略》，中華書局1979年版。

[10]兗：州名。治所在今山東濟寧市兗州區。 鄆：州名。治所在今山東東平縣。

[11]武皇以書讓之：中華書局本有校勘記：“《通曆》卷一五作‘武皇微以書讓之’。”

[12]晋：封國名。時河東節度使李克用爲晋王，故稱。

[13]安塞軍：地名。位於今河北蔚縣東。

[14]木瓜澗：地名。位於今河北淶源縣東南。《輯本舊史》之影庫本粘籤：“原本作‘木梳澗’，考《通鑑》《歐陽史》及《薛史·唐武皇紀》俱作‘木瓜’，今改正。”

[15]梁祖：即梁太祖朱温。宋州碭山（今安徽碭山縣）人。五代後梁太祖。紀見本書卷一至卷七、《新五代史》卷一至卷二。

[16]平章事：官名。全稱“同中書門下平章事”。唐高宗以後，凡實際任宰相之職者，常在其本官後加同平章事的職銜。後成爲宰相專稱。或爲節度使加銜。後晋天福五年（940），升中書門下平章事爲正二品。

[17]“九月五日”至“武皇以書報之”：《輯本舊史·唐武皇紀下》乾寧四年九月辛巳條：“燕軍已擊武皇軍寨，武皇乘醉擊賊，燕軍披靡。時步兵望賊而退，爲燕軍所乘，大敗於木瓜澗，俄而大風雨震電，燕軍解去，武皇方醒。”同月甲午條：“師次代州，劉仁恭遣使謝罪於武皇，武皇亦以書報之，自此有檄十餘返。”亦見《通曆》卷一五《僭僞·劉守光傳》乾寧四年九月辛巳條，《通鑑》卷二六一乾寧四年九月丁丑、辛巳條及十月庚申條。《新五代史》無“木瓜澗”之記載。

光化元年三月，令其長子守文襲滄州，[1]盧彥威委城而遁，[2]遂兼有滄、景、德三郡，以守文爲留後，[3]請節鉞於朝。昭宗怒其擅興，[4]不時與之。會中使至范陽，仁恭私之曰：“旌節吾自有，但要長安本色耳，何以累章見阻，爲吾言之。”其悖戾如此。仁恭兵鋒益盛，每戰多捷，以爲天贊，遂有吞噬河朔之志。[5]

[1]光化：唐昭宗李曄年號（898—901）。　守文：人名。即劉守文。深州（今河北深州市）人。唐末盧龍節度使劉仁恭長子。唐末軍閥。後梁開平三年（909），被其弟劉守光殺死。事見本書卷二、卷四、卷九八，《新五代史》卷五六、卷七二。中華書局本有校勘記：“‘守文’二字原闕，據《通曆》卷一五、《新五代史》卷三九《劉守光傳》、《新唐書》卷二一二《劉仁恭傳》、《通鑑》卷二六一補。”見《通曆》卷一五《僭僞·劉守光傳》光化元年（898）條、《通鑑》卷二六一光化元年三月條。劉仁恭長子爲守文，次子爲守光。此既明言“長子”，故“守文”二字亦可不補。
　滄州：州名。治所在今河北滄縣舊州鎮。

[2]盧彥威：人名。籍貫不詳。五代軍閥。事見《舊唐書》卷一九下至卷二〇下。

[3]景：州名。治所在今河北東光縣。　德：州名。治所在今山東德州市陵城區。　留後：官名。唐、五代節度使多以子弟或親信爲留後，以代行節度使職務，亦有軍士、叛將自立爲留後者。掌一州或數州軍政。

[4]昭宗：即唐昭宗李曄，888 年至 904 年在位。紀見《舊唐書》卷二〇上、《新唐書》卷一〇。

[5]河朔：古地區名。泛指黃河以北地區。

二年正月，仁恭率幽、滄步騎十萬，號三十萬，將兼併魏博、鎮、定。[1]師次貝州，一鼓而拔，無少長皆屠之，清水爲之不流。[2]羅紹威求援於汴，[3]汴將李思安、葛從周赴之，思安屯內黃。[4]仁恭兵圍魏州，聞汴軍在內黃，戒其子守文曰："李思安怯懦，汝之智勇，比之十倍，當先殄此鼠輩，次擒紹威。"守文與單可及率漁陽精甲五萬，[5]夾清水而上。思安設伏於內黃清水之左，袁象先設伏於內黃清水之右。[6]思安逆戰於繁陽城，[7]僞不勝，徐退，燕人追躡，至於內黃，思安步兵成列，迴擊之。燕人將引退，左右伏兵發，燕軍大敗。臨陣斬單可及，守文單騎僅免，五萬之衆無生還者。時葛從周率邢洺之衆入魏州，與賀德倫、李暉出擊賊營。[8]是夜，仁恭燒營遁走，汴人長驅追擊，自魏至長河數百里，[9]殭屍蔽地，敗旗折戟，纍纍於路。鎮人又邀擊於東境，燕軍復敗。仁恭自是垂翅不振者累年。汴人乘勝攻滄州，仁恭率師援之，營於乾寧軍。[10]汴將氏叔琮逆戰，燕軍逗撓，退保瓦橋，[11]乃卑辭厚禮乞師於晉，武皇遣兵逼邢洺以應之。三年十月，汴人陷瀛、鄚二州，[12]晉將周德威將兵出飛狐，[13]仁恭復脩好於晉。[14]

[1]魏博：方鎮名。唐廣德元年（763）所置河北三鎮之一。治所在魏州（今河北大名縣）。開平元年（907）號天雄軍。五代後梁乾化二年（912）爲梁所併。　鎮：州名。治所在今河北正定縣。　定：州名。治所在今河北定州市。

[2]貝州：州名。治所在今河北清河縣。　清水：河流名。濟水自巨野澤以下，"因水色清深"，別名清河。位於今山東境內。

[3]羅紹威：人名。魏州貴鄉（今河北大名縣）人。唐末、五

代軍閥。傳見本書卷一四、《新五代史》卷三九。　汴：州名。治所在今河南開封市。

[4]李思安：人名。河南陳留（今河南開封市陳留鎮）人。後梁將領。傳見本書卷一九。　葛從周：人名。濮州鄄城（今山東鄄城縣）人。唐末、五代將領。傳見本書卷一六、《新五代史》卷二一。　内黄：縣名。治所在今河南内黄縣。

[5]單可及：人名。籍貫不詳。唐末五代將領。事見本書本卷、卷二。　漁陽：縣名。治所在今天津薊州區。

[6]袁象先：人名。宋州下邑（今河南夏邑縣）人。五代後梁將領，後投後唐。傳見本書卷五九、《新五代史》卷四五。

[7]繁陽：縣名。治所在今河南内黄縣西北。《輯本舊史》之影庫本粘籤："'繁陽'，原本作'鄱陽'，今從《通鑑》改正。"見《通鑑》卷二六一光化二年（899）三月丁未條。

[8]邢洺：方鎮名。治所在邢州（今河北邢臺市）。　賀德倫：人名。後梁將領。其先係河西部落人，後居滑州（今河南滑縣）。傳見本書卷二一、《新五代史》卷四四。　李暉：人名。籍貫不詳。唐末將領。事見本書本卷。

[9]長河：縣名。治所在今山東德州市。

[10]乾寧軍：方鎮名。治所在永安縣（今河北青縣）。

[11]氏叔琮：人名。河南尉氏（今河南尉氏縣）人。唐末將領。傳見本書卷一九、《新五代史》卷四三。　瓦橋：關名。位於今河北雄縣。

[12]三年：《輯本舊史》原無"三年"二字，則下文諸事蒙上文似爲二年事。但以下三事均發生於三年，故補。　鄚：州名。治所在今河北任丘市鄚州鎮。《舊五代史考異》："'鄚'，原本訛'鄭'，今據《歐陽史》改正。"《新五代史》卷三九《劉守光傳》作"漠"，中華書局本《新五代史》有校勘記："'漠'，《舊五代史》卷一三五《劉守光傳》作'鄭'，《舊五代史》卷二《梁太祖紀二》、卷二〇《張存敬傳》作'莫'。按《舊五代史》卷一五〇

《郡縣志》，河北道有莫州，莫州即鄚州。"此處所引《梁太祖紀》非録自《大典》，乃録自《宋本册府》卷一八七《閏位部·勳業門五》，繫於光化三年十一月條。《輯本舊史》所謂《郡縣志》（應稱《地理志》）所引之《大典》卷一七三八二，爲"道"字韻"地理"事韻。

[13]周德威：人名。朔州馬邑（今山西朔州市朔城區東北）人。唐末、五代河東將領。傳見本書卷五六、《新五代史》卷二五。

飛狐：古道名。北起今山西大同市，南抵今河北定州市。

[14]"三年十月"至"仁恭復脩好於晋"：《輯本舊史》卷二六《唐武皇紀下》光化三年十月條："汴人乘勝寇鎮、定，鎮、定懼，皆納賂於汴。是時，周德威與燕軍劉守光敗汴人二萬於望都，聞定州土郚來奔，乃班師。"《通鑑》卷二六二光化三年十月條："劉仁恭遣其子守光將兵救定州，軍於易水之上。全忠遣張存敬襲之，殺六萬餘人。"《册府》卷一八七《閏位部·勳業門五》繫此事於十一月。《通鑑》卷二六四天復三年（903）十二月條："契丹王阿保機遣其妻兄阿鉢將萬騎寇渝關，仁恭遣其子守光戍平州，守光僞與之和，設幄犒饗於城外，酒酣，伏兵執之以入。虜衆大哭，契丹以重賂請於仁恭，然後歸之。"此事亦見《輯本舊史》卷九八《蕭翰傳》、卷一三七《契丹傳》，《宋本册府》卷三六七《將帥部·機略門七》劉仁恭、劉守光條。

天祐三年七月，梁祖自將兵攻滄州，營於長蘆。[1]仁恭師徒屢喪，乃酷法盡發部內男子十五已上、七十已下，各自備兵糧以從軍，閭里爲之一空。部內男子無貴賤，並黥其面，文曰"定霸都"，士人黥其臂，文曰"一心事主"。繇是燕薊人士例多黥涅，或伏竄而免。仁恭閱衆，得二十萬，進至瓦橋，汴人深溝高壘以攻滄州，內外阻絶，仁恭不能合戰，城中大饑，人相篡啖，析骸而爨，丸土而食，轉死骨立者十之六七。自七月至十月，仁恭遣使求援於晉，前後百餘輩，武皇乃徵兵於燕，仁恭遣都將李溥夏侯景、[2]監軍張居翰、[3]書記馬郁等，[4]以兵三萬來會。十二月，合晉師以攻潞州，降丁會，[5]乃解滄州之圍。[6]

[1]天祐：唐昭宗李曄開始使用的年號（904）。唐哀帝李柷即位後沿用（904—907）。唐亡後，河東李克用、李存勗仍稱天祐，沿用至天祐二十年（923）。五代其他政權亦有行此年號者，如南吳、吳越等，使用時間長短不等。　長蘆：縣名。治所在今河北滄州市。

[2]李溥：人名。籍貫不詳。劉仁恭部將。事見本書本卷、卷二六。　夏侯景：人名。籍貫不詳。劉仁恭部將。事見本書本卷、卷二六。

[3]監軍：官名。爲臨時差遣，代表朝廷協理軍務，督察將帥。五代時常以宦官爲監軍。　張居翰：人名。籍貫不詳。唐末五代宦官。傳見本書卷七二、《新五代史》卷三八。

[4]書記：官名。即掌書記。唐五代方鎮僚屬，位在判官下。掌表奏書檄、文辭之事。　馬郁：人名。祖籍范陽（今河北涿州市）。五代官員。傳見本書卷七一。《舊五代史考異》：“原本作‘馬都’，今據《薛史》列傳改正。”見《輯本舊史》卷七二《張居翰傳》，又見卷二六《唐武皇紀下》天祐二年（905）九月條。此事尚可參考《宋本册府》卷七一八《幕府部·才學門》馬郁條。

[5]潞州：州名。治所在今山西長治市。　丁會：人名。壽春（今安徽壽縣）人。唐末將領。傳見本書卷五九、《新五代史》卷四四。

[6]“天祐三年七月”至“乃解滄州之圍”：《輯本舊史》卷六七《趙鳳傳》：“唐天祐中，燕帥劉守光盡率部内丁夫爲軍伍，而黥

其面，爲儒者患之。"卷八八《張希崇傳》："天祐中，劉守光爲燕帥，性慘酷，不喜儒士，希崇乃擲筆以自效，守光納之，漸升爲裨將。"

　　是時，天子播遷，中原多故，仁恭嘯傲薊門，[1]志意盈滿，師道士王若訥，[2]祈長生羽化之道。幽州西有名山曰大安山，[3]仁恭乃於其上盛飾館宇，僭擬宮掖，聚室女艷婦，窮極侈麗。又招聚緇黃，[4]合仙丹，講求法要。又以墐泥作錢，令部內行使，盡斂銅錢於大安山巔，[5]鑿穴以藏之，藏畢即殺匠石以滅其口。[6]又禁江表茶商，[7]自擷山中草葉爲茶，以邀厚利。改山名爲大恩山。仁恭有嬖妾曰羅氏，美姿色，其子守光烝之，[8]事洩，仁恭怒，笞守光，謫而不齒。

　　[1]薊門：地名。位於今北京市昌平區。

　　[2]王若訥：人名。唐末、五代方士，擅長生之術。事見本書卷五四、本卷。

　　[3]大安山：地名。位於今北京市房山區。

　　[4]緇黃：僧人與道士。因僧侶穿黑衣，道士戴黃冠，故稱爲"緇黃"。《輯本舊史》之影庫本粘籤："'招聚緇黃'句原本作'紫黃'，今改正。""緇黃"指僧道，"紫黃"在此處無解。此爲音近之訛。

　　[5]盡斂銅錢於大安山巔：《舊五代史考異》："'銅錢'，原本作'銅鑄'，引用錯謬，今據《歐陽史》改正。"見《新五代史》卷三九《劉守光傳》，云"悉斂銅錢，鑿山而藏之"。

　　[6]藏畢即殺匠石以滅其口：《舊五代史考異》："案《莊子》，石乃匠者之名，詞家引用泛作工匠解者非，乃紀事之文，亦沿其

誤，殊乖史體，今姑仍原文而駁正於此。”見《莊子·人間世》。
《新五代史·劉守光傳》接上文云“已而殺其工以滅口，後人皆莫
知其處”。《宋本册府》卷九二二《總録部·妖妄門二》：“自仁恭
父子敗後，往往有上言者知錢處所，皆無所得。”

　　[7]江表：指長江以南地區。

　　[8]烝：爲上淫之義，即與長輩女性通奸。

　　四年四月，汴將李思安以急兵攻幽州，營於石子
河，[1]仁恭在大安山，城中無備，守光自外帥兵來援，
登城拒守。汴軍既退，守光乃自爲幽州節度，令其部將
李小喜、元行欽將兵攻大安山。[2]仁恭遣兵拒戰，爲小
喜所敗，乃擄仁恭歸幽州，囚於別室。仁恭左右，迨至
婢媵，與守光不協者畢誅之。[3]其兄守文在滄州，聞父
被囚，聚兵大哭，諭之曰：“‘哀哀父母，生我劬勞。’
自古豈有子讎父者，吾家生此梟獍，吾生不如死！”即
率滄、德之師討之。守光逆戰於雞蘇，[4]爲守文所敗。
既而守文詐悲，[5]單馬立於陣場，泣諭於衆曰：“勿殺吾
弟！”時守光驍將元行欽識之，被擒，滄兵失帥自潰。
守光乃縶兄於別室，圍以叢棘，乘勝進攻滄州。[6]滄州
賓佐孫鶴、吕兗已推守文子延祚爲帥，[7]守光攜守文於
城下，攻圍累月。城中乏食，米斗直三萬，人首一級亦
直十千，軍士食人，百姓食堨土，[8]驢馬相遇，食其鬃
尾，士人出入，多爲强者屠殺。久之，延祚力窮，以城
降於守光，守文尋亦遇害。[9]

　　[1]石子河：地名。今地不詳。

[2]李小喜：人名。籍貫不詳。劉守光部將。事見本書卷二八、本卷。　元行欽：人名。幽州（今北京市）人。五代後唐將領。傳見本書卷七〇、《新五代史》卷二五。

[3]“四年四月”至“與守光不協者畢誅之”：《通鑑》卷二六六繫此事於開平元年（907）四月己酉條。同年七月甲午條：“劉守光既囚其父，自稱盧龍留後，遣使請命。秋，七月，甲午，以守光爲盧龍節度使、同平章事。”

[4]雞蘇：地名。位於今天津市薊州區。

[5]既而守文詐悲：《輯本舊史》之影庫本粘籤：“‘詐悲’二字，與上下文義似有複互，考《册府元龜》引《薛史》與《永樂大典》同，今仍其舊。”

[6]“其兄守文在滄州”至“乘勝進攻滄州”《通鑑》卷二六六開平元年十一月甲申條：“義昌節度使劉守文聞其弟守光幽其父，集將吏大哭曰：‘不意吾家生此梟獍！吾生不如死，誓與諸君討之！’乃發兵擊守光，互有勝負。”《宋本册府》卷一九七《閏位部·納貢獻門》開平二年正月癸酉條：“幽州劉守文進海東鷹鶻、蕃馬、氈罽、方物。”卷一九六《閏位部·封建門》開平二年五月條：“封義昌軍節度使劉守文加中書令，封大彭王；盧龍軍節度使劉守光封河澗郡王。”《通鑑》卷二六七開平二年十一月丁亥條：“劉守文舉滄德兵攻幽州，劉守光求救於晋，晋王遣兵五千助之。丁亥，守文兵至盧臺軍，爲守光所敗；又戰玉田，亦敗。守文乃還。”《宋本册府》卷一九七開平三年四月條：“幽州節度使劉守光進蕃中生異馬一匹，鞍後毛長五寸，名烏龍。”《通鑑》卷二六七開平三年五月條：“劉守文頻年攻劉守光不克，乃大發兵，以重賂招契丹、吐谷渾之衆，合四萬屯薊州。守光逆戰於雞蘇，爲守文所敗。守文單馬立於陳前，泣謂其衆曰：‘勿殺吾弟！’守光將元行欽識之，直前擒之，滄德兵皆潰。守光囚之別室，枊以蕘棘，乘勝進攻滄州。”該條胡注：“按《薛史·梁紀》，是年劉守光上言，於薊州西與兄守文戰，生禽守文。蓋即雞蘇也。”

[7]孫鶴：人名。籍貫不詳。劉守文部將。事見本書本卷。吕兗：人名。幽州安次（今河北廊坊市）人。劉守文部將。事見本書卷九二。　延祚：人名。即劉延祚。深州（今河北深州市）人。劉守文之子。事見本書本卷。

[8]墐土：“墐”通“堇”。亦稱“堇泥”“堇塊”，即黏土。

[9]“滄州賓佐孫鶴”至“守文尋亦遇害”：《通鑑》卷二六七開平三年六月條：“劉守光遣使上表告捷，且言‘俟滄德事畢，爲陛下掃平并寇。’亦致書晉王，云欲與之同破僞梁。”同年七月甲子條：“以劉守光爲燕王。”同年九月戊申條：“劉守光奏遣其子中軍兵馬使繼威安撫滄州吏民。戊申，以繼威爲義昌留後。”同年十二月條：“劉守光圍滄州久不下，執劉守文至城下示之，猶固守。城中食盡，民食堇泥，軍士食人，驢馬相噉騣尾。吕兗選男女羸弱者，飼以麴麪而烹之，以給軍食，謂之宰殺務。”《宋本册府》卷一九六《閏位部·封建門》開平三年七月條：“進封幽州節度使河澗郡王劉守光爲燕王。”明本《册府》卷九四三《總録部·不誼門》劉守文條：“守光既得志，父兄雖結託於我，而以狀告梁祖曰：‘……昨者，兄守文遽於明時，擅興兵革，堅貯吞并之志，全無友愛之情，誑惑宸聰，即言迎侍，勾牽戎虜，元逞他圖。兄之行藏，臣實所諳悉，當於此際，備見狡謀，必知要當道之土疆，爲朝廷之患害，累曾申奏，莫不丁寧。今者既破賊軍，足以細驗前事。昨於陣上所殺契丹兵馬絶多，及寨内收得契丹與往來文字不少。今又捉得自來與臣兄謀事人道士褚玄嗣、學院使鄭緒等，皆言兄本計謀極大，妄動絶深，不唯窺取其一方，實亦將圖於大事。苟非臣親當戰陣，手執干戈，大掃羣兇，生擒戎首，則滄州得志，蕃衆轉狂，合勢連衡，爲患非細。固不是臣自矜小捷，妄有飾詞，其褚方嗣等分析文狀，謹同封進。’其褚玄嗣文狀，多述守文結搆、説誘幽州將士，及會契丹窺筭幽州城池，皆是自相魚肉。又言如守文得志，必謀亂中原，以迎侍爲名，實欲并吞燕薊。又滄州皷角門東有誓衆碑一所，其辭‘願破梁國，却興唐朝’。及見幽州歸向朝廷，遂拆却

碑樓，其碑坑於樓下，文字見在。又守文所遣男延祚入質，不是親兒。又守文令褚玄嗣將琉璃水精金銀等器、錦綵與契丹將領，約取幽州後別圖富貴，其契丹少君遂差使還書，願與守文勑命，守文乃言得契丹下大夫所贊也。梁祖覽之大噱。守光復置書於莊宗，言同破偽梁事。"《通鑑》卷二六七開平四年正月乙未條："劉延祚力盡出降。時劉繼威尚幼，守光使大將張萬進、周知裕輔之鎮滄州，以延祚及其將佐歸幽州，族呂兗而釋孫鶴。"同月丙午條："劉守光爲其父仁恭請致仕，丙午，以仁恭爲太師，致仕。守光尋使人潛殺其兄守文，歸罪於殺者而誅之。"同年八月條："以劉守光兼義昌節度使。"

　　守光性本庸昧，以父兄失勢，謂天所助，淫虐滋甚。每刑人必以鐵籠盛之，薪火四逼，又爲鐵刷剮剔人面。嘗衣赭黄袍，顧謂將吏曰："當今海内四分五裂，吾欲南面以朝天下，諸君以爲何如？"賓佐有孫鶴者，[1]骨鯁方略之士也，率先對曰："王西有并、汾之患，[2]北有契丹之虞，乘時觀釁，專待薄人，彼若結黨連衡，侵我疆場，地形雖險，勢不可支，甲兵雖多，守恐不暇，縱能却敵，未免生憂。王但拊士愛民，補兵完賦，義聲馳於天下，諸侯自然推戴。今若恃兵與險，未見良圖。"守光不悦。及梁軍據深、冀，[3]王鎔乞師於守光，[4]孫鶴勸守光出援軍以圖霸業，守光不從。[5]及莊宗有柏鄉之捷，[6]守光謀攻易定，諷動鎮人，欲爲河朔元帥。莊宗乃與鎮州節度使王鎔、易定節度使王處直、[7]昭義節度使李嗣昭、[8]振武節度使周德威、[9]天德軍節度使宋瑶、[10]同遣使奉册，推守光爲尚父，[11]以稔其惡。守光不悟，謂藩鎮畏己，仍以諸鎮狀送梁祖，言："臣被晋王等推臣爲尚父，堅辭不獲，又難拒違。臣竊料所宜，不如陛下與臣河北道都統，[12]則并、鎮之叛，不足平殄矣。"梁祖知其詐，優答之。仍命閤門使王瞳、[13]供奉官史彦羣等使於燕，[14]册守光爲河北道採訪使。[15]

[1]賓佐有孫鶴者：《輯本舊史》之影庫本粘籤："上文已云滄州賓佐孫鶴，此又云賓佐有孫鶴者，前後語氣，似覺參差。蓋孫鶴自滄州城破，即歸于守光，《薛史》兼採諸家傳録，未及改從畫一也，謹附識于此。"

[2]并、汾：此處代指河東李克用、李存勗父子。

[3]深：州名。治所在今河北深州市。　冀：州名。治所在今河北衡水市冀州區。

[4]王鎔：人名。回鶻人。唐末、五代軍閥，朱温後封趙王。傳見本書卷五四、《新五代史》卷三九。

[5]"及梁軍據深、冀"至"守光不從"：《通鑑》卷二六七梁太祖開平四年（910）十一月條："上疑趙王鎔貳於晋，且欲因鄴王紹威卒除移鎮、定。會燕王守光發兵屯淶水，欲侵定州，上遣供奉官杜廷隱、丁延徽監魏博兵三千分屯深、冀，聲言恐燕兵南寇，助趙守禦；又云分兵就食……梁人有亡奔真定，以其謀告鎔者，鎔大懼，又不敢先自絕；但遣使詣洛陽，訴稱'燕兵已還，與定州講和如故，深、冀民見魏博兵入，奔走驚駭，乞召兵還。'上遣使詣真定慰諭之。未幾，廷隱等閉門盡殺趙戍兵，乘城拒守。鎔始命石公立攻之，不克，乃遣使求援于燕、晋……鎔使者至幽州，燕王守光方獵，幕僚孫鶴馳詣野謂守光曰：'趙人來乞師，此天欲成王之功業也。'守光曰：'何故？'對曰：'比常患其與朱温膠固。温之志非盡吞河朔不已，今彼自爲讎敵，王若與之并力破梁，則鎮、定皆斂袵而朝燕矣。王不出師，但恐晋人先我矣。'守光曰：'王鎔數負

約，今使之與梁自相弊，吾可以坐承其利，又何救焉！’趙使者交
錯於路，守光竟不爲出兵。自是鎮、定復稱唐天祐年號，復以武順
爲成德軍。”

[6]莊宗：即後唐莊宗李存勗。五代後唐王朝的建立者。紀見
本書卷二七至卷三四、《新五代史》卷四至卷五。　柏鄉：縣名。
治所在今河北柏鄉縣。

[7]王處直：人名。京兆萬年（今陝西西安市長安區）人。唐
末軍閥。傳見本書卷五四、《新五代史》卷三九。

[8]昭義：方鎮名。治所在潞州（今山西長治市）。　李嗣昭：
人名。汾州（今山西汾陽市）人。唐末、五代李克用義子、部將。
傳見本書卷五二、《新五代史》卷三六。

[9]振武：方鎮名。後梁貞明二年（916）以前，治所位於單
于都護府城（今内蒙古和林格爾縣）。貞明二年單于都護府城爲契
丹占據。此後至後唐清泰三年（936），治所位於朔州（今山西朔州
市朔城區）。後晉時隨燕雲十六州割予契丹，改名順義軍。

[10]天德軍：方鎮名。治天德軍城（今内蒙古烏拉特前旗烏
梁素海土城子）。　宋瑶：人名。籍貫不詳。五代軍閥。事見《遼
史》卷二。《輯本舊史》之影庫本粘籤：“宋瑶，原本作‘守瑶’，
今從《通鑑》改正。”

[11]尚父：初爲周武王對吕尚（即世所謂姜子牙）的尊稱。
後多用於尊禮元勳大臣的稱號。

[12]河北道：道名。唐貞觀十道、開元十五道之一。唐貞觀元
年（627）始置，轄境相當今北京、天津二市，河北全境，遼寧省
大部分地區及河南、山東兩省古黄河以北地區。　都統：官名。唐
末設此職，作爲各道出征兵士的統帥。

[13]閤門使：官名。唐代中期始置，掌供朝會、贊引百官。初
以宦官充任，五代改用武階。　王瞳：人名。籍貫不詳。五代官
員。事見本書本卷。中華書局本有校勘記：“原作‘王瞳’，據殿
本、《新五代史》卷三九《劉守光傳》、《通鑑》卷二六八、《通鑑》

卷二六八《考異》引《莊宗列傳·劉守光傳》、《編遺録》改。本卷下一處同。"見《通鑑》卷二六八乾化元年（911）六月條。

[14]供奉官：官名。泛指侍奉皇帝左右的臣僚，亦爲東、西頭供奉官通稱。　史彦羣：人名。籍貫不詳。五代官員。事見本書本卷。中華書局本有校勘記："原作'史彦璋'，據《通鑑》卷二六八《考異》引《薛史》改。按《通鑑考異》：'《莊宗列傳·劉守光傳》云："朱温命僞閤門使王瞳、供奉官史彦章等使燕，册守光爲河北道採訪使。"……《朱温傳》亦云"史彦章"，《莊宗實録》作"史彦璋"。《編遺録》《薛史》皆作"史彦羣"，今從之。'本卷下一處同。"見《通鑑》卷二六八乾化元年六月條。《通鑑》亦作"史彦羣"。

[15]採訪使：官名。唐玄宗時於十道各置採訪處置使，掌本道民政。唐肅宗時改爲觀察處置使。　"及莊宗有柏鄉之捷"至"册守光爲河北道採訪使"：《通鑑》卷二六七乾化元年二月壬申條："盧龍、義昌節度使兼中書令燕王守光既克滄州，自謂得天助，淫虐滋甚。每刑人，必置諸鐵籠，以火逼之；又爲鐵刷刷人面。聞梁兵敗於柏鄉，使人謂趙王鎔及王處直曰：'聞二鎮與晉王破梁兵，舉軍南下，僕亦有精騎三萬，欲自將之爲諸公啓行。然四鎮連兵，必有盟主，僕若至彼，何以處之？'鎔患之，遣使告於晉王，晉王笑曰：'趙人告急，守光不能出一卒以救之；及吾成功，乃復欲以兵威離間二鎮，愚莫甚焉！'諸將曰：'雲、代與燕接境，彼若擾我城戍，動搖人情，吾千里出征，緩急難應，此亦腹心之患也。不若先取守光，然後可以專意南討。'王曰：'善！'會楊師厚自磁、相引兵救邢、魏，壬申，晉解圍去；師厚追之，逾漳水而還，邢州圍亦解。"《輯本舊史》卷二七《唐莊宗紀一》天祐八年（911）三月己丑條："鎮、定州各遣使言幽州劉守光凶偖之狀，請推爲尚父，以稔其惡。"同月乙未條："帝至晉陽宮，召監軍張承業諸將等議幽州之事，乃遣牙將戴漢超齎墨制并六鎮書，推劉守光爲尚書令、尚父，守光由是凶熾日甚，遂邀六鎮奉册。"同年五月條："六鎮使至

幽，梁使亦集。”此條之下有《舊五代史考異》：“案《通鑑考異》引《莊宗實錄》云：三月己丑，鎮州遣押衙劉光業至，言劉守光凶淫縱毒，欲自尊大，請稔其惡以咎之，推爲尚父。乙未，上至晉陽宮，召張承業諸將等議討燕之謀，諸將亦云宜稔其惡。上令押衙戴漢超持墨制及六鎮書如幽州，其辭曰：‘天祐八年三月二十七日，天德軍節度使宋瑤、振武節度使周德威、昭義節度使李嗣昭、易定節度使王處直、鎮州節度使王鎔、河東節度使尚書令晉王謹奉册進盧龍橫海等軍節度、檢校太尉、中書令、燕王爲尚書令、尚父。’五月，六鎮使至，汴使亦集。六月，守光令有司定尚父、採訪使儀則。”見《通鑑》卷二六八乾化元年六月乙卯條《考異》。

六月，梁使至，守光令所司定尚父採訪使儀注，所司取唐朝册太尉禮以示之。[1]守光曰：“此儀注中何無郊天改元之事？”[2]梁使曰：“尚父雖尊，猶是人臣。”守光怒，投於地，謂將吏曰：“方今天下鼎沸，英雄角逐。朱公創號於夷門，[3]楊渭假名於淮海，[4]王建自尊於巴蜀，[5]茂貞矯制於岐陽，[6]皆因茅土之封，自假帝王之制，然兵虛力寡，疆場多虞。我大燕地方二千里，帶甲三十萬，東有魚鹽之饒，北有塞馬之利，我南面稱帝，誰如我何！今爲尚父，孰當帝者？公等促具帝者之儀，予且爲河朔天子。”燕之將吏竊議，以爲不可。守光置斧鑕於庭，令將佐曰：“今三方協贊，予難重違，擇日而帝矣。從我者賞，橫議者誅。”孫鶴對曰：“滄州破敗，僕乃罪人，大王寬容，乃至今日，不敢阿旨，以誤家國，苟聽臣言，死且無悔。”守光大怒，推之伏鑕，令軍士割其肉生噉之。鶴大呼曰：“百日之外，必有急兵矣!"守光命窒其口，寸斬之，有識爲之嗟惋。[7]乃悉召部內官吏，教習朝儀，邊人既非素習，舉措失容，相顧誚笑。八月十三日，守光僭號大燕皇帝，改年曰應天。以梁使王瞳、判官齊涉爲宰相，[8]史彥羣爲御史大夫。[9]僞册之日，契丹陷平州。[10]莊宗聞之大笑，監軍張承業曰：[11]"惡不積不足以滅身，老氏所謂'將欲取之，[12]必先與之'，今守光狂蹶，請遣使省問，以觀其釁。"十月，莊宗令太原少尹李承勳往使。[13]承勳至，守光怒不稱臣，械之於獄。[14]

[1]六月：中華書局本有校勘記："《通鑑》卷二六八《考異》引《莊宗實錄》繫其事於天祐八年六月。"《通鑑》卷二六八乾化元年（911）六月乙卯條追述："守光命僚屬草尚父、採訪使受册儀。"該條《考異》引《莊宗實錄》云："六月，守光令有司定尚父、採訪使儀則。"　太尉：官名。與司徒、司空並爲三公，唐後期、五代時多爲大臣、勳貴加官。正一品。

[2]郊天：指祭天之禮（郊天）。古人常用"郊""南郊""有事於南郊"指代在南郊之圜丘舉行的郊天典禮。

[3]朱公：即朱溫。　夷門：地名。原指戰國魏都大梁城東門，故址在今河南開封城內東北隅。夷門位於夷山，夷山因山勢平夷而得名，故門亦以山爲名。此處代指開封。

[4]楊渭：人名。即楊隆演。廬州合淝（今安徽合肥市）人。楊行密之子，楊渥之弟。五代十國吳國國主。908年至920年在位。傳見《新五代史》卷六一。　淮海：地名。指揚州。

[5]王建：人名。許州舞陽（今河南舞陽縣）人。唐末軍閥、前蜀開國皇帝。傳見本書卷一三六、《新五代史》卷六三。

[6]茂貞：人名。即李茂貞。深州博野（今河北蠡縣）人。唐

末、五代軍閥。傳見本書卷一三二、《新五代史》卷四〇。　岐陽：縣名。治所在今陝西岐山縣。

[7]"燕之將吏竊議"至"有識爲之嗟惋"：《通鑑》卷二六八繫此事於乾化元年八月庚申條。

[8]判官：官名。唐五代方鎮僚屬，位在行軍司馬下。分掌使衙內各曹事，並協助使職官員通判衙事。　齊涉：人名。籍貫不詳。劉守光僚屬。本書僅此一見。

[9]御史大夫：官名。秦始置，與丞相、太尉合稱三公。至唐代，在御史中丞之上設御史大夫一人，爲御史臺長官，專掌監察、執法。正三品。　"八月十三日"至"史彥羣爲御史大夫"：《通鑑》卷二六八、《輯本舊史》卷二七《唐莊宗紀一》均繫此事於天祐八年（即梁乾化元年，911）八月甲子，該年八月壬子朔，甲子正爲十三日。

[10]平州：州名。治所在今河北盧龍縣。

[11]張承業：人名。同州（今陝西大荔縣）人。唐末五代宦官，河東監軍。傳見本書卷七二、《新五代史》卷三八。

[12]老氏：即老子。傳見《史記》卷六三。

[13]少尹：官名。唐、五代於三京、鳳翔等府均置少尹，爲尹的副職。協助尹通判諸曹諸務。從四品下。　李承勳：人名。籍貫不詳。李克用、李存勖部將。傳見本書卷五六。

[14]"莊宗聞之大笑"至"械之於獄"：《通鑑》卷二六八乾化元年十月辛亥條："晉王聞燕主守光稱帝，大笑曰：'俟彼卜年，吾當問其鼎矣。'張承業請遣使致賀以驕之，晉王遣太原少尹李承勳往。承勳至幽州，用鄰藩通使之禮。燕之典客者曰：'吾王帝矣，公當稱臣庭見。'承勳曰：'吾受命於唐朝爲太原少尹，燕王自可臣其境內，豈可臣他國之使乎！'守光怒，囚之數日，出而問之曰：'臣我乎？'承勳曰：'燕王能臣我王，則我請爲臣；不然，有死而已！'守光竟不能屈。"《輯本舊史》卷二七《唐莊宗紀一》天祐八年十月條："幽州劉守光殺帝之行人李承勳，忿其不行朝禮也。"同

書卷五五《李承勳傳》："會王師討守光，承勳竟歿於燕。"明本《册府》卷六六一《奉使部·守節門》李承勳條與《李承勳傳》同。

十二月，莊宗遣周德威出飛狐，會鎮、定之師以討之。德威攻圍歷年，屬郡皆下。守光堅保幽州，求援於梁，北誘契丹，救終不至。[1]十年十月，守光遣使持幣馬見德威乞降，又乘城呼曰："予俟晋王至即出城。"[2]十一月，莊宗親征。二十三日，至幽州，單騎臨城，召守光曰："丈夫成敗，須決所向，公將何如？"守光曰："某俎上肉耳！"莊宗愍之，折弓爲盟，許其保全。守光辭以佗日，莊宗乃令諸軍攻之。二十四日，四面畢攻，莊宗登燕太子墓觀之。[3]俄而數騎執仁恭并其孥來獻，檀州遊奕將李彥暉於燕樂縣獲守光，[4]并妻李氏、祝氏，男繼珣、繼方、繼祚等來獻。[5]初，守光城破後，攜其妻子將走關南依劉守奇。[6]沿路寒瘃足踵，經日不食。至燕樂縣，匿於坑谷，令妻祝氏乞食於田父張師造家。[7]師造怪婦人異狀，[8]詰之，遂俱擒焉。莊宗方宴府第，引仁恭、守光至席，父子號泣謝罪，莊宗慰撫之曰："往事不復言，人誰無過，改之爲貴。"乃歸之傳舍。是月己卯，晋人執守光及仁恭，露布表其罪，驅以班師。[9]

[1]"十二月"至"救終不至"：《輯本舊史》卷二七《唐莊宗紀一》天祐八年（911）十二月甲子條："帝遣周德威、劉光濬、李嗣源及諸將率蕃漢之兵發晋陽，伐劉守光於幽州。"同書卷二八

《唐莊宗紀二》天祐九年正月庚辰條：“周德威等自飛狐東下。”同月丙戌條：“會鎮、定之師進營祁溝。”明本《册府》卷三四七《將帥部·佐命門八》、《輯本舊史》卷五六《周德威傳》同繫於天祐八年十二月。《新五代史》卷三九《劉守光傳》則略言於乾化二年（即天祐九年，912）。《輯本舊史》卷二八《唐莊宗紀二》天祐九年正月庚子條：“次涿州，刺史劉知温以城歸順。德威進迫幽州，守光出兵拒戰，燕將王行方等以部下四百人來奔。”劉知温降，《通鑑》卷二六八繫於乾化二年正月戊子條。又《通鑑》卷二六八乾化二年正月丁酉條：“德威至幽州城下，守光來求救。”《輯本舊史》卷五六《周德威傳》：“（天祐九年）五月七日，劉守光令驍將單廷珪督精甲萬人出戰，德威遇於龍頭崗。初，廷珪謂左右曰：‘今日擒周陽五。’既臨陣，見德威，廷珪單騎持槍，窮追德威，垂及，德威側身避之，廷珪少退，德威奮檛擊墜其馬，生獲廷珪，賊黨大敗，斬首三千級，獲大將李山海等五十二人。十二日，德威自涿州進軍良鄉、大城。守光既失廷珪，自是奪氣。德威之師，屢收諸郡，降者相繼。”《通鑑》卷二六八乾化二年五月甲申條：“燕主守光遣其將單廷珪將精兵萬人出戰，與周德威遇於龍頭岡。廷珪曰：‘今日必擒周楊五以獻。’楊五者，德威小名也。既戰，見德威於陳，援槍單騎逐之，槍及德威背，德威側身避之，奮檛反擊廷珪墜馬，生擒，置於軍門。燕兵退走，德威引騎乘之，燕兵大敗，斬首三千級。”《輯本舊史》卷二八《唐莊宗紀二》天祐九年五月乙卯條：“周德威大破燕軍於羊頭岡，擒大將單廷珪，斬首五千餘級。德威自涿州進軍于幽州，營于城下。”同年十月庚申條：“周德威報劉守光三遣使乞和，不報。”中華書局本有校勘記：“十月乙亥朔，無庚申。十一月乙巳朔，庚申爲十六日，庚申上疑脱‘十一月’三字。”《通鑑》卷二六八乾化三年三月條：“燕主守光命大將元行欽將騎七千，牧馬於山北，募山北兵以應契丹；又以騎將高行珪爲武州刺史，以爲外援。晋李嗣源分兵徇山後八軍，皆下之；晋王以其弟存矩爲新州刺史總之。以燕納降軍使盧文進爲裨將。李嗣源進攻武州，高行珪以城降。元行欽聞之，引兵攻行珪；行珪使其弟行周質於晉軍以求救，李嗣源引兵救之，行欽解圍去。嗣源與行周追至廣邊軍，凡八戰，行欽力屈而降；嗣源愛其驍勇，養以爲子。"高行珪降，《輯本舊史》卷二八《唐莊宗紀二》繫於三月丙寅。《新五代史》卷四八《高行周傳（行珪附）》："仁恭被囚，守光立，以行珪爲武州刺史。其後守光背晉，晉兵攻之。守光將元行欽牧馬山後，聞守光且見圍，即率所牧馬赴援，而麾下兵叛于道，推行欽爲幽州留後，行欽曰：'吾所憚者行珪也。'乃遣人之懷戎，得行珪子繫之。兵過武州，招行珪曰：'守光可取而代也。當從我行，不然，且殺公子。'行珪謝曰：'與君俱劉公將，而忍叛之？吾當爲劉氏也，尚何顧吾子耶！'行欽即以兵圍行珪。"亦見《宋本册府》卷四〇〇《將帥部·固守門二》。《通鑑》卷二六八乾化三年四月壬辰條："晉周德威進軍逼幽州南門，壬辰，燕主守光遣使致書於德威以請和，語甚卑而哀。德威曰：'大燕皇帝尚未郊天，何雌伏如是邪！予受命討有罪者。結盟繼好，非所聞也。'不答書。守光懼，復遣人祈哀，德威乃以聞於晉王。"同年六月辛卯條："燕主守光遣使詣張承業，請以城降；承業以其無信，不許。"《輯本舊史》卷二八《唐莊宗紀二》天祐十年七月條："承業與德威率千騎至幽州西，守光遣人持信箭一隻，乞修和好。承業曰：'燕帥當令子弟一人爲質則可。'"《通鑑》卷二六八乾化三年九月甲辰條："燕主守光引兵夜出，復取順州。"

　　[2]"十年十月"至"予俟晉王至即出城"：《輯本舊史》卷二八《唐莊宗紀二》天祐十年十月己巳條："守光帥七百騎、步軍五千夜入檀州。"同月庚午條："周德威自涿州將兵躡之。"同月壬申條："守光自檀州南山而遁，德威追及，大敗之，獲大將李劉、張景紹及將吏八百五十人，馬一百五十匹。守光得百餘騎遁入山谷，德威急馳，扼其城門，守光惟與親將李小喜等七騎奔入燕城。"《通鑑》卷二六八乾化三年十月庚午條："周德威自涿州引兵邀擊，大破之。守光以百餘騎逃歸幽州，其將卒降者相繼。"《輯本舊史》

卷二八《唐莊宗紀二》天祐十年十月己丑條："守光遣牙將劉化脩、周遵業等以書幣哀祈德威。"《新五代史》卷三九《劉守光傳》："守光益窘，乃獻絹千匹、銀千兩、錦百段，遣其將周遵業謂德威曰：'吾王以情告公，富貴成敗，人之常理；録功宥過，霸者之事也。守光去歲妄自尊崇，本不能爲朱温下耳，豈意大國暴師經年，幸少寬之。'德威不許。"《輯本舊史》卷二八《唐莊宗紀二》天祐十年十月庚寅條："守光乘城以病告，復令人獻自乘馬玉鞍勒易德威所乘馬而去。俄而劉光濬擒送守光偽殿直二十五人於軍門，守光又乘城謂德威曰：'予俟晉王至，即泥首俟命。'祈德威即馳驛以聞。"

[3]燕太子：即燕太子丹。派荆軻刺殺秦王嬴政，失敗後被燕王所殺，函首至秦。事見《史記》卷三四、卷八六。

[4]檀州：州名。治所在今北京市密雲區。　李彦暉：人名。籍貫不詳。李存勗部將。本書僅此一見。　燕樂：縣名。治所在今北京市密雲區。

[5]繼珣、繼方、繼祚：人名。即劉繼珣、劉繼方、劉繼祚。皆爲劉守光子。本書僅此一見。

[6]關南：當指榆關（今山海關）以南。當時劉守奇在平州。

劉守奇：人名。深州樂壽（今河北獻縣）人。唐末幽州節度使、燕王劉仁恭之子，劉守光之弟。唐末、五代將領。事見本書本卷。

[7]張師造：《輯本舊史》之影庫本粘籤："'張師造'，原本作'師迫'，今從《通鑑》改正。"見《通鑑》卷二六九乾化三年十二月癸酉條。

[8]師造怪婦人異狀：《輯本舊史》原無"師造"二字，中華書局本有校勘記："《通鑑》卷二六九敘其事作'師造怪婦人異狀'。"但未補，今據補。

[9]露布：不封口文書。常指捷報等。　"十一月"至"驅以班師"：《通鑑》卷二六八乾化三年十一月甲辰、辛酉、壬戌、癸亥諸條："盧龍巡屬皆入于晉，燕主守光獨守幽州城，求援於契丹；

契丹以其無信，竟不救。守光屢請降於晉，晉人疑其詐，終不許……甲辰，晉王以監軍張承業權知軍府事，自詣幽州，辛酉，單騎抵城下，謂守光曰：'朱温篡逆，余本與公合河朔五鎮之兵興復唐祚。公謀之不臧，乃效彼狂僭。鎮、定二帥皆俛首事公，而公曾不之恤，是以有今日之役。丈夫成敗須決所向，公將何如？'守光曰：'今日俎上肉耳，惟王所裁。'王憫之，與折弓矢爲誓，曰：'但出相見，保無他也。'守光辭以他日。先是，守光愛將李小喜多贊成守光之惡。言聽計從，權傾境内。至是，守光將出降，小喜止之。是夕，小喜踰城詣晉軍，且言城中力竭。壬戌，晉王督諸軍四面攻城，克之，擒劉仁恭及其妻妾，守光帥妻子亡去。癸亥，晉王入幽州。"同書卷二六九乾化三年十二月癸酉條："燕主守光將奔滄州就劉守奇，涉寒，足腫，且迷失道。至燕樂之境，晝匿阬谷，數日不食，令妻祝氏乞食於田父張師造家，師造怪婦人異狀，詰知守光處，并其三子擒之。癸酉，晉王方宴，將吏擒守光適至，王語之曰：'主人何避客之深邪！'并仁恭置之館舍，以器服膳飲賜之。"同月庚辰、甲申、丙戌諸條："晉王欲自雲、代歸，趙王鎔及王處直請由中山、真定趣井陘，王從之。庚辰，晉王發幽州，劉仁恭父子皆荷校於露布之下。守光父母唾其面而罵之曰：'逆賊，破我家至此！'守光俛首而已。甲申，至定州……舍于關城。丙戌，晉王與王處直謁北嶽廟。是日，至行唐。"

　　十一年正月，至晉陽，[1]仁恭父子荷校於露布之下，父母唾面罵守光曰："逆賊，破家如是！"守光俯首不顧。自范陽至晉陽，涉千餘里，所在聚觀，呼守光爲"劉黑子"，略無愧色。莊宗以仁恭、守光徇於都城，即告南宮七廟，[2]禮畢，守光與李小喜、鄭藏斐、劉延卿及其二妻皆伏誅。[3]李小喜者，本晉之小校，先奔於燕，守光以爲愛將。守光雖凶淫出於天性，然而稔惡侈毒，抑亦小喜贊成。守光將敗，前一日來降。守光將死，大呼曰：“臣之悞計，小喜熒惑故也，若罪人不死，臣必訴於地下。”莊宗急召小喜至，令證辯。小喜瞋目叱守光曰：“囚父殺兄，烝淫骨肉，亦我教耶！”莊宗怒小喜失禮，先斬之。守光慟哭曰：“王將定天下，臣精於騎，何不且留指使。”二妻讓之曰：“皇帝，事勢及此，生不如死！”即延頸就戮。守光猶哀訴不已。既誅，命判官司馬揆備轊櫝祭醊，[4]瘞於城西三里龍山下。[5]令副使盧汝弼、李存霸拘送仁恭至代州，[6]於武皇靈前刺心血以祭，誅於雁門山下。[7]自仁恭乾寧二年春入幽州，至天祐十年，父子相承，十九年而滅。《永樂大典》卷九千九十九。[8]

[1]晋陽：縣名。治所在今山西太原市。

[2]范陽：《輯本舊史》之影庫本粘籤：“范陽，原本作‘樊陽’，今從《歐陽史》改正。”查《新五代史》，未見此記載。五代無“樊陽”。　七廟：帝王宗廟。中國古代禮制中“四親”之廟、“二祧”之廟以及“始祖”之廟；《禮記·王制》亦有“天子七廟，三昭三穆，與太祖之廟而七”之説。後泛指王朝社稷。

[3]鄭藏斐、劉延卿：人名。劉守光部將。本書僅此一見。

[4]司馬揆：人名。籍貫不詳。五代後唐官員。事見本書本卷、卷三二、卷七一。　轊（wèi）櫝（dú）：棺柩。　祭醊（zhuì）：祭祀。

[5]龍山：山名。位於今山西太原市西南。　“十一年正月”至“瘞於城西三里龍山下”：《輯本舊史》卷二八《唐莊宗紀二》天祐十一年（914）正月戊戌條：“王鎔以履新之日，與其子昭祚、昭誨奉觴上壽置宴。鎔啓曰：‘燕主劉太師頃爲鄰國，今欲抱其風

儀，可乎？'帝即命主者破械，引仁恭、守光至，與之同宴，鎔饋以衣被飲食。"《通鑑》卷二六九乾化四年（914）正月壬子條："晋王以練紼劉仁恭父子，凱歌入于晋陽。"同月丙辰條："獻于太廟，自臨斬劉守光。"同卷貞明二年條："初，燕人苦劉守光殘虐，軍士多歸於契丹。及守光被圍於幽州，其北邊士民多爲契丹所掠，契丹日益强大。""劉守光末年衰困，遣參軍韓延徽求援於契丹，契丹主怒其不拜，留之，使牧馬於野。"《輯本舊史》卷一三七《契丹傳》："劉守光末年苛慘，軍士亡叛皆入契丹。"

[6]盧汝弼：人名。范陽（今河北涿州市）盧氏族人，家於河中蒲州（今山西永濟市）。唐代詩人盧綸之孫。唐代進士，唐、五代後唐官員。傳見本書卷六〇。　李存霸：人名。沙陀部人。李克用子，五代軍閥。傳見本書卷五一、《新五代史》卷一四。　代州：州名。治所在今山西代縣。

[7]雁門山：山名。一名句注山。位於今山西代縣西北。

[8]九千九十九：原作"九千九百九"，《大典》卷九九〇九"嚴"字韻"華嚴經（九六）"事目，與本傳無涉。應爲《大典》卷九〇九九"劉"字韻"姓氏（二七）"事目，中華書局本有校勘記，但未改。今改。本卷劉陟、劉玢、劉晟、劉鋹、劉崇各卷均同此誤，現一一改正，不再出校勘記。

劉陟　子玢　晟　晟子鋹

劉陟，即劉龑，初名陟。其先彭城人，[1]祖仁安，[2]仕唐爲潮州長史，因家嶺表。[3]父謙，[4]素有才識。唐咸通中，宰相韋宙出鎮南海，[5]謙時爲牙校，職級甚卑，然氣貌殊常，宙以猶女妻之。妻以非其類，堅止之，宙曰："此人非常流也，他日我子孫或可依之。"謙後果以軍功拜封州刺史、兼賀水鎮使,[6]甚有稱譽。[7]

[1]彭城：縣名。治所在今江蘇徐州市。

[2]祖仁安：中華書局本有校勘記："'仁安',《通曆》卷一五、《册府》卷二一九、《隆平集》卷一二、《宋史》卷四八一《南漢劉氏世家》同,《新五代史》卷六五《南漢世家》、《通鑑》卷二七〇、《九國志》卷九、《東都事略》卷二三作'安仁'。《劉隱女劉華墓誌》（拓片刊《文物》一九七五年第一期）：'曾祖諱安。'"見明本《册府》卷二一九《僭僞部·姓系門》。《新五代史》卷六五《劉隱傳》："劉隱,其祖安仁,上蔡人也,後徙閩中,商賈南海,因家焉。"同卷《劉龑傳》："追尊安仁文皇帝。"《通鑑》卷二七〇貞明三年（917）八月癸巳條："清海、建武節度使劉巖即皇帝位於番禺,國號大越,大赦,改元乾亨……追尊祖安仁曰太祖文皇帝,父謙曰代祖聖武皇帝,兄隱曰烈宗襄皇帝。"

[3]潮州：州名。治所在今廣東潮州市。　長史：官名。州府屬官。協助處理州府公務。正四品上至正六品上。　嶺表：地區名。亦謂嶺外、嶺南。指五嶺以南地區,故名。包括今廣東、廣西、海南及越南北部地區。

[4]謙：即劉隱之父劉謙。事見本書本卷。

[5]咸通：唐懿宗李漼年號（860—874）。　韋宙：人名。京兆萬年（今陝西西安市長安區）人。唐末宰相。傳見《新唐書》卷一九七。　南海：地名。位於今廣東廣州市。

[6]封州：州名。治所在今廣東封開縣。　刺史：官名。漢武帝時始置。州一級行政長官,總掌考覈官吏、勸課農桑、地方教化等事。唐中期以後,節度、觀察使轄州而設,刺史爲其屬官,職任漸輕。從三品至正四品下。　賀水：水名。一名封溪水,又曰開江,爲西江支流。在今廣東封開縣入西江。《輯本舊史》之影庫本粘籤："原本作'架水',今從《十國春秋》改正。"見《十國春

秋》卷五八《南漢一·烈宗世家》。但《十國春秋》爲清人吳任臣所作，本傳下條即有"賀水諸將""復領賀水鎮"等語，何爲引《十國春秋》！

[7]"父謙"至"甚有稱譽"：《通鑑》卷二五五中和三年（883）六月辛丑條："初，上蔡人劉謙爲嶺南小校，節度使韋宙奇其器，以兄女妻之。謙擊羣盜，屢有功。辛丑，以謙爲封州刺史。"《新五代史》卷六五："父謙，爲廣州牙將。唐乾符五年，黃巢攻破廣州，去略湖、湘間，廣州表謙封州刺史、賀江鎮遏使，以禦梧、桂以西。歲餘，有兵萬人，戰艦百餘艘。謙三子，曰隱、台、巖。"

謙之長子曰隱，[1]即韋氏女所生也，幼而奇特。及謙卒，賀水諸將有無賴者，幸變作亂，隱定計誅之。連帥劉崇龜聞其才，署爲右都校，[2]復領賀水鎮，俄奏兼封州刺史，用法清肅，威望頗振。[3]唐昭宗以嗣薛王知柔石門扈蹕功，授清海軍節度使。[4]詔下，有府之牙將盧琚、譚弘謀不稟朝命，[5]隱舉部兵誅琚、弘以聞。知柔至，深德之，辟爲行軍司馬，委以兵賦。[6]唐昭宗命宰相徐彥若代知柔，[7]復署前職。彥若在鎮二年，臨薨，手表奏隱爲兩使留後，[8]昭宗未之許，命宰相崔遠爲節度使。[9]遠行及江陵，[10]聞嶺表多盜，懼隱違詔，遲留不進，會遠復入相，乃詔以隱爲留後，然久未即真。及梁祖爲元帥，隱遣使持重賂以求保薦，梁祖即表其事，遂降旄節。[11]梁開平初，恩寵殊厚，遷檢校太尉、兼侍中，[12]封大彭郡王。梁祖郊禋禮畢，加檢校太師、兼中書令，[13]又命兼領安南都護，充清海靜海兩軍節度使，[14]進封南海王。開平四年三月卒。[15]

[1]謙之長子曰隱：《舊五代史考異》：“梁開平初，封大彭郡王。梁祖郊禋禮畢，進封南海王。”進封南海王，中華書局本有校勘記：“以上五字原闕，據殿本考證、劉本考證補。”

[2]連帥：唐朝多指觀察使、按察使。 劉崇龜：人名。滑州胙城縣（今河南延津縣）人。唐末官員、藝術家。事見本書本卷。 右都校：官名。爲千人統兵官。

[3]“及謙卒”至“威望頗振”：《通鑑》卷二五九乾寧元年（894）條：“封州刺史劉謙卒，子隱居喪於賀江，土民百餘人謀亂，隱一夕盡誅之。嶺南節度使劉崇龜召補右都押牙兼賀水鎮使；未幾，表爲封州刺史。”《新五代史》卷六五《劉隱傳》：“謙卒，廣州表隱代謙封州刺史。”

[4]知柔：人名。唐朝宗室。傳見《新唐書》卷八一。 石門：地名。位於今陝西三原縣。 清海軍：方鎮名。治所在廣州（今廣東廣州市）。

[5]盧琚：人名。唐末、五代藩鎮軍閥。事見本書本卷。 譚玘：人名。唐末、五代藩鎮軍閥。事見本書本卷。《新五代史》作“覃玘”，《通鑑》作“譚弘玘”。《新五代史》卷六五：“乾寧中，節度使劉崇龜死，嗣薛王知柔代爲帥，行至湖南，廣州將盧琚、覃玘作亂，知柔不敢進。隱以封州兵攻殺琚、玘，迎知柔，知柔辟隱行軍司馬。其後徐彥若代知柔，表隱節度副使，委以軍政。”《通鑑》卷二六〇乾寧三年條：“清海節度使薛王知柔行至湖南，廣州牙將盧琚、譚弘玘據境拒之，使弘玘守端州。弘玘結封州刺史劉隱，許妻以女。隱僞許之，託言親迎，伏甲舟中，夜入端州，斬弘玘；遂襲廣州，斬琚。具軍容迎知柔入視事。知柔表隱爲行軍司馬。”

[6]“唐昭宗以嗣薛王知柔石門扈蹕功”至“委以兵賦”：亦見明本《册府》卷二二三《僭僞部·勳伐門三》。《通鑑》卷二六一光化元年（898）條：“韶州刺史曾袞舉兵攻廣州，州將王瓌帥戰艦應之；清海行軍司馬劉隱一戰破之。韶州將劉潼復據滇、洺，隱

討斬之。”

[7]徐彦若：人名。唐末、五代官員、藩鎮軍閥。傳見《舊唐書》卷一七九。

[8]兩使：節度使、觀察使合稱“兩使”。

[9]崔遠：人名。博陵安平（今河北安平縣）人。唐昭宗朝宰相。傳見《舊唐書》卷一七七、《新唐書》卷一八二。

[10]江陵：地名。荊州別稱，位於今湖北荊州市。

[11]“彦若在鎮二年”至“遂降旌節”：《新五代史》卷四一《盧光稠傳》、《譚全播傳》：“是時，劉巖起南海，擊走（盧）光睦，以兵數萬攻虔州。光稠大懼，謂全播曰：‘虔、潮皆公取之，今日非公不能守也。’全播曰：‘吾知劉巖易與爾!’乃選精兵萬人，伏山谷中，陽治戰地於城南，告巖戰期。以老弱五千出戰，戰酣，僞北。巖急追之，伏兵發，巖遂大敗。”卷六五《南漢世家》：“（徐）彦若卒，軍中推隱爲留後。天祐二年，拜隱節度使。”《通鑑》卷二六二天復元年（901）條：“清海節度使徐彦若薨，遺表薦行軍司馬劉隱權留後。”同書卷二六三天復二年條：“是歲，虔州刺史盧光稠攻嶺南，陷韶州，使其子延昌守之，進圍潮州。清海劉隱發兵擊走之，乘勝進攻韶州。隱弟陟以爲延昌有虔州之援，未可遽取；隱不從，遂圍韶州。會江漲，餽運不繼，光稠自虔州引兵救之；其將譚全播伏精兵萬人於山谷，以羸弱挑戰，大破隱于城南，隱奔還。”同書卷二六五天祐元年條：“初，清海節度使徐彦若遺表薦副使劉隱權留後，朝廷以兵部尚書崔遠爲清海節度使。遠至江陵，聞嶺南多盜，且畏隱不受代，不敢前，朝廷召遠還。隱遣使以重賂結朱全忠，乃奏以隱爲清海節度使。”同卷天祐二年（905）三月甲申條：“加清海節度使劉隱同平章事。”明本《册府》卷一六九《帝王部·納貢獻門》唐昭宗天祐元年十二月條：“廣州劉隱進佛哲國、訶陵國、羅越國所貢香藥。”

[12]開平：五代後梁太祖朱温年號（907—911）。　檢校太尉：官名。爲散官或加官，以示恩寵加此官，無實際執掌。太尉，

與司徒、司空並爲三公。　侍中：官名。秦始置。隋、唐前期爲門下省長官。唐後期多爲大臣加銜，不參與政務，實際職務由門下侍郎執行。正二品。

[13]中書令：官名。漢代始置，隋、唐前期爲中書省長官，屬宰相之職；唐後期多爲授予元勳大臣的虛銜。正二品。

[14]安南都護：官名。唐代所設安南都護府長官，負責管理今中國南疆及中南半島北部部分地區之軍民政務。　静海：方鎮名。治所在交州（今廣東廣州市番禺區）。

[15]“梁開平初”至“開平四年三月卒”：《輯本舊史》之原輯者案語：“《東都事略》不載隱封南海王，《宋史》不載隱封大彭郡王，與《薛史》互有詳略。考《五代會要》，劉隱進封南海王在開平四年。”見《會要》卷一一封建條梁開平四年（910）四月記事。《宋本册府》卷一九六《閏位部·封建門》梁太祖開平三年四月條：“廣州節度使劉隱封南平王。”《會要》卷一一同。明本《册府》卷二一〇《閏位部·延賞門》梁太祖開平五年（即乾化元年，911）五月甲申條：“諸道節度使錢鏐、張宗奭、馬殷、王審知、劉隱，各賜一子六品正員官。”《新五代史》卷六五：“梁開平元年，加檢校太尉、兼侍中。二年，兼静海軍節度、安南都護。三年，加檢校太師、兼中書令，封南平王。隱父子起封州，遭世多故，數有功於嶺南，遂有南海。隱復好賢士。是時，天下已亂，中朝士人以嶺外最遠，可以避地，多遊焉。唐世名臣謫死南方者往往有子孫，或當時仕宦遭亂不得還者，皆客嶺表。王定保、倪曙、劉濬、李衡、周傑、楊洞潛、趙光胤（應爲趙光裔）之徒，隱皆招禮之。定保容管巡官，曙唐太學博士，濬崇望之子，以避亂往；衡德裕之孫，唐右補闕，以奉使往：皆辟置幕府，待以賓客。傑善星曆，唐司農少卿，因避亂往，隱數問以災變，傑恥以星術事人，常稱疾不起，隱亦客之。洞潛初爲邕管巡官，秩滿客南海，隱常師事之，後以爲節度副使，及龑借號，爲陳吉凶禮法。爲國制度，略有次序，皆用此數人焉。乾化元年，進封隱南海王。是歲卒，年三十八。弟

襲立。"《通鑑》卷二六六開平元年五月己卯條："加清海節度使劉隱、威武節度王審知兼侍中，仍以隱爲大彭王。"同書卷二六七開平二年九月條："荆南節度使高季昌遣兵屯漢口，絶楚朝貢之路；楚王殷遣其將許德勳將水軍擊之，至沙頭，季昌懼而請和。殷又遣步軍都指揮使吕師周將兵擊嶺南，與清海節度使劉隱十餘戰，取昭、賀、梧、蒙、龔、富六州。"同年十月辛酉條："以劉隱爲清海、静海節度使，以膳部郎中趙光裔、右補闕李殷衡充官告使，隱皆留之。"同卷開平三年四月庚子條："以劉隱爲南平王。"

　　陟，隱之弟也，[1]隱卒，代據其位。及梁末帝嗣位，[2]務行姑息之政，乃盡以隱之官爵授陟。[3]先是，邕州葉廣略、[4]容州龐巨源，[5]或自擅兵賦，數侵廣之西鄙，陟舉兵討之，邕、容皆敗，因附庸於陟。又交州土豪曲承美亦專據其地，[6]送款於梁，因正授旄鉞。陟不平之，遣將李知順伐之，[7]執承美以獻，陟自是盡有嶺表之地。[8]及聞錢鏐册封吳越王，[9]陟恥稱南海之號，乃嘆曰："中原多故，誰爲真主，安能萬里梯航而事僞庭乎！"梁貞明三年八月，陟乃僭號於廣州，國號大漢，僞改元爲乾亨。[10]明年，僭行郊禮，赦其境内，及改名巖。[11]陟僭位之後，廣聚南海珠璣，西通黔蜀，得其珍玩，窮奢極侈，娱僭一方，與嶺北諸藩歲時交聘。及聞莊宗平梁，遣僞宫苑使何詞來聘，[12]稱"大漢國主致書上大唐皇帝"，莊宗召見於鄴宫，[13]問南海事狀，且言本國已發使臣，大陳物貢，期今秋即至。初，陟聞莊宗兵威甚盛，故令何詞來視虚實，時朝政已紊，莊宗亦不能以道制禦遠方，南海貢亦不至，自是與中國遂絶。[14]

　　[1]陟，隱之弟也：《新五代史》卷六五《劉隱傳》：“謙三子，曰隱、台、巖。”《劉䶮傳》：“䶮，初名巖，謙庶子也。其母段氏生䶮於外舍，謙妻韋氏素妒，聞之怒，拔劍而出，命持䶮至，將殺之，及見而悸，劍輒墮地，良久曰：‘此非常兒也！’後三日，卒殺段氏，養䶮爲己子。及長，善騎射，身長七尺，垂手過膝。”

　　[2]梁末帝：即朱友貞，朱温第四子，殺其兄朱友珪而自立。爲李存勗大軍包圍後自殺身死，後梁由是滅亡。紀見本書卷八至卷一○、《新五代史》卷三。

　　[3]“隱卒”至“乃盡以隱之官爵授陟”：《新五代史》卷六五：“隱爲行軍司馬，䶮亦辟薛王府諮議參軍。隱鎮南海，䶮爲副使。隱卒，䶮代立。”《通鑑》卷二六八乾化元年（911）五月甲辰條：“以清海留後劉巖爲節度使。巖多延中國士人置於幕府，出爲刺史，刺史無武人。”

　　[4]邕州：州名。治所在今廣西南寧市。　葉廣略：人名。籍貫不詳。五代軍閥。事見本書本卷。

　　[5]容州：州名。治所在今廣西北流市。　龐巨源：人名。籍貫不詳。五代軍閥。事見本書本卷。中華書局本有校勘記：“‘龐巨源’，《隆平集》卷一二同，《新五代史》卷六五《南漢世家》、《通鑑》卷二六七、《九國志》卷一一、《東都事略》卷二三作‘龐巨昭’。”

　　[6]交州：州名。治所在今廣東廣州市番禺區。　曲承美：人名。曲顥之子。安南鴻州（今越南海陽寧江縣）人。五代十國藩鎮軍閥。事見本書本卷。

　　[7]李知順：人名。籍貫不詳。五代十國藩鎮將領。本書僅此一見。

　　[8]“先是”至“陟自是盡有嶺表之地”：《通鑑》卷二六七開平四年（910）條：“寧遠節度使龐巨昭、高州防禦使劉昌魯，皆唐官也。黃巢之寇嶺南也，巨昭爲容管觀察使，昌魯爲高州刺史，帥羣蠻據險以拒之，巢衆不敢入境。唐嘉其功，置寧遠軍於容州，以

巨昭爲節度使，以昌魯爲高州防禦使。及劉隱據嶺南，二州不從；隱遣弟巖攻高州，昌魯大破之，又攻容州，亦不克。昌魯自度終非隱敵，是歲，致書請自歸於楚。"同書卷二六八乾化元年三月丁亥條："清海、靜海節度使兼中書令南平襄王劉隱病亟，表其弟節度副使巖權知留後；丁亥卒。巖襲位。"同年十二月丙辰條："鎮南留後盧延昌遊獵無度，百勝軍指揮使黎球殺之，自立；將殺譚全播，全播稱疾請老，乃免。丙辰，以球爲虔州防禦使。未幾，球卒，牙將李彥圖代知州事，全播愈稱疾篤。劉巖聞全播病，發兵攻韶州，破之，刺史廖爽奔楚，楚王殷表爲永州刺史。"同月癸亥條："以靜江行軍司馬姚彥章爲寧遠節度副使，權知容州，從楚王殷之請也。劉巖遣兵攻容州，殷遣都指揮使許德勳以桂州兵救之；彥章不能守，乃遷容州士民及其府藏奔長沙，巖遂取容管及高州。"同卷乾化三年十月條："嶺南節度使劉巖求婚於楚，楚王許以女妻之。"同書卷二六九貞明元年（915）八月條："劉巖逆婦于楚，楚王殷遣永順節度使存送之。"《新五代史·劉龑傳》："乾化二年，除清海節度使，檢校太保、同平章事。三年，加檢校太傅。末帝即位，悉以隱官爵授龑，襲封南海王……隱攻韶州，龑曰：'韶州所賴者光稠，擊之，虔人必應，應則首尾受敵，此不宜直攻而可以計取。'隱不聽，果敗而歸，因盡以兵事付龑。龑悉平諸寨，遂殺昌魯等，更置刺史，卒出兵攻敗盧氏，取潮、韶。又西與馬殷争容、桂，殷取桂管，虜士政；龑取容管，逐巨昭，又取邕管。"又："隱、龑自梁初受封爵，禀正朔而已。"

[9]錢鏐：人名。臨安（今浙江杭州市）人。五代十國吳越開國君主。傳見本書卷一三三、《新五代史》卷六七。

[10]貞明：五代後梁末帝朱友貞年號（915—921）。 乾亨：五代十國南漢高祖劉龑年號（917—925）。

[11]"及聞錢鏐册封吳越王"至"及改名巖"：《輯本舊史》卷九《梁末帝紀中》貞明五年九月丙寅條："制削奪廣州節度使、南平王劉巖在身官爵，以其將謀僭號故也。仍詔天下兵馬元帥錢鏐

指揮攻討。"《新五代史·劉龑傳》:"貞明三年,龑即皇帝位,國號大越,改元曰乾亨。追尊安仁文皇帝,謙聖武皇帝,隱襄皇帝,立三廟。置百官,以楊洞潛爲兵部侍郎,李衡禮部侍郎,倪曙工部侍郎,趙光胤兵部尚書,皆平章事。光胤自以唐甲族,恥事僞國,常怏怏思歸。龑乃習爲光胤手書,遣使間道至洛陽,召其二子損、益并其家屬皆至。光胤驚喜,爲盡心焉。"同卷:"(乾亨)二年,祀天南郊,大赦境内,改國號漢。龑初欲僭號,憚王定保不從,遣定保使荆南,及還,懼其非己,使倪曙勞之,告以建國。定保曰:'建國當有制度,吾入南門,清海軍額猶在,四方其不取笑乎!'龑笑曰:'吾備定保久矣,而不思此,宜其譏也。'三年,册越國夫人馬氏爲皇后。馬氏,楚王殷女也。四年,春,置選部貢舉,放進士、明經十餘人,如唐故事,歲以爲常。七年(應爲九年),唐莊宗入汴,龑懼,遣宮苑使何詞入詢中國虛實,稱大漢國主致書大唐皇帝。詞還,言唐必亂,不足憂,龑大喜。又性好夸大,嶺北商賈至南海者,多召之,使升宮殿,示以珠玉之富。自言家本咸秦,恥王蠻夷,呼唐天子爲'洛州刺史'。是歲,雲南驃信鄭旻遣使致朱鬐白馬以求婚,使者自稱皇親母弟、清容布燮兼理、賜金錦袍虎綾紋攀金裝刀、封歸仁慶侯、食邑一千户、持節鄭昭淳。昭淳好學有文辭,龑與游宴賦詩,龑及群臣皆不能逮,遂以隱女增城縣主妻旻。八年,作南宮,王定保獻《南宮七奇賦》以美之。龑初名巖,又更曰陟。"《通鑑》卷二六九貞明元年條:"是歲,清海、建武節度使兼中書令劉巖,以吳越王鏐爲國王而己獨爲南平王,表求封南越王及加都統,帝不許。巖謂僚屬曰:'今中國紛紛,孰爲天子!安能梯航萬里,遠事僞庭乎!自是貢使遂絕。"同書卷二七〇貞明三年八月癸巳條:"清海、建武節度使劉巖即皇帝位於番禺,國號大越,大赦,改元乾亨。以梁使趙光裔爲兵部尚書,節度副使楊洞潛爲兵部侍郎,節度判官李殷衡爲禮部侍郎,並同平章事。建三廟,追尊祖安仁曰太祖文皇帝,父謙曰代祖聖武皇帝,兄隱曰烈宗襄皇帝,以廣州爲興王府。"同卷貞明五年九月丙寅條:"詔削劉巖官爵，命吴越王鏐討之。"

[12]宫苑使：官名。唐始置，以宦官充任，五代改用士人。掌京師地區宫苑和宫苑所屬的莊田。《輯本舊史》之影庫本粘籤："宫苑，原本作'宫萱'，今從《十國春秋》改正。"見《十國春秋》卷五八《南漢一·高祖本紀》，但《十國春秋》爲清人吴任臣撰。《新五代史》卷六五《劉龑傳》乾亨七年（923）條即載"唐莊宗入汴，龑懼，遣宫苑使何詞入詢中國虚實"，可以爲據。 何詞：人名。籍貫不詳。五代十國南漢官員。事見本書本卷。

[13]鄴宫：宫殿名。位於今河北大名縣。

[14]"及聞莊宗平梁"至"自是與中國遂絶"：《輯本舊史》卷三二《唐莊宗紀六》同光三年（925）二月甲申條："廣南劉巖遣使奉書於帝，稱'大漢國王致書上大唐皇帝'。"

　　唐同光三年冬，白龍見於南海，改僞乾亨九年爲白龍元年，[1]陟又改名龑，以符龍之瑞也。白龍四年春，又改大有元年。[2]是歲，陟借行籍田之禮。陟之季年，有梵僧善占算之術，謂陟不利名龑，他年慮有此姓敗事，陟又改名䶮。"䶮"讀爲"儼"，古文無此字，蓋妄撰也。[3]

[1]同光：後唐莊宗李存勗年號（923—926）。 九年：中華書局本有校勘記："'九年'原作'元年'，據《通曆》卷一五、《册府》卷二一九、《新五代史》卷六五《南漢世家》改。"見《通曆》卷一五《僭僞·劉陟》、明本《册府》卷二一九《僭僞部·年號門》）。 白龍：南漢高祖劉龑年號（925—928）。

[2]大有：南漢高祖劉龑年號（928—942）。

[3]"唐同光三年冬"至"蓋妄撰也"：《新五代史》卷六五《劉龑傳》乾亨九年（925）條："白龍見南宫三清殿，改元曰白龍，

又更名龑，以應龍見之祥。有胡僧言：'讖書："滅劉氏者，龑也。"' 龑乃採《周易》'飛龍在天'之義爲'龑'字，音'儼'，以名焉。（白龍）四年，楚人以舟師攻封州，封州兵敗於賀江，龑懼，以《周易》筮之，遇大有，遂赦境内，改元曰大有。遣將蘇章以神弩軍三千救封州，章以兩鐵索沈賀江中，爲巨輪於岸上，築隄以隱之，因輕舟迎戰，陽敗而奔，楚人逐之，章舉巨輪挽索鎖楚舟，以彊弩夾江射之，盡殺楚人。（大有）三年，遣將李守鄘、梁克貞攻交趾，擒曲承美等。承美至南海，龑登儀鳳樓受俘，謂承美曰：'公常以我爲僞廷，今反面縛，何也？'承美頓首伏罪，乃赦之。承美，顥子也。克貞又攻占城，掠其寶貨而歸。四年，愛州楊廷藝叛，攻交州刺史李進，進遯歸。龑遣承旨程寶攻廷藝，寶戰死。五年，封子耀樞邕王，龜圖康王，洪度秦王，洪熙晉王，洪昌越王，洪弼齊王，洪雅韶王，洪澤鎮王，洪操萬王，洪杲循王，洪暐息王，洪邈高王，洪簡同王，洪建益王，洪濟辨王，洪道貴王，洪昭宜王，洪政通王，洪益定王。九年，遣將軍孫德晟攻象州，不克。十年，交州牙將皎公羨殺楊廷藝自立，廷藝故將吳權攻交州，公羨來乞師。龑封洪操交王，出兵白藤以攻之。龑以兵駐海門，權已殺公羨，逆戰海口，植鐵橛海中，權兵乘潮而進，洪操逐之，潮退舟還，轢橛者皆覆，洪操戰死，龑收餘衆而還。"

陟性雖聰辯，然好行苛虐，至有炮烙、剚剔、截舌、灌鼻之刑，一方之民，若據爐炭。惟厚自奉養，廣務華靡，末年起玉堂珠殿，飾以金碧翠羽，嶺北行商，或至其國，皆召而示之，誇其壯麗。每對北人自言家本咸秦，恥爲蠻夷之主。又呼中國帝王爲"洛州刺史"，其妄自尊大，皆此類也。晉天福七年夏四月，[1]陟以疾卒，凡僭號二十六年，年五十四。僞謚爲天皇大帝，廟號高祖，陵曰康陵。子玢嗣。《永樂大典》卷九千九十九。

[1]天福：五代後晋高祖石敬瑭年號（936—942）。出帝石重貴沿用至九年（944）。後漢高祖劉知遠繼位後沿用一年，稱天福十二年（947）。

玢，陟長子也。初封賓王，又封秦王。陟卒，遂襲僞位，僞號光天。[1]玢性庸昧，僭位之後，大恣荒淫。尋爲其弟晟等所弑，[2]在位一年，僞謚爲殤帝。[3]《永樂大典》卷九千九十九。

[1]遂襲僞位：中華書局本有校勘記："'僞'字原闕，據《通曆》卷一五補。"　光天：南漢殤帝劉玢年號（942—943）。

[2]尋爲其弟晟等所弑：中華書局本有校勘記："'等'字原闕，據殿本、孔本、《通曆》卷一五補。按本卷下文：'晟因與其弟僞越王昌等同謀弑玢。'"本卷下文爲《劉晟附傳》。

[3]"玢，陟長子也"至"僞謚爲殤帝"：《新五代史》卷六五《劉玢傳》："玢，初名洪度，封秦王。龑子耀樞、龜圖皆早死，玢次當立。龑病卧寢中，召右僕射王翻與語，呼洪度、洪熙小字曰：'壽、僑雖長，然皆不足任吾事，惟洪昌類我，吾欲立之。奈何吾子孫不肖，後世如鼠入牛角，勢當漸小爾！'因泣下歔欷。翻爲龑謀，出洪度以邕州，洪熙容州，然後立洪昌爲太子。議已定，崇文使蕭益入問疾，龑以告之，益諫曰：'少者得立，長者争之，禍始此矣！'由是洪度卒得立。更名玢，改元曰光天，尊母趙昭儀爲皇太妃，以晋王洪熙輔政。玢立，果不能任事。龑在殯，召伶人作樂，飲酒宫中，裸男女以爲樂，或衣墨縗與倡女夜行，出入民家。由是山海間盗賊競起。妖人張遇賢，自稱中天八國王，攻陷循州。玢遣越王洪昌、循王洪杲攻之，遇賢圍洪昌等於錢帛館，裨將萬景

忻、陳道庠力戰，挾二王潰圍而走。玢莫能省，嶺東皆亂。洪熙日益進聲妓誘玢爲荒恣。玢亦頗疑諸弟圖己，敕宦官守宮門，入者皆露索。洪熙、洪杲、洪昌陰遣陳道庠養勇士劉思潮、譚令禋、林少彊少良、何昌廷等，習爲角觝以獻玢。玢宴長春宮以閱之，玢醉起，道庠與思潮等隨至寢門拉殺之，盡殺其左右。玢立二年，年二十四，謚曰殤。弟晟立。”

　　晟，陟第二子也。僞封勤王，又封晉王。玢之立也，多行淫虐，人皆惡之，晟因與其弟僞越王昌等同謀弑玢，自立爲帝，改元爲應乾，又改爲乾和。[1]晟率性荒暴，得志之後，專以威刑御下，多誅滅舊臣及其昆仲，數年之間，宗族殆盡。[2]又造生地獄，凡湯鑊、鐵床之類，無不備焉。人有小過，咸被其苦。[3]及湖南馬氏昆弟尋戈，[4]晟因其釁，遣兵攻桂林管內諸郡及郴、連、梧、賀等州，[5]皆克之，自此全有南越之地。[6]周顯德五年秋八月，[7]晟以疾卒，僞謚曰文武光聖明孝皇帝，廟號中宗，陵曰昭陵。是歲，晟以六月望夜宴于甘泉宮，是夕月有蝕之，測在牛女之度，[8]晟自覽占書，既而投之於地，曰：‘自古誰能不死乎！’[9]因縱長夜之飲，[10]至是而卒。[11]《永樂大典》卷九千九百九。

　　[1]應乾：南漢中宗劉晟年號（943）。　乾和：南漢中宗劉晟年號（943—958）。　　“晟，陟第二子也”至“又改爲乾和”：《新五代史》卷六五《劉晟傳》：“晟，初名洪熙，封晉王。既弑玢，遂自立，改元曰應乾，以洪昌爲兵馬元帥，知政事，洪杲副元帥，劉思潮等封功臣。”
　　[2]宗族殆盡：中華書局本有校勘記：“‘宗族’，《通曆》卷一

五作‘宗屬’。"

[3] "晟率性荒暴"至"咸被其苦"：《新五代史·劉晟傳》："晟既殺兄，立不順，懼衆不伏，乃益峻刑法以威衆。已而洪杲屢請討賊，陰勸晟誅思潮等以止外議。晟大怒，使使者夜召洪杲。洪杲知不免，乃留使者，入具沐浴，詣佛前祝曰：‘洪杲誤念，來生王宮，今見殺矣！後世當生民家，以免屠害。’涕泣與家人訣別，然後赴召，至則殺之。冬，晟祀天南郊，改元曰乾和，群臣上尊號曰大聖文武大明至道大光孝皇帝。二年夏，遣洪昌祠襄帝陵於海曲，至昌華宮，晟使盜刺殺之。晟自殺洪杲，由是與諸弟有隙，而洪昌最賢，虆素所欲立者，晟尤忌之，故先及害。鎮王洪澤居邕州，有善政，是歲鳳皇見邕州，晟怒，使人酖殺之。而諸弟相次見殺。三年，殺其弟洪雅，又殺劉思潮等五人。思潮等死，陳道庠懼不自安，其友鄧伸以荀悅《漢紀》遺之，道庠莫能曉，伸罵曰：‘憨獠！韓信誅而彭越醢，皆在此書矣！’道庠悟，益懼。晟聞之大怒，以道庠、伸下獄，皆斬之於市，夷其族。以右僕射王翻爲英州刺史，使人殺之於路。五年，晟弟洪弼、洪道、洪益、洪濟、洪簡、洪建、洪暐、洪昭，同日皆見殺。"《通鑑》卷二八五開運三年（946）九月壬辰條："漢劉思潮等既死，陳道庠內不自安。特進鄧伸遺之《漢紀》，道庠問其故。伸曰：‘憨獠！此書有誅韓信、醢彭越事，宜審讀之！’漢主聞之，族道庠及伸。"同書卷二八七天福十二年（947）八月條："南漢主恐諸弟與其子爭國，殺齊王弘弼、貴王弘道、定王弘益、辨王弘濟、同王弘簡、益王弘建、恩王弘偉、宜王弘照，盡殺其男，納其女充後宮。"乾和五年即天福十二年。

[4]湖南馬氏：即五代十國南楚馬氏。

[5]桂林：地名。位於今廣西桂林市。　郴：州名。治所在今湖南郴州市。明本《册府》卷二三一《僭僞部·征伐門》作"柳"。　連：州名。治所在今廣東連州市。　梧：州名。治所在今廣西梧州市。　賀：州名。治所在今廣西賀州市。　郴、連、梧、

賀等州：《輯本舊史》之影庫本粘籤：“原本脱‘連’字，今據《歐陽史》增入。”

[6]南越：指今中國湖南南部、廣西、廣東等地區以及越南北部一帶。 “及湖南馬氏昆弟尋戈”至“自此全有南越之地”：《新五代史·劉晟傳》：“六年，遣工部郎中、知制誥鍾允章聘楚以求婚，楚不許。允章還，晟曰：‘馬公復能經略南土乎？’是時，馬希廣新立，希萼起兵武陵，湖南大亂，允章具言楚可攻之狀。晟乃遣巨象指揮使吳珣、内侍吳懷恩攻賀州，已克之，楚人來救，珣鑿大穿於城下，覆箔於上，以土傅之，楚兵迫城，悉陷穿中，死者數千，楚人皆走。珣等攻桂州及連、宜、嚴、梧、蒙五州，皆克之。掠全州而還。九年冬，又遣内侍潘崇徹攻郴州，李景兵亦在，與崇徹遇，戰，大敗景兵於宜章，遂取郴州。晟益得志，遣巨艦指揮使暨彦贇以兵入海，掠商人金帛作離宫遊獵，故時劉氏有南宫、大明、昌華、甘泉、玩華、秀華、玉清、太微諸宫，凡數百，不可悉紀。宦者林延遇、宫人盧瓊仙，内外專恣爲殺戮，晟不復省。常夜飲大醉，以瓜置伶人尚玉樓項，拔劍斬之以試劍，因并斬其首。明日酒醒，復召玉樓侍飲，左右白已殺之，晟歎息而已。十年，湖南王進逵以兵五萬率谿洞蠻攻郴州，潘崇徹敗進逵於蠔石，斬首萬餘級。十一年，晟病甚，封其子繼興衛王，璇興桂王，慶興荆王，保興祥王，崇興梅王。十二年，晟親耕藉田。交州吳昌濬遣使稱臣，求節鉞。昌濬者，權子也。權自龔時據交州，龔遣洪操攻之，洪操戰死，遂棄不復攻。權死，子昌岌立，昌岌卒，弟昌濬立，始稱臣於晟。晟遣給事中李璵以旌節招之，璵至白州，濬使人止璵曰：‘海賊爲亂，道路不通。’璵不果行。晟殺其弟洪邈。十三年，又殺其弟洪政，於是龔之諸子盡矣。顯德三年，世宗平江北，晟始惶恐，遣使脩貢於京師，爲楚人所隔，使者不得行，晟憂形於色。又嘗自言知星，末年，月食牛女間，出書占之，歎曰：‘吾當之矣！’因爲長夜之飲。”同書卷六二《南唐世家二·李景傳》保大十年（952）條：“廣州劉晟乘楚之亂，取桂管，景遣將軍張巒出兵争之，

不克。”同書卷六六《楚世家六·劉言傳》周廣順三年（953）條：“是時，劉晟取楚梧、桂、宜、蒙等州，進逼因白言召（何）景真等會兵攻晟。言信之，遣景真、（朱）全琇往，至皆見殺。”

[7]顯德：後周太祖郭威年號（954—960）。後周世宗柴榮與恭帝柴宗訓繼位均未改元。

[8]測在牛女之度：中華書局本有校勘記：“‘度’字原係空格，據殿本補。劉本、彭本作‘域’，邵本校作‘分’。影庫本批校：‘“度”字補而未填。’”

[9]自古誰能不死乎：中華書局本有校勘記：“殿本、孔本作‘自古豈有長存者乎’。”

[10]因縱長夜之飲：中華書局本有校勘記：“‘因’字原闕，據殿本補。”

[11]“周顯德五年秋八月”至“至是而卒”：《新五代史·劉晟傳》：“十六年，卜葬域於城北，運甓爲壙，晟親臨視之。是秋卒，年三十九，謚曰文武光聖明孝皇帝，廟號中宗，陵曰昭陵。子鋹立。”

　　鋹，晟長子也。僞封衛王。[1]晟卒，乃襲僞位，時年十七，改元爲大寶。[2]鋹性庸懦，不能治其國，政事咸委於閹官，復有宮人具冠帶、預職官、理外事者，由是綱紀大壞。[3]先是，廣州法性寺有菩提樹一株，高一百四十尺，大十圍，傳云蕭梁時西域僧真諦之所手植，[4]蓋四百餘年矣。皇朝乾德五年夏，[5]爲大風所拔。是歲秋，鋹之寢室屢爲雷震，識者知其必亡。[6]皇朝開寶三年夏，[7]王師始議南征。四年二月五日，王師壓廣州，鋹盡焚其府庫，將赴火而死。既而不能引決，尋爲王師所擒，舉族遷於京師。皇上赦而不誅，仍賜爵爲恩赦侯，其後事具皇家日曆。[8]陟始自梁貞明三年僭號，歷三世四主，至皇朝開寶四年，凡五十五年而亡。[9]
《永樂大典》卷九千九十九。

[1]僞封衛王：《輯本舊史》之影庫本粘籤："衛王，原本作'僞王'，今從《十國春秋》改正。"見《十國春秋》卷六〇《南漢三・後主本紀》。

[2]大寶：南漢後主劉鋹年號（958—971）。　"鋹，晟長子也"至"改元爲大寶"：《新五代史》卷六五《劉鋹傳》："鋹，初名繼興，封衛王。晟卒，以長子立，改元曰大寶。"《通鑑》卷二九四顯德五年（958）八月辛巳條："南漢中宗殂，長子繼興即帝位，更名鋹，改元大寶。鋹年十六，國事皆決於宦官玉清宮使龔澄樞及女侍中盧瓊仙等，臺省官備位而已。"

[3]"鋹性庸懦"至"由是綱紀大壞"：《新五代史・劉鋹傳》："晟性剛忌，不能任臣下，而獨任其嬖倖宦官、宮婢延遇、瓊仙等。至鋹尤愚，以謂羣臣皆自有家室，顧子孫，不能盡忠，惟宦者親近可任，遂委其政於宦者龔澄樞、陳延壽等，至其羣臣有欲用者，皆閹然後用。澄樞等既專政，鋹乃與宮婢波斯女等淫戲後宮，不復出省事。延壽又引女巫樊胡子，自言玉皇降胡子身。鋹於内殿設帳幄，陳寶貝，胡子冠遠遊冠，衣紫霞裾，坐帳中宣禍福，呼鋹爲太子皇帝，國事皆決於胡子，盧瓊仙、龔澄樞等爭附之。胡子乃爲鋹言：'澄樞等皆上天使來輔太子，有罪不可問。'尚書左丞鍾允章參政事，深嫉之，數請誅宦官，宦官皆仄目。二年，鋹祀天南郊，前三日，允章與禮官登壇，四顧指麾，宦者許彦真望見之曰：'此謀反爾！'乃拔劍升壇，允章迎叱之，彦真馳走，告允章反。鋹下允章獄，遣禮部尚書薛用丕治之。允章與用丕有舊，因泣下曰：'吾今無罪，自誣以死固無恨，然吾二子皆幼，不知父冤，俟其長，公可告之。'彦真聞之，罵曰：'反賊欲使而子報仇邪?'復入白鋹，

并捕二子繫獄，遂族誅之。陳延壽謂鋹曰：'先帝所以得傳陛下者，由盡殺群弟也。' 勸鋹稍誅去諸王。鋹以爲然，殺其弟桂王璇興。是歲，建隆元年也。鋹將邵廷琄言於鋹曰：'漢乘唐亂，居此五十年，幸中國有故，干戈不及，而漢益驕於無事，今兵不識旗鼓，而人主不知存亡。夫天下亂久矣，亂久而治，自然之勢也。今聞真主已出，必將盡有海內，其勢非一天下不能已。' 勸鋹修兵爲備，不然，悉珍寶奉中國，遣使以通好。鋹懵然莫以爲慮，惡廷琄言直，深恨之。四年，芝菌生宮中，野獸觸寢門，苑中羊吐珠，井旁石自立，行百餘步而仆，樊胡子皆以符瑞諷群臣入賀。五年，鋹以宦者李托養女爲貴妃，專寵。托爲内太師，居中專政。許彥真既殺鍾允章，惡龔澄樞等居己上，謀殺之。澄樞使人告彥真反，族誅之。七年，王師南伐，克郴州，晟所遣將暨彥贇與其刺史陸光圖皆戰死，餘衆退保韶州。鋹始思廷琄言，遣廷琄以舟兵出洭口抗王師。會王師退舍，廷琄訓士卒，修戰備，嶺人倚以爲良將。有譖者投無名書言廷琄反，鋹遣使者賜死；士卒排軍門見使者，訴廷琄無反狀，不能救，爲立祠於洭口。八年，交州吳昌文卒，其佐吕處玶與峰州刺史喬知祐爭立，交趾大亂，驩州丁璉舉兵擊破之，鋹授璉交州節度。"自"至鋹尤愚"至"皆闒然後用"一段及"尚書左丞鍾允章參政事"至"遂族誅之"一段，亦見《通鑑》卷二九四顯德六年(959)十一月壬寅、辛亥條。

[4]蕭梁：即南朝梁朝。蕭衍於 502 年建立，557 年被陳霸先陳朝取代。　真諦：人名。南朝梁僧人。本書僅此一見。

[5]乾德：宋太祖趙匡胤年號（963—968）。

[6]"先是"至"識者知其必亡"：《新五代史》卷六五："九年，南海民妻生子兩首四臂。是時，太祖皇帝詔李煜諭鋹使稱臣，鋹怒，囚煜使者龔慎儀。"大寶九年爲宋乾德四年（966）。

[7]開寶：宋太祖趙匡胤年號（968—976）。

[8]"皇朝開寶三年夏"至"其後事具皇家日曆"：《新五代史·劉鋹傳》："十三年，詔潭州防禦使潘美出師，師次白霞。鋹遣

龔澄樞守賀州、郭崇岳守桂州、李托守韶州以備。是歲秋，潘美平賀州，十月平昭州，又平桂州，十一月平連州。鋹喜曰：‘昭、桂、連、賀，本屬湖南，今北師取之，足矣，其不復南也。’其愚如此。十二月平韶州。開寶四年正月，平英、雄二州，鋹將潘崇徹先降。師次瀧頭，鋹遣使請和，求緩師。二月，師度馬逕，鋹遣其右僕射蕭漼奉表降。漼行，鋹惶迫，復令整兵拒命。美等進師，鋹遣其弟祥王保興率文武詣美軍降，不納。龔澄樞、李托等謀曰：“北師之來，利吾國寶貨爾，焚爲空城，師不能駐，當自還也。”乃盡焚其府庫、宮殿。鋹以海舶十餘，悉載珍寶、嬪御，將入海，宦官樂範竊其舟以逃歸。師次白田，鋹素衣白馬以降。獻俘京師，赦鋹爲左千牛衛大將軍，封恩赦侯。其後事具國史。”

[9]“陜始自梁貞明三年借號”至“凡五十五年而亡”：《新五代史》卷六五注：“隱興滅年世，諸書皆同。蓋自唐天祐二年隱爲廣州節度使，至皇朝開寶四年國滅，凡六十七年。《舊五代史》以梁貞明三年龔借號爲始，故曰五十五年爾。”

劉崇

劉崇，太原人，漢高祖之從弟也。[1]少無賴，好陸博意錢之戲。[2]弱冠隸河東軍。[3]唐長興中，遷號州軍校。[4]漢祖鎮并汾，奏爲河東步軍都指揮使。[5]逾年，授麟州刺史，復爲河東馬步軍都指揮使兼三城巡檢使，[6]遙領泗州防禦使。[7]漢祖起義於河東，以崇爲特進、[8]檢校太尉、行太原尹。[9]是歲五月，漢祖南行，以崇爲北京留守，[10]尋加同平章事。[11]隱帝嗣位，[12]加檢校太師、兼侍中。乾祐二年九月，加兼中書令。[13]時漢隱帝以幼年在位，政在大臣，崇亦招募亡命，繕完兵甲，爲自全之計，朝廷命令，多不稟行，徵斂一方，略無虛日，人甚苦之。[14]三年十一月，隱帝遇害，朝廷議立崇之子徐州節度使贇爲主，會周太祖爲軍衆所推，[15]降封贇爲湘陰公。崇乃遣牙將李聳奉書求贇歸藩，會贇已死，唯以優辭答之。[16]

[1]漢高祖：後漢開國皇帝劉知遠。太原（今山西太原市）人，沙陀部人。紀見本書卷九九至卷一〇〇及《新五代史》卷一〇。　劉崇，太原人，漢高祖之從弟也：《新五代史》卷七〇《劉旻傳》："漢高祖母弟也。初名崇，爲人美鬚髯，目重瞳子。"

[2]陸博：亦作"六博""六簿"。一種賭博游戲。　意錢：一種賭博游戲。

[3]河東：方鎮名。治所在太原（今山西太原市）。

[4]長興：後唐明宗李嗣源年號（930—933）。　虢州：州名。治所在今河南靈寶市。

[5]步軍都指揮使：官名。五代時藩鎮步軍之長官。五代軍隊編制，五百人爲一指揮，設指揮使、副指揮使；十指揮爲一軍，設都指揮使、副都指揮使。

[6]麟州：州名。治所在今陝西神木縣。　三城巡檢使：官名。五代始置，設於京師、陪都、重要的州及邊防重鎮。《輯本舊史》之影庫本粘籤："三城，原本作'三成'，今據《通鑑》改正。"查《通鑑》有關劉崇各條，未見。

[7]遥領：雖居此官職，然實際上並不赴任。　泗州：州名。治所在今江蘇泗洪縣東南。　防禦使：官名。唐代始置，設有都防禦使、州防禦使兩種。常由刺史或觀察使兼任，實際上爲唐代後期州或方鎮的軍政長官。

[8]特進：官名。西漢末期始置，授給列侯中地位較特殊者。隋唐時期，特進爲散官，授給有聲望的文武官員。正二品。

[9]太原尹：官名。唐開元十一年（723）改并州爲太原府，治所在今山西太原市。太原尹總其政務。從三品。　"漢祖起義於河東"至"行太原尹"：《輯本舊史》卷九九《漢高祖紀上》天福十二年（947）三月庚戌條："帝以北京馬步軍都指揮使、泗州防禦使、檢校太保劉崇爲太原尹、檢校太尉。"

[10]北京：即太原府。治所在今山西太原市。　留守：官名。古代皇帝出巡或親征時指定親王或大臣留守京城，綜理國家軍事、行政、民事、財政等事務，稱京城留守。在陪都或軍事重鎮也常設留守，以地方長官兼任。

[11]"是歲五月"至"尋加同平章事"：《輯本舊史》卷一〇〇《漢高祖紀下》天福十二年五月甲午條："以判太原府事劉崇爲北京留守。"同年六月壬申條："北京留守劉崇加同平章事。"

[12]隱帝：即後漢隱帝劉承祐。後漢高祖劉知遠次子。紀見本書卷一〇一至卷一〇三、《新五代史》卷一〇。

[13]乾祐：後漢高祖劉知遠、隱帝劉承祐年號（948—950）。北漢亦用此年號。　"隱帝嗣位"至"加兼中書令"：《輯本舊史》卷一〇一《漢隱帝紀上》乾祐元年三月丙辰條："北京留守、檢校太尉、同平章事劉崇……加檢校太師、兼侍中。"同書卷一〇二《漢隱帝紀中》乾祐二年（949）九月乙卯條："北京劉崇加兼中書令。"《通鑑》卷二八八乾祐二年九月乙卯條："加河東節度使劉崇兼中書令。"

[14]"時漢隱帝以幼年在位"至"人甚苦之"：《新五代史》卷七〇："隱帝少，政在大臣，周太祖爲樞密使，新討三叛，立大功，而與旻素有隙，旻頗不自安，謂判官鄭珙曰：'主上幼弱，政在權臣，而吾與郭公不叶，時事如何？'珙曰：'漢政將亂矣！晋陽兵雄天下，而地形險固，十州征賦足以自給。公爲宗室，不以此時爲計，後必爲人所制。'旻曰：'子言乃吾意也。'乃罷上供征賦，收豪傑，籍丁民以益兵。"

[15]徐州：州名。治所在今江蘇徐州市。　周太祖：五代後周

開國皇帝郭威。邢州堯山（今河北隆堯縣）人。紀見本書卷一一〇至卷一一三、《新五代史》卷一一。

[16]李晏（biàn）：人名。籍貫不詳。五代後漢將領。事見本書本卷。　“三年十一月”至“唯以優辭答之”：《新五代史》卷七〇：“三年，周太祖起魏，隱帝遇弒，旻乃謀舉兵。周太祖之自魏入也，反狀已白，而漢大臣不即推尊之，故未敢即立，乃白漢太后，立旻子贇爲漢嗣，遣宰相馮道迎贇于徐州。當是時，人皆知太祖之非實意也，旻獨喜曰：‘吾兒爲帝矣，何患！’乃罷兵，遣人至京師。周太祖少賤，黥其頸上爲飛雀，世謂之‘郭雀兒’。太祖見旻使者，具道所以立贇之意，因自指其頸以示使者曰：‘自古豈有雕青天子？幸公無以我爲疑。’旻喜，益信以爲然。太原少尹李驤曰：‘郭公舉兵犯順，其勢不能爲漢臣，必不爲劉氏立後。’因勸旻以兵下太行，控孟津以俟變，庶幾贇得立，贇立而罷兵可也。旻大罵曰：‘驤腐儒，欲離間我父子！’命左右牽出斬之。驤臨刑歎曰：‘吾爲愚人畫計，死誠宜矣！然吾妻病，不可獨存，願與之俱死。’旻聞之，即并戮其妻于市，以其事白漢，以明無佗。已而周太祖果代漢，降封贇湘陰公。旻遣牙將李晏奉書周太祖，求贇歸太原，而贇已死。旻慟哭，爲李驤立祠，歲時祠之。”《輯本舊史》卷一一〇《周太祖紀一》廣順元年（951）正月癸酉條：“北京留守劉崇遣押牙鞏廷美致書，求劉贇歸藩。帝報曰：‘朕在澶州之時，軍情推戴之際，先差來直省李光美備見，必想具言，而況遐邇所聞，在後盡當知悉。湘陰公比在宋州駐泊，見令般取赴京，但勿憂疑，必令得所。惟公在彼，固請安心，若能同力扶持，別無顧慮，即當便封王爵，永鎮北門，鐵券丹書，必無愛惜。其諸情素，並令來人口宣。’”亦見《通鑑》卷二九〇廣順元年正月癸酉條。

周廣順元年正月，[1]崇借號於河東，稱漢，改名旻，仍以乾祐爲年號，署其子承鈞爲侍衛親軍都指揮使、[2]

太原尹，以判官鄭珙、趙華爲宰相，[3]副使李瓌、代州刺史張暉爲腹心，[4]尋遣承鈞率兵攻晉、隰二州，[5]不克而退。[6]九月，崇自領兵由陰地關寇晉州，乞師於契丹，契丹以五萬騎助之，合兵以攻平陽，又分兵寇昭義。[7]周太祖遣樞密使王峻等率大軍以援晉絳，[8]崇聞周師至，遂焚營而遁。是歲，晉絳大雪，崇駐軍六十餘日，邊民走險自固，兵無所掠，士有饑色，比至太原，十亡三四。二年二月，崇遣兵三千餘衆寇府州，爲折德扆所破，[9]其所部岢嵐軍爲德扆所取。[10]崇自僭稱之後，[11]以重幣求援於契丹，[12]仍稱姪以事之，契丹僞册崇爲英武皇帝。[13]及周世宗嗣位，[14]崇復乞師於契丹，以圖入寇，契丹遣將楊袞合勢大舉，來迫潞州。[15]

[1]廣順：五代後周太祖郭威年號（951—953）。

[2]承鈞：人名。即劉承鈞。劉旻次子，五代十國北漢君主。傳見本書本卷、《新五代史》卷七〇。　侍衛親軍都指揮使：官名。五代時侍衛親軍長官。多爲皇帝親信。

[3]鄭珙：人名。籍貫不詳。官至後漢宰相，後出使契丹飲酒而亡。事見本書本卷。中華書局本有校勘記：“原作‘鄭拱’，據劉本、《新五代史》卷七〇《東漢世家》、《通鑑》卷二九〇、《宋史》卷四八二《北漢劉氏世家》改。”　趙華：人名。籍貫不詳。五代十國北漢官員。事見本書本卷。

[4]李瓌：人名。籍貫不詳。北漢官員。本書僅此一見。　代州：州名。治所在今山西代縣。　張暉：人名。籍貫不詳。北漢官員。本書僅此一見。　“周廣順元年正月”至“代州刺史張暉爲腹心”：《新五代史》卷七〇《劉旻傳》：“周廣順元年正月戊寅即皇帝位于太原，以子承鈞爲太原尹，判官鄭珙、趙華爲宰相，都押

衛陳光裕爲宣徽使，遣通事舍人李諤間行使於契丹。"《通鑑》卷二九○廣順元年（951）正月戊寅條："殺湘陰公（劉贇）於宋州。是日，劉崇即皇帝位於晉陽，仍用乾祐年號，所有者并、汾、忻、代、嵐、憲、隆、蔚、沁、遼、麟、石十二州之地。以節度判官鄭珙爲中書侍郎，觀察判官滎陽趙華爲戶部侍郎，並同平章事。以次子承鈞爲侍衛親軍都指揮使、太原尹，以節度副使李存瓌爲代州防禦使，裨將武安張元徽爲馬步軍都指揮使，陳光裕爲宣徽使。北漢主謂李存瓌、張元徽曰：'朕以高祖之業一朝墜地，今日位號，不得已而稱之。顧我是何天子，汝曹是何節度使邪！'由是不建宗廟，祭祀如家人，宰相月俸止百緡，節度使止三十緡，自餘薄有資給而已，故其國中少廉吏。"參見明本《册府》卷六六《帝王部·發號令門五》廣順元年正月丙戌條周太祖敕書。

[5]晉：州名。治所在今山西臨汾市。 隰：州名。治所在今山西隰縣。

[6]尋遣承鈞率兵攻晉、隰二州，不克而退：《輯本舊史》卷一一一《周太祖紀二》廣順元年二月丙午條："晉州王晏奏，河東劉崇遣僞招討使劉鈞、副招討使白截海，率步騎萬餘人來攻州城，以今月五日五道齊攻，率州兵拒之，賊軍傷死甚衆。"《通鑑》卷二九○廣順元年正月丁亥條："初，契丹主北歸，橫海節度使潘聿撚棄鎮隨之，契丹主以聿撚爲西南路招討使。及北漢主立，契丹主使聿撚遺劉承鈞書；北漢主使承鈞復書，稱：'本朝淪亡，紹襲帝位，欲循晉室故事，求援北朝。'契丹主大喜。北漢主發兵屯陰地、黃澤、團柏。丁亥，以承鈞爲招討使，與副招討使白從暉、都監李存瓌將步騎萬人寇晉州。"同年二月戊戌條："北漢兵五道攻晉州，節度使王晏閉城不出。劉承鈞以爲怯，蟻附登城；晏伏兵奮擊，北漢兵死傷者千餘人。承鈞遣副兵馬使安元寶焚晉州西城，元寶來降。承鈞乃移軍攻隰州。"同月癸卯條："隰州刺史許遷遣步軍都指揮使孫繼業迎擊北漢兵於長壽村，執其將程筠等，殺之。未幾，北漢兵攻州城，數日不克，死傷甚衆，乃引去。"同月丁巳條："北漢

主遣通事舍人李晋使于契丹，乞兵爲援。”同年四月條：“契丹主遣使如北漢，告以周使田敏來，約歲輸錢十萬緡。北漢主使鄭珙以厚賂謝契丹，自稱‘姪皇帝致書於叔天授皇帝’，請行册禮。”同年六月條：“契丹遣燕王述軋等册命北漢主爲大漢神武皇帝，妃爲皇后。北漢主更名旻。”同年七月條：“北漢主遣翰林學士博興衛融等詣契丹謝册禮，且請兵。”《宋史》卷二五二《王景傳》：“廣順元年，劉崇侵晋州，晏閉關不出，設伏城上。并人以爲怯，競攀堞而登，晏麾伏兵擊之，顛死者甚衆，遂焚橋遁。遣漢倫追北數十里，斬首百餘級。”

〔7〕陰地關：關隘名。位於今山西靈石縣西南。　契丹：古部族、政權名。公元4世紀中葉宇文部爲前燕攻破，始分離而成單獨的部落，自號契丹。唐貞觀中，置松漠都督府，以其首領爲都督。唐末强盛，916年迭剌部耶律阿保機建立契丹國（遼）。先後與五代、北宋並立，保大五年（1125）爲金所滅。參見張正明《契丹史略》，中華書局1979年版。　契丹以五萬騎助之：“五萬”原作“五千”，據《新五代史·劉旻傳》、《通鑑》卷二九〇廣順元年十月丁未條、《契丹國志》卷五《穆宗天順皇帝》、《十國春秋》卷一〇四《北漢一·世祖本紀》改。　平陽：地名。位於今山西臨汾市。　昭義：方鎮名。治所在潞州（今山西長治市）。

〔8〕樞密使：官名。樞密院長官。五代時以士人爲之，備顧問，參謀議，出納詔奏，權侔宰相。參見李全德《唐宋變革期樞密院研究》，國家圖書館出版社2009年版。　王峻：人名。相州安陽（今河南安陽市）人。五代後漢、後周將領。傳見本書卷一三〇、《新五代史》卷五〇。　絳：州名。治所在今山西新絳縣。

〔9〕府州：州名。治所在今陝西府谷縣。　折德扆：人名。府州（今陝西府谷縣）人。其家世居雲中，是控扼西北邊陲的地方豪强。傳見《宋史》卷二五三。《輯本舊史》之影庫本粘籤：“德扆，原本作‘德戾’，今從《歐陽史》改正。”

〔10〕岢嵐軍：地名。治所在今山西岢嵐縣。　“九月”至

"其所部岢嵐軍爲德扆所取"：《新五代史·劉旻傳》："旻遣樞密直學士王得中聘于述律，求兵以攻周。述律遣蕭禹厥率兵五萬助旻。旻出陰地攻晉州，爲王峻所敗。是歲大寒，旻軍凍餒，亡失過半。明年，又攻府州，爲折德扆所敗，德扆因取岢嵐軍。"《輯本舊史》卷一一二《周太祖紀三》廣順元年十月丙午條："晉州巡檢王萬敢奏，河東劉崇入寇，營於州北。"同月辛亥條："潞州奏，河東賊軍寇境。"同月丙辰條："詔樞密使王峻率兵援晉州。"同年十二月戊子條："詔以劉崇入寇，取當月三日暫幸西京。"同月己酉條："王峻奏，劉崇逃遁，王師已入晉州。"《通鑑》卷二九〇廣順元年九月癸亥條："北漢主遣招討使李存瓌將兵自團柏入寇。契丹欲引兵會之，與酋長議於九十九泉。諸部皆不欲南寇，契丹主強之，癸亥，行至新州之西火神淀，燕王述軋及偉王之子太寧王漚僧作亂，弒契丹主而立述軋。契丹主德光之子齊王述律逃入南山，諸部奉述律以攻述軋、漚僧，殺之，并其族黨。立述律爲帝，改元應曆。自火神淀入幽州，遣使告于北漢。北漢主遣樞密直學士上黨王得中如契丹，賀即位，復以叔父事之，請兵以擊晉州。"同年十月丁未條："契丹遣彰國節度使蕭禹厥將奚、契丹五萬會北漢兵入寇；北漢主自將兵二萬自陰地關寇晉州。"同年十二月乙巳條："北漢主攻晉州，久不克。會大雪，民相聚保山寨，野無所掠，軍乏食。契丹思歸，聞王峻至蒙阬，燒營夜遁。峻入晉州，諸將請亟追之，峻猶豫未決。明日，乃遣行營馬軍都指揮使仇弘超、都排陳使藥元福、左厢排陳使陳思讓、康延沼將騎兵追之，及於霍邑，縱兵奮擊，北漢兵墜崖谷死者甚衆。霍邑道隘，延沼畏懦不急追，由是北漢兵得渡。藥元福曰：'劉崇悉發其衆，挾胡騎而來，志吞晉、絳。今氣衰力憊，狼狽而遁。不乘此翦撲，必爲後患。'諸將不欲進，王峻復遣使止之，遂還。契丹比至晉陽，士馬什喪三四。蕭禹厥恥無功，釘大酋長一人於市，旬餘而斬之。北漢主始息意於進取。北漢土瘠民貧，內供軍國，外奉契丹，賦繁役重，民不聊生，逃入周境者甚衆。"同卷廣順二年二月庚子條："北漢遣兵寇府州，防禦使折德扆敗之，殺二千餘人。二月，庚子，德扆奏攻拔北漢岢嵐軍，以兵戍之。”

[11]崇自僭稱之後：中華書局本有校勘記：“‘僭稱’，《通曆》卷一五作‘僭竊’。”

[12]以重幣求援於契丹：中華書局本有校勘記：“‘契丹’下《通曆》卷一五有‘述律’二字。”

[13]契丹僞冊崇爲英武皇帝：中華書局本有校勘記：“‘契丹’，《通曆》卷一五作‘述律’。‘英武’，《通曆》卷一五同，《新五代史》卷七〇《東漢世家》、《通鑑》卷二九〇、《遼史》卷五《世宗紀》、《宋史》卷四八二《北漢劉氏世家》、《劉繼文墓誌》（拓片刊《遼寧省博物館藏碑誌精粹》）作‘神武’。” “崇自僭稱之後”至“契丹僞冊崇爲英武皇帝”：《新五代史·劉旻傳》：“契丹永康王兀欲與旻約爲父子之國，旻乃遣宰相鄭珙致書兀欲，稱姪皇帝，以叔父事之而已。兀欲遣燕王述軋、政事令高勳以冊尊旻爲大漢神武皇帝，並冊旻妻爲皇后。”

[14]周世宗：即柴榮。邢州龍岡（今河北邢臺市）人。後周太祖郭威養子，顯德元年（954）繼郭威爲帝，廟號世宗。紀見本書卷一一四、《新五代史》卷一二。

[15]潞州：州名。治所在今山西長治市。 “及周世宗嗣位”至“來迫潞州”：《輯本舊史》卷一一四《周世宗紀一》顯德元年二月庚戌條：“潞州奏，河東劉崇與契丹大將軍楊衮舉兵南指。”《新五代史·劉旻傳》：“周太祖崩，旻聞之喜，遣使乞兵于契丹。契丹遣楊衮將鐵馬萬騎及奚諸部兵五六萬人，號稱十萬以助旻。旻以張元徽爲先鋒，自將騎兵三萬攻潞州。潞州李筠遣穆令鈞以步騎三千拒元徽于太平驛，元徽擊敗之，遂圍潞州。”《通鑑》卷二九一顯德元年二月條：“北漢主聞太祖晏駕，甚喜，謀大舉入寇，遣使請兵于契丹。二月，契丹遣其武定節度使、政事令楊衮將萬餘騎如晋陽。北漢主自將兵三萬，以義成節度使白從暉爲行軍都部署，武寧節度使張元徽爲前鋒都指揮使，與契丹自團柏南趣潞州。”

顯德元年三月，周世宗親征，與崇戰於高平，[1]大敗之。崇與親騎十數人踰山而遁，中夜迷懵，不知所適，劫村民使爲鄉導，誤趨晉州路，行百餘里方覺。崇怒，殺鄉導者，得佗路而去，乃易名號，被毛褐、張樺笠而行。至沁州，[2]與從者三五騎止於郊舍，寒餒尤甚，潛令告僞刺史李廷誨，[3]廷誨饋盤飧、解衣裘而與之。每至屬邑，縣吏奉食，匕箸未舉，聞周師至，即蒼黃而去。崇年老力憊，伏於馬上，日夜奔竄，僅能支持。距太原一舍，其子承鈞夜以兵百人迎之而入。及周師臨城下，崇氣懾，自固閉壘不出。月餘，世宗乃旋軍。[4]

[1]高平：縣名。治所在今山西高平市。

[2]沁州：州名。治所在今山西沁源縣。

[3]李廷誨：人名。籍貫不詳。五代十國北漢官員。事見本書本卷。

[4]"顯德元年三月"至"世宗乃旋軍"：《輯本舊史》卷一一四《周世宗紀一》顯德元年（954）三月丁丑條："潞州奏，河東劉崇入寇，兵馬監押穆令均部下兵士爲賊軍所襲，官軍不利。"《新五代史》卷七〇《劉旻傳》："是時，世宗新即位，以謂旻幸周有大喪，而天子新立，必不能出兵，宜自將以擊其不意。自宰相馮道等多言不可，世宗意甚銳。顯德元年三月親征，甲午，戰于高平，李重進、白重贊將左，樊愛能、何徽將右，向訓、史彥超居中軍，張永德以禁兵衛蹕。旻亦列爲三陣，張元徽居東偏，楊袞居西偏，旻居其中。袞望周師，謂旻曰：'勍敵也，未可輕動。'旻奮髯曰：'時不可失，無妄言也！'袞怒而去。旻號令東偏先進，王得中叩馬諫曰：'南風甚急，非北軍之利也，宜少待之。'旻怒曰：'老措大，毋妄沮吾軍！'即麾元徽，元徽擊周右軍，兵始交，愛能、徽退走，

其騎軍亂，步卒數千棄甲叛降元徽，呼萬歲聲振川谷。世宗大駭，躬督戰士，士皆奮命爭先，而風勢愈盛，旻自麾赤幟收軍，軍不可遏，旻遂敗。日暮，旻收餘兵萬人阻澗而止。是時，周之後軍，劉詞將之，在後未至，而世宗鋭於速戰。戰已勝，詞軍繼至，因乘勝追擊之，旻又大敗，輜重器甲、乘輿服禦物皆爲周師所獲。旻獨乘契丹黄騮，自鵰窠嶺間道馳去，夜失道山谷間，得村民爲鄉導，誤趨平陽，得佗道以歸，而張元徽戰殁于陣。楊衮怒旻，按兵西偏不戰，故獨全軍而返。旻歸，爲黄騮治廐，飾以金銀，食以三品料，號‘自在將軍’。”《通鑑》卷二九一顯德元年三月癸巳條：“癸巳，前鋒與北漢軍遇，擊之，北漢兵却；帝慮其遁去，趣諸軍亟進。北漢主以中軍陳於巴公原，張元徽軍其東，楊衮軍其西，衆頗嚴整。時河陽節度使劉詞將後軍未至，衆心危懼，而帝志氣益鋭，命白重進與侍衛馬步都虞候李重進將左軍居西，樊愛能、何徽將右軍居東，向訓、史彦超將精騎居中央，殿前都指揮使張永德將禁兵衛帝。帝介馬自臨陳督戰。北漢主見周軍少，悔召契丹，謂諸將曰：‘吾自用漢軍可破也，何必契丹！今日不惟克周，亦可使契丹心服。’諸將皆以爲然。楊衮策馬前望周軍，退謂北漢主曰：‘勍敵也，未可輕進！’北漢主奮頷曰：‘時不可失，請公勿言，試觀我戰。’衮默然不悦。時東北風方盛，俄而忽轉南風，北漢副樞密使王延嗣使司天監李義白北漢主云：‘時可戰矣。’北漢主從之。樞密直學士王得中扣馬諫曰：‘義可斬也！風勢如此，豈助我者邪！’北漢主曰：‘吾計已决，老書生勿妄言，且斬汝！’麾東軍先進，張元徽將千騎擊周右軍。合戰未幾，樊愛能、何徽引騎兵先遁，右軍潰；步兵千餘人解甲呼萬歲，降于北漢。帝見軍勢危，自引親兵犯矢石督戰。太祖皇帝時爲宿衛將，謂同列曰：‘主危如此，吾屬何得不致死！’又謂張永德曰：‘賊氣驕，力戰可破也！公麾下多能左射者，請引兵乘高出爲左翼，我引兵爲右翼以擊之。國家安危，在此一舉！’永德從之，各將二千人進戰。太祖皇帝身先士卒，馳犯其鋒，士卒死戰，無不一當百，北漢兵披靡。内殿直夏津馬仁瑀謂衆曰：'使乘輿受敵，安用我輩！'躍馬引弓大呼，連斃數十人，士氣益振。殿前右番行首馬全义言於帝曰：'賊勢極矣，將爲我擒，願陛下按轡勿動，徐觀諸將破之。'即引數百騎進陷陳。北漢主知帝自臨陳，褒賞張元徽，趣使乘勝進兵。元徽前略陳，馬倒，爲周兵所殺。元徽，北漢之驍將也，北軍由是奪氣。時南風益盛，周兵爭奮，北漢兵大敗，北漢主自舉赤幟以收兵，不能止。楊衮畏周兵之强，不敢救，且恨北漢主之語，全軍而退。樊愛能、何徽引數千騎南走，控弦露刃，剽掠輜重，役徒驚走，失亡甚多。帝遣近臣及親軍校追諭止之，莫肯奉詔，使者或爲軍士所殺，揚言：'契丹大至，官軍敗績，餘衆已降虜矣。'劉詞遇愛能等於塗，愛能等止之，詞不從，引兵而北。時北漢主尚有餘衆萬餘人，阻澗而陳，薄暮，詞至，復與諸軍擊之，北漢兵又敗，殺王延嗣，追至高平，僵尸滿山谷，委棄御物及輜重、器械、雜畜不可勝紀……北漢主自高平被褐戴笠，乘契丹所贈黃騮，帥百餘騎由雕窠嶺遁歸，宵迷，俘村民爲導，誤之晉州，行百餘里，乃覺之，殺導者；晝夜北走，所至，得食未舉筯，或傳周兵至，輒蒼黃而去。北漢主衰老力憊，伏於馬上，晝夜馳驟，殆不能支，僅得入晉陽。"同書卷二九二顯德元年五月條："北漢主憂憤成疾，悉以國事委其子侍衛都指揮使承鈞。"同年七月條："初，帝與北漢主相拒于高平，命前澤州刺史李彥崇將兵守江豬嶺，遏北漢主歸路；彥崇聞樊愛能等南遁，引兵退，北漢主果自其路遁去。"

顯德二年十一月，崇以病死，其子承鈞襲僞位。[1]鈞之事跡，具皇家日曆。《永樂大典》卷九千九十九。

[1]"顯德二年十一月"至"其子承鈞襲僞位"：《輯本舊史》卷一一五《周世宗紀二》顯德二年（955）十一月己未條："邢州奏，河東劉崇死。"此句《輯本舊史》之原輯者案語："《通鑑》作

顯德元年十一月，北漢主殂，遣使告於契丹。《考異》引王保衡《見聞要錄》《劉繼顒神道碑》爲據，疑《薛史》作二年爲誤。今考《遼史·穆宗紀》，應曆五年十一月，漢主崇殂。應曆五年即周廣順二年也，與《薛史》合，蓋《薛史》《遼史》皆以實錄爲據也。《五代春秋》亦作二年。"參見《通鑑》卷二九二顯德元年十一月條及《考異》。

　　史臣曰：守光逆天反道，從古所無，迨至臨刑，尚求免死，非唯惡之極也，抑亦愚之甚也。劉晟據南極以稱雄，屬中原之多事，洎乎奕世，遇我昌朝，力憊而亡，不泯其嗣，亦其幸也。劉崇以亡國之餘，竊僭王之號，多見其不知量也。今元惡雖斃，遺孽尚存，勢蹙民殘，不亡何待！《永樂大典》卷九千九十九。

舊五代史　卷一三六

僭僞列傳第三

王建[1]　子衍　養子宗弼　宗壽

[1]王建：《輯本舊史》之影庫本粘籤："《王建傳》，《永樂大典》闕佚。今考《册府元龜·僭僞門》所引《薛史》，於王建事迹頗具首尾，今次第連綴，仍標明《册府元龜》卷數，以資考覈焉。謹附識于此。"

王建，字光圖，陳州項城人也。[1]父慶，里之豪右。[2]建爲人隆眉廣顙，狀貌偉然。少無賴，以屠牛、盜驢、販私鹽爲事，里人謂之"賊王八"。[3]身長七尺。少與晉暉輩以剽盜爲事，被重罪，繫許昌，[4]而獄吏縱之使去。武當僧處洪謂曰：[5]"子骨相異常，貴不可言，何自陷爲盜？"建感其言，因隸軍於忠武，[6]而節度使杜審權拔爲列校。[7]

[1]陳州：州名。治所在今河南淮陽縣。　項城：縣名。治所在今河南沈丘縣。

[2]"王建字光圖"至"里之豪右"：明本《册府》卷二一九《僭僞部·姓系門》。《新五代史》卷六三《前蜀世家》稱其爲"許

州舞陽人”，《通鑑》卷二五四中和元年（881）五月條同。《蜀檮杌》卷上云：“其先潁川郾城人。”

〔3〕“建爲人隆眉廣顙”至“里人謂之‘賊王八’”：《新五代史》卷六三《前蜀世家》。明本《册府》卷二二〇《僭僞部·形貌門》“隆眉廣顙”下有“龍睛虎視”四字。明本《册府》卷二二〇《僭僞部·才藝門》云其“機畧拳勇，出於流輩”。

〔4〕晉暉：人名。許州（今河南許昌市）人。五代十國藩鎮將領。事見本書本卷、《舊唐書》卷一九下。　　許昌：地名。位於今河南許昌市。

〔5〕武當：地名。位於今湖北丹江口市西北。　　處洪：人名。唐末僧人。本書僅此一見。

〔6〕忠武：方鎮名。貞元十年（794）以陳許節度使爲忠武軍，治所在許州（今河南許昌市）。天復元年（901）移治陳州（今河南淮陽縣）。

〔7〕節度使：官名。唐時在重要地區所設掌握一州或數州軍、民、財政的長官。　　杜審權：人名。京兆（今陝西西安市）人。唐懿宗朝宰相。傳見《舊唐書》卷一七七、《新唐書》卷九六。“身長七尺”至“而節度使杜審權拔爲列校”：《蜀檮杌》卷上。明本《册府》卷二二〇《僭僞部·形貌門》：“嘗於武當山遇僧處，嘗謂建曰：‘子骨相甚貴，何不從軍，自求豹變，而乃區區爲盜，掇賊之號？’”《太平廣記》卷二二四《相四·僧處弘》引《北夢瑣言》云：“僧處弘習禪於武當山，王建微時販鹽於均、房間，仍行小竊，號曰賊王八。處弘見而勉之曰：‘子他日位極人臣，何不從戎。別圖功業，而夜遊晝伏，沾賊之號乎？’建感之，投忠武軍。後建在蜀，弘擁門徒入蜀。爲搆精舍以安之，即弘覺禪院也。”

　　咸通中，從討王仙芝有功。[1]所乘馬死，剖之，得一小蛇於心間，私自異之。[2]秦宗權據蔡州，[3]懸重賞以募之，建始自行間得補軍候。[4]廣明中，黃巢陷長安，僖宗幸蜀。[5]時梁祖爲巢將，領衆攻襄、鄧，[6]宗權遣小校鹿晏弘從監軍楊復光率師攻之，[7]建亦預行。是歲，復光入援京師。明年，破賊，收京城。初，復光以忠武軍八千人立爲八都，晏弘與建各一都校也。復光死，晏弘率八都迎扈行在，[8]至山南，[9]乃攻剽金、商諸郡縣，[10]得兵數萬，進逼興元，[11]節度使牛叢棄城而去，[12]晏弘因自爲留後，[13]以建等爲屬郡刺史，[14]不令之任。俄而晏弘正授節旄，[15]恐部下謀己，多行忍虐，繇是部衆離心。建與別將韓建友善，[16]晏弘益猜二建，僞待之厚，引入臥内。二建懼，夜登城慰守陴者，因月下共謀所向，謂韓建曰："僕射甘言厚德，意疑我也，禍難無日矣，早宜擇利而行。"韓曰："善。"因率三千人趨行在，僖宗嘉之，賜與巨萬。分其兵爲五都，仍以舊校主之，即晉暉、李師泰、張造與二建也，[17]因號曰"隨駕五都"，田令孜皆録爲假子。[18]及僖宗還宮，建等分典神策軍，[19]皆遥領刺史。[20]

[1]咸通：唐懿宗李漼年號（860—874）。　咸通中：據《通曆》卷一五《僭僞·王建》補。　王仙芝：人名。濮州（今山東鄄城縣）人。唐末農民軍領袖。事見《舊唐書》卷一九下，《新唐書》卷九。

[2]"咸通中"至"私自異之"：《蜀檮杌》卷上。《新五代史》卷六三《前蜀世家》云："後爲忠武軍卒，稍遷隊將。"

[3]秦宗權：人名。許州（今河南許昌市）人。唐末軍閥。傳見《舊唐書》卷二〇〇下、《新唐書》卷二二五下。　蔡州：州

名。治所在今河南汝南縣。

[4]軍候：官名。低級武官。

[5]廣明：唐僖宗李儇年號（880—881）。　黄巢：人名。曹州冤句（今山東菏澤市）人。唐末農民起義領袖。傳見《舊唐書》卷二〇〇下、《新唐書》卷二二五下。　長安：地名。位於今陝西西安市。　僖宗：即唐僖宗李儇，873年至888年在位。紀見《舊唐書》卷一九下、《新唐書》卷九。　蜀：地區名。指今四川。

[6]梁祖：即五代後梁太祖朱温。宋州碭山（今安徽碭山縣）人。紀見本書卷一至卷七、《新五代史》卷一至卷二。　襄：州名。治所在今湖北襄陽市。　鄧：州名。治所在今河南鄧州市。

[7]鹿晏弘：人名。籍貫不詳。唐末軍閥。事見《舊唐書》卷一九下。　監軍：官名。爲臨時差遣，代表朝廷協理軍務，督察將帥。五代時常以宦官爲監軍。　楊復光：人名。閩（今福建福州市）人。唐末、五代軍閥。傳見《舊唐書》卷一八四、《新唐書》卷二〇七。

[8]行在："行在所"的簡稱。指古代帝王所在的地方。後以此專指皇帝所到的地方。

[9]山南：方鎮名。即山南東道。治所在襄州（今湖北襄陽市）。

[10]金：州名。治所在今陝西安康市。　商：州名。治所在今陝西商洛市商州區。

[11]興元：府名。治所在今陝西漢中市。

[12]牛叢：人名。一作"牛勗"。籍貫不詳。唐末軍閥。事見《舊唐書》卷一九上、《新唐書》卷二二二中。

[13]留後：官名。唐、五代節度使多以子弟或親信爲留後，以代行節度使職務，亦有軍士、叛將自立爲留後者。掌一州或數州軍政。

[14]刺史：官名。漢武帝時始置。州一級行政長官，總掌考覈官吏、勸課農桑、地方教化等事。唐中期以後，節度、觀察使轄州而設，刺史爲其屬官，職任漸輕。從三品至正四品下。

〔15〕節旄：亦作"節氂"。古代符節上所飾的旄牛尾。此處代指節度使。

〔16〕韓建：人名。許州長社（今河南許昌市）人。唐末、五代軍閥。傳見本書卷一五、《新五代史》卷四〇。

〔17〕李師泰：人名。籍貫不詳。唐末將領。事見《通鑑》卷二五六。　張造：人名。籍貫不詳。唐末將領。事見《通鑑》卷二五六。

〔18〕田令孜：人名。本姓陳。蜀人。唐末宦官。傳見《舊唐書》卷一八四、《新唐書》卷二〇八。

〔19〕神策軍：唐後期禁軍之一，以宦官爲統帥，並由其控制的軍隊。天寶十三載（754），唐王朝爲防吐蕃内擾而設。唐朝末年，神策軍大都卷入宦官集團與朝官的鬥爭，唐亡即廢。

〔20〕"秦宗權據蔡州"至"皆遥領刺史"：明本《册府》卷二二三《僭僞部・勳伐門三》。廣明僅一年，不當言"中"。《通鑑》卷二五四中和元年（881）五月條云："時秦宗權據蔡州，不從岌命，復光將忠武兵三千詣蔡州，説宗權同舉兵討巢。宗權遣其將王淑將兵三千從復光擊鄧州，逗留不進，復光斬之，併其軍，分忠武八千人爲八都，遣牙將鹿晏弘、晋暉、王建、韓建、張造、李師泰、龐從等八人將之。"

光啓元年，[1]令孜與河中王重榮有隙，[2]移鎮易、定，[3]重榮遂舉兵向闕。二年正月，僖宗再幸興元，以建爲清道使，[4]負玉璽以從。至當塗驛，而邠寧李昌符、朱玫等遣人焚棧道，[5]建翼僖宗過於煙焰中。夜宿阪下，僖宗枕建膝而寢，賜以金券。[6]至褒中，以建遥領壁州刺史。[7]三月，遣王建帥部兵戍三泉。[8]令孜懼禍，求爲西川監軍，[9]以楊復恭代爲觀軍容使。[10]復恭慮建不附己，出爲利州防禦使。[11]

[1]光啓：唐僖宗李儇年號（885—888）。

[2]河中：方鎮名。治所在河中府（今山西永濟市）。　王重榮：人名。太原祁（今山西祁縣）人。唐末、五代軍閥。傳見《舊唐書》卷一八二、《新唐書》卷一八七。

[3]易：州名。治所在今河北易縣。　定：州名。治所在今河北定州市。

[4]清道使：官名。中國古代皇帝出巡時的侍從官，多掌禮儀之職。

[5]邠甯：方鎮名。治所在邠州（今陝西彬縣）。　李昌符：人名。籍貫不詳。唐末軍閥，接替其兄李昌言任鳳翔軍節度使。事見《舊唐書》卷一九下、《通鑑》卷二五六。　朱玫：人名。邠州（今陝西彬縣）人。唐末軍閥。傳見《舊唐書》卷一七五、《新唐書》卷二二四下。

[6]金券：即鐵券。皇帝頒賜給功臣的鐵製詔令文書，功臣本人及後世如有犯罪，以此券爲證，即可推念其功而予以赦減。

[7]襃中：縣名。治所在今陝西勉縣襃城鎮東。　壁州：州名。治所在今四川通江縣。　“光啓元年”至“以建遥領壁州刺史”：《蜀檮杌》卷上，亦見《新五代史》卷六三《前蜀世家》、《通鑑》卷二五六光啓二年（886）正月條。

[8]三泉：地名。位於今重慶市南川區。　遣王建帥部兵戍三泉：《通鑑》卷二五六光啓二年三月條。

[9]西川：方鎮名。治所在成都（今四川成都市）。

[10]楊復恭：人名。閩（今福建福州市）人。唐末宦官、將領，與李克用相善。傳見《舊唐書》卷一八四、《新唐書》卷二〇八。　觀軍容使：官名。唐朝始設，負責監視出征將帥之高級軍職，多以掌權宦官擔任。

[11]利州：州名。治所在今四川廣元市利州區。　防禦使：官名。唐代始置，設有都防禦使、州防禦使兩種。常由刺史或觀察使兼任，實際上爲唐代後期州或方鎮的軍政長官。　“令孜懼禍”至“出爲利州防禦使”：《蜀檮杌》卷上。《通鑑》卷二五六光啓二年四月條，“田令孜自知不爲天下所容，乃薦樞密使楊復恭爲左神策中尉、觀軍容使，自除西川監軍使，往依陳敬瑄。復恭斥令孜之黨，出王建爲利州刺史。”明本《册府》卷二二三《僭偽部·勳伐門三》：“光啓初，從僖宗再幸興元，令孜懼逼，求爲西川監軍，楊復恭代爲觀軍容使。建等素爲令孜所厚，復恭懼不附己，乃出五將爲郡守，以建爲壁州刺史。”《舊唐書》卷一九下《僖宗紀》：“田令孜以建等楊復光故將，薄之，皆授諸衛將軍，惟以王建爲壁州刺史。”《新五代史·前蜀世家》：“復恭出建爲壁州刺史。”又云：“又攻利州，利州刺史王珙棄城走。”則是王建爲壁州刺史，非利州防禦使、刺史。

天子還京，復恭以楊守亮鎮興元，尤畏建侵己，屢召之。[1]前龍州司倉周庠説建曰：[2]“唐祚將終，藩鎮互相吞噬，皆無雄才遠略，不能戡濟多難。公勇而有謀，得士卒心，立大功者非公而誰！然葭萌四戰之地，[3]難以久安。閬州地僻人富，[4]楊茂實，陳、田之腹心，[5]不脩職貢，若表其罪，興兵討之，可不戰而擒也。”建從之。[6]因招合谿洞豪猾，[7]有衆八千，寇閬州，陷之，復攻利州，刺史王珙棄城而去。[8]建播剽二郡，所至殺掠，守亮不能制。[9]部將張虔裕説建曰：[10]“公乘天子微弱，專據方州，若唐室復興，公無種矣。宜遣使奉表天子，杖大義以行師，蔑不濟矣。”部將綦毋諫復説建養士愛民以觀天下之變。建從之。[11]東川節度使顧彦朗，[12]初

於關輔破賊時與建相聞，[13]每遣人勞問，分貨幣軍食以
給之，故建不侵梓、遂。[14]

[1]楊守亮：人名。曹州（今山東菏澤市）人。唐末軍閥。傳
見《新唐書》卷一八六。　"天子還京"至"屢召之"：明本《册
府》卷二二三《僭僞部・勸伐門三》。

[2]龍州：州名。治所在今四川平武縣南壩鎮。　司倉：官名。
即司倉參軍事。掌租調、倉庫等事。　周庠：人名。籍貫不詳。唐
末官員。本書僅此一見。

[3]葭萌：地名。位於今四川廣元市西南。

[4]閬州：州名。治所在今四川閬中市。

[5]楊茂實：人名。籍貫不詳。唐末軍閥。事見《通鑑》卷二
五六。　陳：即陳敬瑄。蜀（今四川）人。時爲西川節度使。傳見
《新唐書》卷二二四下。　田：即田令孜。

[6]"前龍州司倉周庠説建曰"至"建從之"：《通鑑》卷二五
六光啓三年（887）三月條。

[7]谿洞：亦作"溪峒"。中國古代對南方少數民族聚居地的
泛稱。

[8]王珙：人名。太原祁縣（今山西祁縣）人。唐末、五代軍
閥。傳見《新唐書》卷一八七。

[9]"因招合谿洞豪猾"至"守亮不能制"：明本《册府》卷
二二三《僭僞部・勸伐門三》。《蜀檮杌》卷上云：光啓二年十月
"駕還，楊守亮鎮興元，屢召建。建疑其圖己，遂招豪猾八千，攻
陷閬州，殺楊行遷，入據其城，自稱刺史"。按僖宗還京在光啓三
年三月，非二年十月。

[10]張虔裕：人名。籍貫不詳。王建部將。事見《通鑑》卷
二五六。

[11]綦毋諫：人名。籍貫不詳。王建部將。事見《通鑑》卷

二五六、卷二五七。　“部將張虔裕説建曰”至“建從之”：《通鑑》卷二五六光啓三年三月條。

[12]東川：方鎮名。治所在梓州（今四川三臺縣）。　顧彦朗：人名。丰州（今内蒙古五原縣）人。唐末、五代軍閥。傳見《新唐書》卷一八六。明本《册府》卷二二三作“顧彦郎”，當誤。下文如引《册府》作正文時，即改正，不一一説明。

[13]關輔：地區名。關中和三輔（京兆尹、左馮翊、右扶風）的合稱，指今陝西關中地區。

[14]梓：州名。治所在今四川三臺縣。　遂：州名。治所在今四川遂寧市。　“東川節度使顧彦朗”至“故建不侵梓、遂”：明本《册府》卷二二三。

　　西川節度使陳敬瑄憂其膠固，謀於監軍田令孜，曰：“王八，吾子也，彼無他腸，作賊山南，[1]實進退無歸故也。吾馳咫尺之書，可以坐置麾下。”即飛書招建。建大喜，遣使謂彦朗曰：“監軍阿父遣信見招，僕欲詣成都省阿父，[2]因依陳太師得一大郡，是所願也。”即之梓州見彦朗，留家寄東川，選精甲三千之成都。[3]行次鹿頭，[4]或謂敬瑄曰：“建，今之劇賊，鴟視狼顧，專謀人國邑，儻其即至，公以何等處之？彼建雄心，終不居人之下。公如以將校遇之，是養虎自貽其患也。”敬瑄懼，乃遣人止建，遽脩城守。建怒，遂據漢州，[5]領輕兵至成都。敬瑄讓之曰：“若何爲者，而犯吾疆理？”建軍吏報曰：“閬州司徒比寄東川，而軍容太師使者繼召，今復拒絶，何也？司徒不惜改轅而東，來北省太師，反爲拒絶，慮顧梓州復相嫌間，謂我何心故也。使我來報，且欲寄食漢州，公勿復疑。”居浹旬，建盡取東川之衆，設梯衝攻成都，三日不克而退，復保漢州。月餘，大剽蜀土，進逼彭州，[6]百道攻之，敬瑄出兵來援，建解圍，縱兵大掠，十一州皆罹其毒，民不聊生。[7]

[1]山南：方鎮名。此處指山南西道。唐開元二十一年（733）分山南道置，爲十五道之一。治所在梁州（今陝西漢中市）。

[2]成都：府名。治所在今四川成都市。

[3]東川：方鎮名。治所在梓州（今四川三臺縣）。　三千：《新五代史》卷六三《前蜀世家》、《通鑑》卷二五七光啓三年（887）閏十一月條作"二千"。

[4]鹿頭：地名。有鹿頭關。位於今四川德陽市北鹿頭灣。唐築，與白馬關西東相對。唐代不但爲劍州（治今四川劍閣縣）、綿州（治今四川綿陽市）西南入成都之門户，且爲梓州（今四川三臺縣）西入成都必經之地，故爲東西兩川交通要隘、成都北面門户。

[5]漢州：州名。治所在今四川廣漢市。

[6]彭州：州名。治所在今四川彭州市。

[7]"西川節度使陳敬瑄憂其膠固"至"民不聊生"：明本《册府》卷二二三《僭僞部・勳伐門三》，但《册府》誤"陳敬瑄"爲"陳敬宣"，誤"顧彦朗"爲"顧彦郎"。下文如引《册府》作正文時，即改正，不一一説明。《通鑑》卷二五七繫此事於光啓三年閏十一月條。《蜀檮杌》卷上云："陳敬瑄叛於成都，慮建與東川顧彦朗膠固爲患，頗憂之。令孜曰：'建，吾子也，可折簡召之。'遂與建書曰：'中原多故，惟三蜀可以偷安。陳公恢廓無疑，同建大事，吾父子輔之，無不可也。'建大喜，領兵趨成都。"《通鑑》卷二五七光啓三年閏十一月條："敬瑄遣使讓之，對曰：'十軍阿父召我來，及門而拒之，重爲顧公所疑，進退無歸矣。'田令孜登樓慰諭之，建與諸將於清遠橋上髡髮羅拜，曰：'今既無歸，且辭阿

父作賊矣！’顧彦朗以其弟彦暉爲漢州刺史，發兵助建，急攻成都，三日不克而退，還屯漢州。”《新五代史》卷六三《前蜀世家》云："行至鹿頭關，敬瑄悔召建，使人止之。建大怒，擊破鹿頭關，取漢州。彦朗聞之，出兵助建，軍於學射。敬瑄遣將句惟立逆建，建擊敗之，遂攻彭州。敬瑄遣眉州刺史山行章將兵五萬屯新繁，建又擊敗之，虜獲萬餘人，橫屍四十里。敬瑄發兵七萬益行章，與建相持濛陽、新都百餘日。"

　　建以成都尚强，退無所掠，欲罷兵，周庠、綦毋諫以爲不可，庠曰："邛州城壍完固，[1]食支數年，可據之以爲根本。"建曰："吾在軍中久，觀用兵者不倚天子之重，則衆心易離；不若疏敬瑄之罪，表請朝廷，命大臣爲帥而佐之，則功庶可成。"乃使庠草表，請討敬瑄以贖罪，因求邛州。[2]建軍勢日盛，復攻成都，敬瑄患之，顧彦朗亦懼侵己。昭宗即位，[3]彦朗表請雪建，擇大臣爲蜀帥，移敬瑄他鎮。乃詔宰臣韋昭度鎮蜀，以代敬瑄。[4]王建軍新都，時綿竹土豪何義陽、安仁費師懃等所在擁兵自保，[5]衆或萬人，少者千人；建遣王宗瑤説之，[6]皆帥衆附於建，給其資糧，建軍復振。[7]敬瑄不受代，天子怒，命顧彦朗、楊守亮討之。時昭度以建爲牙内都校，董其部兵。[8]

[1]邛（qióng）州：州名。治所在今四川邛崍市。

[2]"建以成都尚强"至"因求邛州"：《通鑑》卷二五七文德元年（888）五月條。

[3]昭宗：即唐昭宗李曄，888年至904年在位。紀見《舊唐書》卷二〇上、《新唐書》卷一〇。

[4]韋昭度：人名。京兆（今陝西西安市）人。唐末宰相。傳見《舊唐書》卷一七九、《新唐書》卷一八五。　"建軍勢日盛"至"以代敬瑄"：明本《册府》卷二二三《僭僞部·勳伐門三》。《新五代史》卷六三《前蜀世家》、《通鑑》卷二五七繫此事于文德元年六月。

[5]新都：縣名。治所在今四川成都市新都區。　綿竹：縣名。治所在今四川綿竹市。　何義陽：人名。綿竹人。事見本書本卷。安仁：縣名。治所在今四川大邑縣安仁鎮。　費師懃：人名。安仁人。事見本書本卷。

[6]王宗瑤：人名。王建義子。事見《通鑑》卷二五七、卷二五九、卷二六〇、卷二六九。

[7]"王建軍新都"至"建軍復振"：《通鑑》卷二五七文德元年六月條。

[8]牙内都校：官名。唐末五代藩鎮衙内之牙將。　"敬瑄不受代"至"董其部兵"：明本《册府》卷二二三。

　　初，感義節度使楊晟既失興、鳳，[1]走據文、龍、成、茂四州。[2]王建攻西川，田令孜以晟己之故將，假威戎軍節度使，[3]使守彭州。王建攻彭州，陳敬瑄眉州刺史山行章將兵五萬壁新繁以救之。[4]龍紀元年正月戊申，[5]王建大破山行章於新繁，殺獲近萬人，行章僅以身免。楊晟懼，徙屯三交，行章屯蒙陽，與建相持。[6]十二月甲子，王建敗山行章及西川騎將宋行能於廣都；[7]行能奔還成都，行章退守眉州。壬申，行章請降於建。[8]

[1]感義：方鎮名。治所在鳳州（今陝西鳳縣）。　楊晟：人

名。籍貫不詳。唐末軍閥。傳見《新唐書》卷一八六。　興：州名。治所在今陝西略陽縣。　鳳：州名。治所在今陝西鳳縣。

〔2〕文：州名。治所在今甘肅文縣。　成：州名。治所在今甘肅成縣。　茂：州名。治所在今四川茂縣。

〔3〕威戎軍：方鎮名。治所在彭州（今四川彭州市）。

〔4〕眉州：州名。治所在今四川眉山市。　山行章：人名。籍貫不詳。唐末、五代軍閥。事見本書本卷。　新繁：縣名。治所在今四川成都市新都區。　“初”至“陳敬瑄眉州刺史山行章將兵五萬壁新繁以救之”：《通鑑》卷二五七文德元年（888）十二月條。

〔5〕龍紀：唐昭宗李曄年號（889）。

〔6〕三交：縣名。治所在今四川若爾蓋縣東。　蒙陽：縣名。治所在今四川雅安市西北。　“龍紀元年正月戊申”至“與建相持”：《通鑑》卷二五八龍紀元年（889）正月戊申條。

〔7〕宋行能：人名。籍貫不詳。唐末將領。事見本書本卷。廣都：縣名。治所在今四川成都市。

〔8〕“十二月甲子”至“行章請降於建”：《通鑑》卷二五八龍紀元年十二月甲子、壬申條。

　　大順元年正月壬寅，〔1〕王建攻邛州，陳敬瑄遣其大將彭城楊儒將兵三千助刺史毛湘守之，〔2〕湘出戰，屢敗。楊儒登城，見建兵盛，歎曰：“唐祚盡矣，王公治衆，嚴而不殘，殆可以庇民乎！”遂帥所部出降。建養以爲子，更其姓名曰王宗儒。乙巳，建留永平節度判官張琳爲邛南招安使，〔3〕引兵還成都。韋昭度營於唐橋，王建營於東閶門外；〔4〕建事昭度甚謹。辛亥，簡州將杜有遷執刺史員虔嵩降於建，〔5〕建以有遷知州事。〔6〕二月己未，資州將侯元綽執刺史楊戡降於王建，〔7〕建以元綽知州事。[8]四月乙丑，陳敬瑄遣蜀州刺史任從海將兵二萬救邛州，[9]戰敗，欲以蜀州降建；敬瑄殺之，以徐公鈦代爲蜀州刺史。[10]丙寅，嘉州刺史朱實舉州降于建。[11]丙子，僰道土豪文武堅執戎州刺史謝承恩降于建。[12]六月丁巳，茂州刺史李繼昌帥衆救成都，[13]己未，王建擊斬之。辛酉，資簡都制置應援使謝從本殺雅州刺史張承簡，舉城降建。[14]八月建退屯漢州。[15]九月，邛州刺史毛湘，本田令孜親吏，建攻之急，食盡，救兵不至。湘謂都知兵馬使任可知曰：[16]“吾不忍負田軍容，吏民何罪！爾可持吾頭歸王建。”乃沐浴以俟刃。可知斬湘及二子降於建，士民皆泣。甲戌，建持永平旌節入邛州，以節度判官張琳知留後。繕完城隍，撫安夷獠，經營蜀、雅。[17]十月，癸未朔，建引兵還成都，蜀州將李行周逐徐公鈦，[18]舉城降建。[19]

[1]大順：唐昭宗李曄年號（890—891）。

[2]彭城：地名。位於今江蘇徐州市。　楊儒：人名。籍貫不詳。唐末將領。事見《通鑑》卷二五八。　毛湘：人名。籍貫不詳。唐末將領。事見《通鑑》卷二五八。

[3]永平：方鎮名。治所在邛州（今四川邛崍市）。　節度判官：官名。唐末、五代藩鎮僚佐，位行軍司馬下。　張琳：人名。許州（今河南許昌市）人。唐末將領。事見《通鑑》卷二五八。　邛南：方鎮名。即永平軍。治所在邛州。　招安使：官名。掌招安。

[4]唐橋：橋名。位於今四川成都市。　東閶門：城門名。位於今四川成都市。

[5]簡州：州名。治所在今四川簡陽市。　杜有遷：人名。籍

貫不詳。唐末將領。事見《通鑑》卷二五八。　員虔嵩：人名。籍貫不詳。唐末將領。事見《通鑑》卷二五八。

［6］“大順元年正月壬寅”至“建以有遷知州事”：《通鑑》卷二五八大順元年（890）正月諸條。

［7］資州：州名。治所在今四川資中縣。　侯元綽：人名。籍貫不詳。唐末將領。事見《通鑑》卷二五八。　楊戡：人名。籍貫不詳。唐末將領。事見《通鑑》卷二五八。

［8］“二月己未”至“建以元綽知州事”：《通鑑》卷二五八大順元年二月條。

［9］蜀州：州名。治所在今四川崇州市。　任從海：人名。籍貫不詳。唐末將領。事見《通鑑》卷二五八。

［10］徐公鉥：人名。籍貫不詳。唐末將領。事見《通鑑》卷二五八。

［11］嘉州：州名。治所在今四川樂山市市中區。　朱實：人名。籍貫不詳。唐末將領。事見《通鑑》卷二五八。

［12］僰（bó）道：縣名。治所在今四川宜賓市。　文武堅：人名。籍貫不詳。唐末將領。事見《通鑑》卷二五八。　戎州：州名。治所在今四川宜賓市。　謝承恩：人名。籍貫不詳。唐末將領。事見《通鑑》卷二五八。　“四月乙丑”至“僰道土豪文武堅執戎州刺史謝承恩降于建”：《通鑑》卷二五八大順元年四月諸條。

［13］茂州：州名。治所在今四川茂縣。　李繼昌：人名。籍貫不詳。唐末將領。事見《通鑑》卷二五八。

［14］都制置應援使：官名。掌隨軍救援。臨時設置，事罷則免。　謝從本：人名。籍貫不詳。唐末將領。事見《通鑑》卷二五八。　雅州：州名。治所在今四川雅安市。　張承簡：人名。籍貫不詳。唐末將領。事見《通鑑》卷二五八。　“六月丁巳”至“舉城降建”：《通鑑》卷二五八大順元年六月條。

［15］八月建退屯漢州：《通鑑》卷二五八大順元年八月條。

[16]都知兵馬使：官名。唐五代方鎮自置之部隊統率官，稱兵馬使，其權尤重者稱兵馬大使或都知兵馬使。掌兵馬訓練、指揮。

任可知：人名。籍貫不詳。唐末將領。事見《通鑑》卷二五八。

[17]"九月"至"經營蜀、雅"：《通鑑》卷二五八大順元年九月條。

[18]李行周：人名。籍貫不詳。唐末將領。事見《通鑑》卷二五八。

[19]"十月"至"舉城降建"：《通鑑》卷二五八大順元年十月條。

二年二月，韋昭度將諸道兵十餘萬討陳敬瑄，三年不能克，饋運不繼，朝議欲息兵。三月，乙亥，制復敬瑄官爵，[1]令顧彥朗、王建各帥衆歸鎮。[2]四月，王建見罷兵制書，曰："大功垂成，奈何棄之！"謀於周庠，庠勸建請韋公還朝，獨攻成都，克而有之。建表稱："陳敬瑄、田令孜罪不可赦，願畢命以圖成功。"[3]及王師無功，建謂昭度曰："相公興數萬之衆，討賊未效，饋運交不相屬。近聞遷洛陽以來，藩鎮相噬，朝廷姑息不暇，與其勞師以事蠻方，不如從而赦之，且以兵威靖中原，是國之本也。相公盍歸朝覲，與主上畫之。"昭度持疑未決。一日，建陰令軍士於行府門外擒昭度親吏，臠而食之，建徐啟昭度曰："蓋軍士乏食，以至於是耶。"昭度大懼，遂留符節與建，即日東還。纔出劍門，[4]建即嚴兵守門，不納東師。[5]建急攻成都，環城烽燧亘五十里。有狗屠王鷁，[6]請詐得罪亡入城説之，使上下離心，建遣之。鷁入見陳敬瑄、田令孜，則言"建

兵疲食盡，將遁矣”，出則鬻茶於市，陰爲吏民稱建英
武，兵勢强盛；由是敬瑄等懈於守備而衆心危懼。建又
遣其將京兆鄭渥詐降以覘之，[7]敬瑄以爲將，使乘城，
既而復以詐得歸。建由是悉知城中虚實，以渥爲親從都
指揮使，[8]更姓名曰王宗渥。[9]八月，王建攻陳敬瑄益
急，敬瑄出戰輒敗，巡内州縣率爲建所取。威戎節度使
楊晟時饋之食，建以兵據新都，彭州道絶。敬瑄出，慰
勉士卒，皆不應。[10]

[1]制：帝王命令的一種。唐制，凡行大賞罰，授大官爵，釐
革舊政，赦宥慮囚，皆用制書。由中書舍人起草擬定。禮儀等級
較高。

[2]“二年二月”至“令顧彦朗、王建各帥衆歸鎮”：《通鑑》
卷二五八大順二年（891）二月條。

[3]“四月”至“願畢命以圖成功”：《通鑑》卷二五八大順二
年四月條。

[4]劍門：地名。即劍門關。位於今四川劍閣縣。素爲出入四
川盆地之咽喉要道。

[5]“及王師無功”至“不納東師”：明本《册府》卷二二三
《僭僞部·勳伐門三》。

[6]王鷁：人名。籍貫不詳。事見《通鑑》卷二五八。

[7]京兆：府名。治所在今陝西西安市。　鄭渥：人名。又名
王宗渥。籍貫不詳。唐末將領。事見《通鑑》卷二五八。

[8]親從都指揮使：官名。唐末親從部隊長官。

[9]“建急攻成都”至“更姓名曰王宗渥”：《通鑑》卷二五八
大順二年四月條。

[10]“八月”至“皆不應”：《通鑑》卷二五八大順二年八

月條。

　　田令孜登城謂建曰：“老夫與八哥相厚，太師久以知聞，有何嫌恨，如是困我之甚耶。”建曰：“軍容父子之恩，心何敢忘，但天子付以兵柄，太師孤絶朝廷故也。苟太師悉心改圖，何福如之。”又曰：“吾欲與八哥軍中相款如何？”曰：“父子之義，何嫌也。”是夜，令孜攜蜀帥符印入建軍授建。建泣謝曰：“太師初心太過，致有今日相戾，既此推心，一切如舊。”翌日，敬瑄啟關迎建，以蜀帥讓之，建乃自稱留後，表陳其事。[1] 八月，先是，建常誘其將士曰：“成都城中繁盛如花錦，一朝得之，金帛子女恣汝曹所取，節度使與汝曹迭日爲之耳！”敬瑄開門迎建。建署其將張勍爲馬步斬斫使，[2] 使先入城。乃謂將士曰：“吾與汝曹三年百戰，今始得城，汝曹不憂不富貴，慎勿焚掠坊市。吾已委張勍護之矣，彼幸執而白我，我猶得赦之；若先斬而後白，吾亦不能救也！”既而士卒有犯令者，勍執百餘人，皆捶其胸而殺之，積屍於市，衆莫敢犯。故時人謂勍爲“張打胸”。[3]

　　[1]“田令孜登城謂建曰”至“表陳其事”：明本《册府》卷二二三《僭僞部・勳伐門三》。

　　[2]張勍：人名。籍貫不詳。唐末將領。事見《通鑑》卷二五八。　馬步斬斫使：官名。王建臨時設置，爲先鋒，亦掌軍紀處罰。

　　[3]“八月”至“故時人謂勍爲‘張打胸’”：《通鑑》卷二五

八大順二年八月條。

　　癸卯，建入城，自稱西川留後。小校韓武數於使廳上馬，牙司止之，[1]武怒曰："司徒許我迭日爲節度使；上馬何爲！"建密遣人刺殺之。初，陳敬瑄之拒朝命也，田令孜欲盜其軍政，謂敬瑄曰："三兄尊重，軍務煩勞，不若盡以相付，日具記事咨呈，兄但高居自逸而已。"敬瑄素無智能，忻然許之。自是軍事皆不由己，以至於亡。建表敬瑄子陶爲雅州刺史，使隨陶之官，明年，罷歸，寓居新津，[2]以一縣租賦贍之。建分遣士卒就食諸州，更文武堅姓名曰王宗阮，謝從本曰王宗本。陳敬瑄將佐有器幹者，建皆禮而用之。[3]十月，唐以建爲檢校司徒、成都尹、劍南西川節度副大使、[4]知節度事、管內觀察處置雲南八國招撫等使。[5]建既得西川，留心政事，容納直言，好施樂士，用人各盡其才，謙恭儉素；然多忌好殺，諸將有功名者，多因事誅之。[6]

　　[1]韓武：人名。籍貫不詳。唐末將領。事見《通鑑》卷二五八。　牙司：節度使衙所屬官吏。

　　[2]新津：縣名。治所在今四川新津縣東。

　　[3]"癸卯"至"建皆禮而用之"：《通鑑》卷二五八大順二年（891）八月條。《舊唐書》卷二〇上《昭宗紀》：龍紀元年（889）"五月壬辰朔，漢州刺史王建陷成都府，遷陳敬宣於雅州，建自稱西川兵馬留後。復用田令孜爲監軍"。明本《册府》卷二二三《僭僞部·勳伐門三》："移敬宣於雅州安置，仍以其子爲刺史。既行，建令人殺之於路，令孜仍舊監軍事。數月，或告令孜通鳳翔書問，下獄餓死。"

　　[4]成都尹：官名。成都地方最高行政長官。從三品。　節度副大使：官名。方鎮中僅次於節度使之使職，如持節，則位同於節度使。

　　[5]觀察處置使：官名。即觀察使之全稱。唐代後期出現的地方軍政長官。唐玄宗開元二十一年（733）置十五道採訪使，唐肅宗乾元元年（758）改爲觀察使。無旌節，地位低於節度使。掌一道州縣官的考績及民政。　雲南八國：即"雲南"和"西山八國"的合稱，泛指西川南邊和西邊的少數民族諸部。詳見劉復生《"雲南八國"辨析——兼談北宋與大理國的關係》，《四川大學學報》2002 年第 6 期。　"十月"至"管內觀察處置雲南八國招撫等使"：《新五代史》卷六三《前蜀世家》。

　　[6]"建既得西川"至"多因事誅之"：《通鑑》卷二五八大順二年十月條。

　　建雄猜多機略，意嘗難測，既有蜀土，復欲窺伺東川，又以彥朗婚姻之舊，未果行。會彥朗卒，弟彥暉代爲梓帥，交情稍怠。[1]唐遣宦者宗道弼賜彥暉東川旌節，[2]綿州刺史常厚執道弼以攻梓州，建遣李簡、王宗滌等討厚。[3]自彥朗死，建欲圖並東川而未有以發，及李簡等討厚，戒曰："兵已破厚，彥暉必出犒師，即與俱來，無煩吾再舉也。"簡等擊厚，敗之鐘陽，[4]厚走還綿州，以唐旌節還道弼而出之。彥暉已得節，辭疾不出犒軍。[5]

　　[1]彥暉：人名。即顧彥暉。顧彥朗之弟，丰州（今内蒙古五原縣）人。唐末、五代軍閥。事見本書本卷。　"建雄猜多機略"至"交情稍怠"：明本《册府》卷二二三《僭僞部·勳伐門三》。

　　[2]宗道弼：中華書局本《新五代史》有校勘記云，《通鑑》卷二五八作"宋道弼"，且《舊唐書》《新唐書》《通鑑》《册府》數見"宋道弼"，其曾任神策右軍中尉。另《唐重修内侍省碑》（拓片刊《考古與文物》1983年第4期）記"内樞密使廣平宋公道弼"。

　　[3]綿州：州名。治所在今四川綿陽市。　常厚：人名。籍貫不詳。唐末、五代軍閥。本書僅此一見。　李簡：人名。籍貫不詳。唐末、五代軍閥。事見本書本卷。　王宗滌：人名。本名華洪。籍貫不詳。唐末、五代藩鎮將領。事見《通鑑》卷二六一及本書本卷。

　　[4]鐘陽：地名。位於今四川綿陽市北。

　　[5]"唐遣宦者宗道弼賜彦暉東川旌節"至"辭疾不出犒軍"：《新五代史》卷六三《前蜀世家》。《通鑑》卷二五八大順二年（891）十二月條："以顧彦暉爲東川節度使，遣中使宋道弼賜旌節。楊守亮使楊守厚囚道弼，奪旌節，發兵攻梓州。癸卯，彦暉求救於王建；甲辰，建遣其將華洪、李簡、王宗侃、王宗弼救東川。建密謂諸將曰：'爾等破賊，彦暉必犒師，汝曹於行營報宴，因而執之，無煩再舉。'宗侃破守厚七砦，守厚走歸綿州。彦暉具犒禮，諸將報宴，宗弼以建謀告之，彦暉乃以疾辭。"

　　李茂貞乘其有間，[1]密構彦暉，因與茂貞連盟，關征疆史之間，與蜀人得失。大順末，建出師攻梓州，彦暉求援於鳳翔，[2]李茂貞出師援之，建即圍解。自是秦、川交惡者累年。後建大起蜀軍，敗岐、[3]梓之兵於利州，彦暉懼，乞和，請與岐人絶，許之。景福中，山南之師寇東川，彦暉求援於建，建出兵赴之，大敗興元之衆。[4]五月丙子，王建陷彭州，威戎軍節度使楊晟死之。[5]乾寧二年，[6]建遣王宗滌攻之。十二月，宗滌敗彦暉於楸林，斬其將羅璋，[7]遂圍梓州。三年五月，昭宗遣宦者袁易簡詔建罷兵，[8]建收兵還成都。黔南節度使王肇以其地降于建。[9]四年，宗滌復攻東川，別遣王宗侃、宗阮等出峽，取渝、瀘州。[10]五月，建自將攻東川，昭宗遣諫議大夫李洵、[11]判官韋莊宣諭兩川，[12]詔建罷兵。建不奉詔，乃責授建南州刺史，以郯王爲鳳翔節度使，[13]徙李茂貞代建爲西川節度使。茂貞拒命，乃復建官爵。冬十月，建攻破梓州，彦暉自殺。彦暉將顧彦瑤顧城已危，[14]謂諸將吏曰：“事公當生死以之。”指其所佩賓鐵劍曰：“事急而有叛者，當齒此劍。”及城將破，彦瑤與彦暉召集將吏飲酒，遂與之俱死。建以王宗滌爲東川留後，唐即以宗滌爲節度使，於是并有兩川之地。[15]

[1]李茂貞：人名。深州博野（今河北蠡縣）人。唐末、五代軍閥。傳見本書卷一三二、《新五代史》卷四〇。

[2]鳳翔：方鎮名。治所在鳳翔府（今陝西鳳翔縣）。

[3]岐：封國名。時鳳翔節度使李茂貞爲岐王，故稱。

[4]景福：唐昭宗李曄年號（892—893）。　“李茂貞乘其有間”至“大敗興元之衆”：明本《册府》卷二二三《僭僞部・勳伐門三》。

[5]五月丙子，王建陷彭州，威戎軍節度使楊晟死之：《新唐書》卷一〇《昭宗紀》乾寧元年（894）條。

[6]乾寧：唐昭宗李曄年號（894—898）。

[7]楸林：地名。位於今四川三臺縣東北。　羅璋：人名。籍貫不詳。唐末、五代藩鎮將領。本書僅此一見。

[8]袁易簡：人名。籍貫不詳。唐末宦官。官至樞密使，後爲

李茂貞所殺。事見《舊唐書》卷一七七、卷一八四。

　　[9]黔南：方鎮名。治所在黔州（今重慶市彭水苗族土家族自治縣）。　王肇：人名。籍貫不詳。唐末、五代軍閥。本書僅此一見。

　　[10]王宗侃：人名。許州（今河南許昌市）人，一説雅州（今四川雅安市）人。王建養子，唐末、五代藩鎮將領。事見本書本卷。　渝：州名。治所在今重慶市。　瀘：州名。治所在今四川瀘州市江陽區。

　　[11]諫議大夫：官名。秦始置，掌朝政議論。隋、唐仍置，有左、右諫議大夫各四人，分屬門下、中書二省。掌諫諭得失，侍從贊相。唐後期、五代多以本官領他職。正四品下。　李洵：人名。籍貫不詳。唐末官員。事見本書本卷。

　　[12]判官：官名。唐五代方鎮僚屬，位在行軍司馬下。分掌使衙内各曹事，並協助使職官員通判衙事。　韋莊：人名。長安杜陵（今陝西西安市）人。唐末五代知名文人，高級官員。事見本書本卷。

　　[13]南州：州名。治所在今重慶市南川區。　郯王：人名。即李嗣周。唐宗室，唐順宗子李經後人。事見《通鑑》卷二五九。

　　[14]顧彦瑶：中華書局本《新五代史》有校勘記云，《通鑑》卷二六一作“顧瑶”。按錢大昕《廿二史考異》卷六六：“按《唐書·顧彦暉傳》，瑶爲彦暉養子，且單名瑶，無‘彦’字。”

　　[15]“乾寧二年”至“於是并有兩川之地”：《新五代史》卷六三《前蜀世家》。明本《册府》卷二二三後有“自此軍鋒益熾”六字。

　　光化三年七月乙卯，[1]制忠烈衛聖鎮國功臣、劍南西川節度副大使、知節度事、管内營田觀察處置統押近界諸蠻兼西山八國雲南安撫制置等使、[2]開府儀同三司、檢校太尉、中書令、[3]成都尹、上柱國、[4]琅邪郡王、食邑三千户、實封一百户王建可兼劍南東川、[5]武信軍兩道都指揮制置等使、[6]加食邑一千户，餘如故。時建攻下梓州顧彦暉，兼有東川洋、果、閬等州故也。[7]是時，鳳翔李茂貞兼據梁、洋、秦、隴，數以兵侵建。[8]天復初，李茂貞、韓全誨劫遷車駕在鳳翔，[9]梁祖攻圍歷年。建外脩好於汴，[10]指茂貞罪狀，又陰與茂貞間使往來，且言堅壁勿和，許以出師赴援，因分命諸軍攻取興元。比及梁祖解圍茂貞，山南諸州皆爲建所有，因自置守將。及茂貞垂翅，天子遷洛陽，建復攻茂貞之秦、隴等州，茂貞削弱不能守。或勸建因取鳳翔，建曰：“此言失策，吾所得已多，不俟復增岐下。[11]茂貞雖常才，然名望宿素，[12]與朱公力爭不足，守境有餘。韓生所謂‘入爲扞蔽，出爲席藉’是也。[13]適宜援而固之，爲吾盾鹵耳。”[14]

[1]光化：唐昭宗李曄年號（898—901）。

[2]統押近界諸蠻使：官名。負責羈縻西南地區邊地部族。安撫制置使：官名。唐後期臨時差遣官，爲地方用兵時控制當地秩序而設。

[3]開府儀同三司：官名。魏晋始置，隋唐時爲散官之最高官階。多授功勳重臣。從一品。　檢校太尉：官名。爲散官或加官，以示恩寵，無實際執掌。　中書令：官名。漢代始置，隋、唐前期爲中書省長官，屬宰相之職；唐後期多爲授予元勳大臣的虛銜。正二品。

[4]上柱國：官名。北周武帝建德四年（575），置上柱國爲高級勳官。隋唐沿置。五代後唐明宗天成三年（928）詔，其後凡加

勳，先自武騎尉經十二轉方授爲上柱國。正二品。

[5]食邑：即封地、封邑。食邑之名，蓋取受封者不之國，僅食其租稅之意。　實封：古代名義上封賜給功臣貴戚食邑的户數與實際封賞數往往不符，實際上賜與的封户叫實封。

[6]武信軍：方鎮名。治所在遂州（今四川遂寧市）。

[7]洋：州名。治所在今陝西洋縣。　果：州名。治所在今四川巴中市恩陽區。　“光化三年七月乙卯”至“兼有東川洋、果、閬等州故也”：《舊唐書》卷二〇上《昭宗紀》光化三年（900）七月條。

[8]秦：州名。治所在今甘肅秦安縣。　隴：州名。治所在今陝西隴縣。　是時，鳳翔李茂貞兼據梁、洋、秦、隴，數以兵侵建：《新五代史》卷六三《前蜀世家》。

[9]天復：唐昭宗李曄年號（901—904）。　韓全誨：人名。籍貫不詳。唐末、五代宦官。傳見《新唐書》卷二〇八。

[10]汴：即開封。代指朱温。

[11]岐：即岐山。位於今陝西岐山縣。

[12]宿素：明本《册府》卷二二三《僭僞部·勳伐門三》作“宿素”。

[13]韓生：即韓非。　入爲扞蔽，出爲席藉：語出《韓非子·存韓》。

[14]“天復初”至“爲吾盾鹵耳”：明本《册府》卷二二三《僭僞部·勳伐門三》。《新五代史》卷八三《前蜀世家》：“天復元年，梁太祖兵誅宦者。宦者韓全誨等劫天子幸鳳翔，梁兵圍之，茂貞閉城拒守經年，力窮，求與梁和。建間遣人聘茂貞，許以出兵爲援，勸其堅壁勿和。遣王宗滌將兵五萬，聲言迎駕，以攻興元，執其節度使李繼業，而武定節度使拓拔思敬遂以其地降于建，於是并有山南西道。”

　　三年，昭宗還長安，建奉表貢茶布等十萬。八月，封建司徒、蜀王。[1]及梁祖將謀强禪，建與諸藩同謀興復，乃令其將康晏率兵三萬會於鳳翔，數與汴將王重師戰，[2]不利而還。趙匡凝之失荆、襄也，[3]弟明以其奴奔蜀，[4]建因得夔、峽、忠、萬等州。[5]四年，唐遷都洛陽，改元天祐，[6]建與唐隔絶而不知，故仍稱天復。六年，又取歸州，於是並有三峽。[7]七年，梁滅唐，遣使者諭建，建拒而不納。建因馳檄四方，會兵討梁，四方知其非誠實，皆不應。[8]

　　[1]司徒：官名。與太尉、司空並爲三公，唐後期、五代時多爲大臣、勳貴加官。正一品。　　"三年"至"封建司徒、蜀王"：《蜀檮杌》卷上。

　　[2]康晏：人名。籍貫不詳。王建部將。事見本書本卷。　　王重師：人名。潁州長社（今河南許昌市）人。後梁將領。傳見本書卷一九、《新五代史》卷二二。

　　[3]趙匡凝：人名。蔡州（今河南汝南縣）人。趙德諲之子，唐末軍閥。傳見本書卷一七、《新五代史》卷四一。　　荆、襄：方鎮名。即山南東道，治所在襄州（今湖北襄陽市）。

　　[4]明：人名。即趙匡明。蔡州（今河南汝南縣）人。唐末將領。事見本書卷二。

　　[5]夔：州名。治所在今重慶奉節縣。　　峽：州名。治所在今湖北宜昌市夷陵區。　　忠：州名。治所在今重慶忠縣。　　萬：州名。治所在今重慶市萬州區。　　"及梁祖將謀强禪"至"建因得夔、峽、忠、萬等州"：明本《册府》卷二二三《僭僞部·勳伐門三》。

　　[6]天祐：唐昭宗李曄開始使用的年號（904）。唐哀帝李柷即位後沿用（904—907）。唐亡後，河東李克用、李存勗仍稱天祐，

沿用至天祐二十年（923）。五代其他政權亦有行此年號者，如南吴、吴越等，使用時間長短不等。

[7]歸州：州名。治所在今湖北秭歸縣。　三峽：長江三峽。或即瞿塘峽、巫峽和西陵峽。

[8]"四年"至"皆不應"：《新五代史》卷六三《前蜀世家》。《蜀檮杌》卷上："朱全忠弑昭宗，建率將吏百姓舉哀制服。"《輯本舊史》卷二六《唐武皇紀下》天祐四年（907）四月條："天子禪位於汴帥，奉天子爲濟陰王，改元爲開平，國號大梁。是歲，四川王建遣使至，勸武皇各王一方，俟破賊之後，訪唐朝宗室以嗣帝位，然後各歸藩守，武皇不從。"

　　及梁祖開國，蜀人請建行劉備故事，建自帝於成都。[1]封其諸子爲王，以王宗佶爲中書令，[2]韋莊爲左散騎常侍、判中書門下事，[3]唐襲爲樞密使，[4]鄭騫爲御史中丞，[5]張格、王鍇皆爲翰林學士，[6]周博雅爲成都尹。[7]蜀恃險而富，當唐之末，士人多欲依建以避亂。建雖起盜賊，而爲人多智詐，善待士，故其僭號，所用皆唐名臣世族：莊，見素之孫；格，濬之子也。[8]建謂左右曰："吾爲神策軍將時，宿衛禁中，見天子夜召學士，出入無間，恩禮親厚如寮友，非將相可比也。"故建待格等恩禮尤異，其餘宋玭等百餘人，並見信用。[9]十月，下僞詔，改堂宇廳館爲宮殿。其略曰："帝君之居，上應辰象，朝貢臻集，華夷會同。宮闕殿閣之深嚴，臺省府寺之宏壯，頒分名號，以正觀瞻。況我肇啓丕圖，頻有喜瑞，允協上元之既，式光萬世之基。至於厨廊之標題，倉庫之曹烈，並宜從革，用永維新。"[10]

　　[1]劉備：人名。蜀漢開國君主。涿郡涿縣（今河北涿州市）人。傳見《三國志》卷三二。　　"及梁祖開國"至"建自帝於成都"：明本《册府》卷二二三《僭偽部·勳伐門三》。《新五代史》卷六三《前蜀世家》："是歲正月，巨人見青城山。六月，鳳凰見萬歲縣，黃龍見嘉陽江，而諸州皆言甘露、白鹿、白雀、龜、龍之瑞。秋九月己亥，建乃即皇帝位。"《蜀檮杌》卷上云："昭宗遇弒，梁祖即位，遣使宣諭。興元節度王宗綰馳驛白建。建謀興復，（韋）莊以兵者大事，不可倉卒而行，乃爲建答宗綰教，其略曰：'吾家受主上恩有年矣，衣衿之上，宸翰如新，墨詔之中，淚痕猶在。犬馬猶能報主，而況人之臣子乎！自去年二月車駕東還，連貢二十表，而絶無一使之報，天地阻隔，叫呼何及！聞上至谷水，臣僚及宮妃千餘人，皆爲汴州所害。及至洛，果遭弒逆。自聞此詔，五内糜潰。今兩川鋭旅，誓雪國恥，不知來使何以宣諭，示此告敕，令自決進退。'梁使遂還。梁祖遣使通好，以建爲兄。莊得書，笑曰：'此神堯驕李密之意也。'建之開國，制度號令，刑政禮樂，皆莊所定。"

　　[2]王宗佶：人名。籍貫不詳。王建養子。唐末、五代軍閥。事見本書本卷。

　　[3]左散騎常侍：官名。門下省屬官。掌侍奉規諷，備顧問應對。正三品下。　　中書門下：官署名。唐代以來爲宰相處理政務的機構。參見劉後濱《唐代中書門下體制研究——公文形態·政務運行與制度變遷》，齊魯書社2004年版。

　　[4]唐襲：人名。閬州（今四川閬中市）人，王建親信、前蜀高級官員。後爲王元膺所殺。事見本書本卷。　　樞密使：官名。樞密院長官。五代時以士人爲之，備顧問，參謀議，出納詔奏，權侔宰相。參見李全德《唐宋變革期樞密院研究》，國家圖書館出版社2009年版。

　　[5]鄭騫：人名。籍貫不詳。前蜀高級官員。事見本書本卷。　　御史中丞：官名。如不置御史大夫，則爲御史臺長官。掌司法監

察。正四品下。

[6]張格：人名。宿州符離（今安徽宿州市埇橋區）人。前蜀高級官員。傳見本書卷七一。　王鍇：人名。籍貫不詳。前蜀高級官員。事見本書本卷。　翰林學士：官名。由南北朝始設之學士發展而來。唐玄宗改翰林供奉爲翰林學士，備顧問，代王言，掌拜免將相、號令征伐等詔令的起草。

[7]周博雅：人名。籍貫不詳。前蜀官員。本書僅此一見。

[8]見素：人名。即韋見素。京兆萬年（今陝西西安市長安區）人。唐末高級官員，官拜宰相。傳見《舊唐書》卷一〇八。

潚：人名。即張潚。籍貫不詳。唐末高級官員。事見《舊唐書》卷二〇上《昭宗紀》。

[9]宋玭：人名。籍貫不詳。前蜀官員。本書僅此一見。
“封其諸子爲王”至“並見信用”：《新五代史》卷六三《前蜀世家》。

[10]“十月”至“用永維新”：《蜀檮杌》卷上。

　　武成元年正月，祀天南郊，大赦，改元，以王宗佶爲太師。[1]宗佶本姓甘氏，建爲忠武軍卒時掠得之，養以爲子，後以軍功累遷武信軍節度使。後建所生子元懿等稍長，宗佶以養子心不自安，與鄭騫等謀，求爲大司馬，[2]總六軍，開元帥府，凡軍事便宜行而後聞。建以宗佶創業功多，優容之。唐襲本以舞僮見寵於建，宗佶尤易之，後爲樞密使，猶名呼襲，襲雖内恨，而外奉宗佶愈謹。建聞之，怒曰：“宗佶名呼我樞密使，是將反也。”宗佶求大司馬，章三上，建以問襲，襲因激怒建曰：“宗佶功臣，其威望可以服人心，陛下宜即與之。”建心益疑。宗佶入奏事，自請不已，建叱衛士撲殺之，并賜騫死。六月，以遂王宗懿爲皇太子。[3] 建加尊號英武睿聖皇帝。七月，騶虞見武定。[4]

[1]武成：前蜀高祖王建年號（908—910）。 南郊：意爲都城南面之郊。代指南面郊區之祭天場所（圜丘），亦指祭天之禮（郊天）。古人用"郊""南郊""有事於南郊"指代在南郊之圜丘舉行的郊天典禮。 太師：官名。與太傅、太保合稱三師，唐後期、五代時多爲大臣、勳貴加官。正一品。

[2]大司馬：官名。相傳西周始設，西漢武帝時罷太尉而置大司馬，掌軍政。後屢有廢設，漸成高級武將之加官，以示尊崇。一品。

[3]宗懿：人名。後更名元膺。王建次子，曾獲封太子，因與唐襲政爭引發兵亂而被殺。事見本書本卷。

[4]騶虞：中國古代神話傳說中的一種靈獸，以性情"仁""義"而著稱。其現身常被視爲祥瑞之兆。詳見嚴國榮、劉昌安《"騶虞"考辨》，《西北大學學報》2004 年第 6 期；王春陽、周國林《"騶虞"考》，《古籍整理研究學刊》2014 年第 1 期。 武定：方鎮名。治所在洋州（今陝西洋縣）。 "武成元年正月"至"騶虞見武定"：《新五代史》卷六三《前蜀世家》。《蜀檮杌》卷上："十月，講武星宿山，步騎三十萬。遂宴於行宮，謂左右曰：'得一二人如韓信而將之，中原不足平也。'宗佶跪曰：'臣雖不才，自顧可驅策。'兵部郎中張扶進曰：'陛下雄才大略，尚不能得岐隴尺寸之土，宗佶小子狂妄，願陛下無以中原爲意。'宗佶憾之，諭庖人置藥而毒殺之。扶字子持，廣都人。博學善文，凡書奏箋檄皆屬之。贈諫議大夫。制封諸子爲王。建十一子，馬姬生宗仁，白姬生宗懿，宋姬生宗輅、陳姬生宗智、宗特，喬姬生宗傑，褚姬生宗鼎、宗澤、宗平，徐姬生宗衍。撲殺晉國公王宗佶。宗佶本姓甘氏，建未有子，錄爲養子，以戰功累遷中書令。恃位隆功高，所爲

不法，連上表求爲太子。建勉諭令出，而不肯去，言詞其悖，因叱衛士撲殺之。”

二年，頒《永昌曆》。廣都嘉禾合穗。[1]三年六月，下詔勸農桑曰：“昔劉先主入蜀，武侯勸其閉關息民，[2]十年而後舉兵，震搖關內。朕以猥眇，托於人上，爰念蒸民久罹干戈之苦，而不暇力於農桑之業。今國家漸寧，民用休息，其郡守縣令務在惠綏，無侵無擾，使我赤子，樂於南畝，而有《豳風·七月》之詠焉。”[3]八月，有龍五十見洵陽水中。[4]十月，麟見壁州。[5]十二月，大赦，改明年爲永平元年。[6]岐王李茂貞自爲梁所圍，而山南入於蜀，地狹勢孤，遂與建和，以其子娶建女，因求山南故地。建怒，不與，以王宗侃爲北路都統，宗祐、宗賀、唐襲爲三面招討使以攻岐。[7]戰於青泥，宗侃敗績，退保西縣，[8]爲茂貞兵所圍。建自將擊之，岐兵敗，解去，建至興元而還。加尊號曰英武睿聖光孝皇帝。[9]

［1］《永昌曆》：又名《武成永昌曆》。五代十國前蜀武成二年（909）頒行於其境内之曆法。前蜀亡而旋廢。　廣都：縣名。治所在今四川成都市。　嘉禾：指一莖多穗的禾。古人以爲祥瑞。　二年，頒《永昌曆》。廣都嘉禾合穗：《新五代史》卷六三《前蜀世家》。

［2］武侯：即諸葛亮。字孔明，號臥龍。徐州瑯玡郡陽都（今山東沂南縣）人。三國時期著名政治家、軍事家。輔佐劉備在四川地區建立蜀漢政權。後積勞成疾而病逝。傳見《三國志》卷三五。

［3］“三年六月”至“而有《豳風·七月》之詠焉”：《蜀檮

枙》卷上。

[4]洵陽：縣名。治所在今陝西旬陽縣。

[5]壁州：州名。治所在今四川通江縣。

[6]永平：前蜀高祖王建年號（911—915）。

[7]都統：官名。南北朝時期前秦始設之武官，掌領兵作戰。
宗祐：人名。當爲王建之子，前蜀將領。本書僅此一見。　宗賀：人名。當爲王建之子，前蜀將領。本書僅此一見。　招討使：官名。唐貞元時始置。戰時任命，兵罷則省。常以大臣、將帥或地方軍政長官兼任。掌招撫討伐等事務。

[8]青泥：地名。位於今甘肅徽縣。　西縣：舊縣名。治所在今陝西勉縣西。

[9]“八月”至“加尊號曰英武睿聖光孝皇帝”：《新五代史》卷六三《前蜀世家》。

永平元年十一月，周德權卒。[1]二年正月，贈張魯扶義公，[2]諸葛亮安國王。二月朔，遊龍華禪院，召僧貫休，[3]命坐，賜茶藥彩段，仍令口誦近詩。時諸王貴戚皆賜坐，貫休欲諷之，因誦公子行曰：“錦衣鮮華手擎鶻，閒行氣貌多輕忽。艱難稼穡總不知，五帝三王是何物。”建稱善，貴倖皆怨之。[4]三月，詔平章事張格專編纂開國以來《實錄》。獲玉以爲國寶，其文曰：“有德承天，其祚永昌。”[5]五月，梁遣光禄卿盧玭來聘，[6]推建爲兄，其印文曰“大梁入蜀之印”。宰相張格曰：“唐故事，奉使四夷，其印曰‘大唐入某國之印’，今梁已兄事陛下，奈何卑我如夷狄？”建怒，欲殺梁使者，格曰：“此梁有司之過爾，不可以絕兩國之歡。”已而梁太祖崩，建遣將作監李紘吊之，[7]遂刻其印文曰“大蜀入梁之印”。劍州木連理。[8]六月，麟見文州。[9]十二月，黃龍見富義江。[10]

[1]周德權：人名。汝南（今河南汝南縣）人。前蜀官員。事見《蜀檮杌》卷上。

[2]張魯：人名。沛國豐（今江蘇豐縣）人。東漢末年軍閥，割據漢中。傳見《三國志》卷八。

[3]貫休：人名。前蜀僧人。事見本書本卷。

[4]“永平元年十一月”至“貴倖皆怨之”：《蜀檮杌》卷上。

[5]“三月”至“其祚永昌”：《蜀檮杌》卷上。《新五代史》卷六三《前蜀世家》記其事：“初，田令孜之爲監軍也，盜唐傳國璽入於蜀而埋之，二月，尚食使歐陽柔治令孜故第，穿地而得之，以獻。”

[6]光禄卿：官名。南朝梁天監七年（508）改光禄勳置，隋唐沿置。掌宮殿門户、帳幕器物、百官朝會膳食等。從三品。　盧玭：人名。籍貫不詳。後梁官員。事見本書本卷。

[7]將作監：官名。秦代設將作少府，唐代改將作監，其長官即爲將作監。掌宮廷器物置辦及宮室修建事宜。從三品。　李紘：人名。籍貫不詳。前蜀官員。本書僅此一見。

[8]劍州：州名。治所在今四川劍閣縣。　木連理：不同樹木的樹枝長在一起，常被視爲祥瑞之兆。

[9]文州：州名。治所在今甘肅文縣。

[10]“五月”至“黃龍見富義江”：《新五代史》卷六二《前蜀世家》。

三年正月，麟見永泰。[1]五月，騶虞見壁山，[2]有二鹿隨之。秋七月，皇太子元膺殺太子少保唐襲。[3]元膺，建次子也，初名宗懿，後更名宗坦，建得銅牌子於什仿，[4]有文二十餘字，建以爲符讖，因取之以名諸子，故又更曰元膺。元膺爲人猳喙齲齒，[5]多材藝，能射錢中孔，嘗自抱畫球擲馬上，馳而射之，無不中。年十七，爲皇太子，判六軍，創天武神機營，[6]開永和府，置官屬。建以元膺年少任重，以記事戒之，令“一切學朕所爲，則可以保國”。又命道士廣成先生杜光庭爲之師。[7]唐襲，建之嬖也，元膺易之，屢譖於朝，建懼其交惡，乃罷襲樞密使，出爲興元節度使。已而襲罷歸，元膺廷疏其過失，建益不悦。是月七夕，元膺召諸王大臣置酒，而集王宗翰、樞密使潘峭、翰林學士毛文錫不至，[8]元膺怒曰：“集王不來，峭與文錫教之耳。”明日，元膺白建峭及文錫離間語。建怒，將罪之。元膺出而襲入，建以問之，襲曰：“太子謀作亂，欲召諸將、諸王以兵錮之，然後舉事爾。”建疑之，襲請召營兵入衛。元膺初不爲備，聞襲召兵，以爲誅己，乃與伶人安悉香、軍將喻全殊率天武兵自衛，遣人擒峭及文錫而笞之，幽於其家。召大將徐瑤、常謙率兵出拒襲，[9]與襲戰神武門，襲中流矢，墜馬死。建遣王宗賀以兵討之，元膺兵敗皆潰去，元膺匿躍龍池檻中。明日，出而丐食，蜀人識之，以告，建遣宗翰招諭之，宗翰未至，爲衛兵所殺。建乃立其幼子鄭王宗衍爲太子。[10]白龍見邛州江。[11]

[1]永泰：縣名。治所在今四川鹽亭縣。

[2]璧山：縣名。治所在今重慶市璧山區。

[3]太子少保：官名。與太子少師、太子少傅統稱太子三少。

隋唐以後多作加官或贈官。從二品。

[4]什仿：縣名。即什邡。治所在今四川什邡市。

[5]猳喙齲齒：形容牙齒外露。

[6]判六軍：官名。即判六軍諸衛事。沿唐代舊制，置六軍諸衛，以判六軍諸衛事爲禁軍六軍與諸衛的最高統帥。　天武神機營：部隊番號。本書僅此一見。

[7]杜光庭：人名。處州縉云（今浙江縉雲縣）人，一説長安（今陝西西安市）人。唐末、五代道士、官員。事見本書本卷。

[8]集王宗翰：人名。即王宗翰。籍貫不詳。王建養子，前蜀將領。事見本書本卷。　潘峭：人名。籍貫不詳。前蜀官員。本書僅此一見。　毛文錫：人名。高陽（今河北高陽縣）人，一作南陽（今河南南陽市）人。五代十國官員、文人。事見本書本卷。

[9]伶人：古代對戲曲藝人的稱呼。　安悉香：人名。籍貫不詳。前蜀宮廷藝人。本書僅此一見。　喻全殊：人名。籍貫不詳。前蜀軍官。本書僅此一見。　徐瑶：人名。籍貫不詳。前蜀軍官。本書僅此一見。　常謙：人名。籍貫不詳。前蜀軍官。本書僅此一見。

[10]宗衍：人名。王建之子。事見本書本卷。

[11]“三年正月”至“白龍見邛州江”：《新五代史》卷六三《前蜀世家》。

　　四年二月，以太子衍判内外六軍事。[1]詔以東宫爲崇賢府，凡文學道德之士，得以延納訪問。重陽，建出遊寶曆寺，妃后皆從。其日，宫女四人逃匿，搜尋不獲。明日得之，乃寺僧誘之，藏於民家，與僧二十二人同斬于龜化橋。[2]荆南高季昌侵蜀巫山，[3]遣嘉王宗壽敗之於瞿唐。[4]八月，殺黔南節度使王宗訓。[5]冬，南蠻攻掠界上，建遣夔王宗範擊敗之於大渡河。[6]麟見昌州。[7]

五年，起壽昌殿於龍興宮，畫建像於壁。又起扶天閣，畫諸功臣像。十一月，大火，焚其宮室。遣王宗儔等攻岐，取其秦、鳳、階、成四州，[8]至大散關。[9]梁將劉知俊奔鳳翔，[10]李茂貞以爲大將，稍侵建之東川。建出兵拒戰，爲知俊所敗，興、鳳皆没焉。[11]後知俊自岐奔蜀，建厚禮之，任爲上將，令擊茂貞，復收興、鳳二州。茂貞登陴自守，知俊修兵攻其屬郡，茂貞之秦、隴、階、涇皆陷於蜀。[12]十二月，御大安門，受秦、鳳、階、成之俘。大赦，改元通正。[13]時大霖雨，禱於奇相之祠。[14]

[1]判内外六軍事：官名。唐代置六軍諸衞，以判六軍諸衞事，爲禁軍六軍與諸衞的最高統帥。

[2]“四年二月”至“與僧二十二人同斬于龜化橋”：《蜀檮杌》卷上。

[3]荆南：即五代十國之南平國。　高季昌：人名。陝州硤石（今河南三門峽市陝州區）人。五代十國南平（荆南）開國君主。傳見本書卷一三三、《新五代史》卷六九。　巫山：縣名。治所在今重慶巫山縣。

[4]嘉王宗壽：人名。即王宗壽。許州（今河南許昌市）人。五代十國前蜀高祖王建養子，封嘉王。事見《新五代史》卷六三。　瞿唐：地名。位於今重慶巫山縣。

[5]王宗訓：人名。王建養子，前蜀官員。事見本書本卷。

[6]宗範：人名。即王宗範。王建養子，前蜀官員。事見本書本卷。　大渡河：水名。古名瀘水、沫水、沫水、羊山江（陽山江）、銅河、中鎮水。位於今四川西部，爲岷江最大支流。

[7]昌州：州名。治所在今重慶大足區。

[8]王宗儔（chóu）：人名。王建養子，前蜀官員。事見本書本卷。　階：州名。治所在今甘肅康縣西。　成：州名。治所在今甘肅成縣。

[9]大散關：關隘名。位於今陝西寶雞市大散嶺上。　"荆南高季昌侵蜀巫山"至"至大散關"：《新五代史》卷六三《前蜀世家》。

[10]劉知俊：人名。徐州沛縣（今江蘇沛縣）人。唐末、五代將領。先後隸時溥、朱温、李茂貞、王建。傳見本書卷一三、《新五代史》卷四四。

[11]"梁將劉知俊奔鳳翔"至"興、鳳皆没焉"：明本《册府》卷二三四《僭僞部·兵敗門》。

[12]"後知俊自岐奔蜀"至"茂貞之秦、隴、階、涇皆陷於蜀"：明本《册府》卷二三一《僭僞部·征伐門》。

[13]通正：前蜀高祖王建年號（916）。

[14]"十二月"至"禱於奇相之祠"：《蜀檮杌》卷上。

通正元年，遣王宗綰等率兵十二萬出大散關攻岐，[1]取隴州。八月，起文思殿，以清資五品正員官購群書以實之，以内樞密使毛文錫爲文思殿大學士。[2]黄龍見大昌池。十月，大赦。十二月，又改明年元曰天漢，國號漢。[3]天漢元年正月，封張飛爲靈應王，鄧艾爲彰順王，張儀爲昌化王。[4]五月，祀黄帝於南郊。[5]翌日，祀地祇於方丘。[6]六月，賜百官飛雪丸。十一月，祀昊天上帝於圜丘。[7]大風拔木，幕幄皆裂。[8]殺劉知俊。十二月，大赦，改明年元曰光天，復國號蜀。[9]

[1]王宗綰：人名。籍貫不詳。王建養子，前蜀官員。本書僅

此一見。

[2]清資：泛指中古時期“清流”士族所任之清貴官職。 正員官：即“職有常守”“位有常員”之職事官的別稱。 内樞密使：官名。唐玄宗時以宦官爲中使，掌上傳下達，憲宗時正式稱樞密使。

[3]天漢：前蜀高祖王建年號（917）。 “通正元年”至“國號漢”：《新五代史》卷六三《前蜀世家》。

[4]張飛：人名。涿郡（今河北涿州市）人。三國蜀漢將領。傳見《三國志》卷三六。 鄧艾：人名。義陽棘陽（今河南南陽市）人。三國曹魏將領。率兵滅亡蜀漢。傳見《三國志》卷二八。 張儀：人名。魏國人。戰國縱橫家。傳見《史記》卷七〇。

[5]黃帝：遠古傳說人物。傳見《史記》卷一。

[6]地祇：地神。 方丘：祭地場所。圜丘祭天，方丘祭地。

[7]昊天上帝：昊天爲天之總神。上帝爲南郊所祭受命帝。《周禮·春官·大宗伯》：“以禋祀祀昊天上帝。”鄭玄注：“昊天上帝，冬至於圜丘所祀天皇大帝。” 圜丘：又名圓丘。古代帝王祭天的祭壇。《周禮·春官·大司樂》：“冬日至，於地上之圜丘奏之。”賈公彦疏：“案《爾雅》：土之高者曰丘。取自然之丘。圜者，象天圜。”

[8]“天漢元年正月”至“幕幄皆裂”：《蜀檮杌》卷上。

[9]光天：前蜀高祖王建年號（918）。 “殺劉知俊”至“復國號蜀”：《新五代史》卷六三《前蜀世家》。

光天二年四月，[1]有狐嗥於寢室，鵂鶹鳴於帳中，鸂鶒集於摩訶池。[2]建因感疾甚篤，召大臣賜坐，示手書曰：“朕比遭亂離，以干戈定秦蜀，賴卿等忠勤夾輔，遂正名號，撫有神器。兢兢業業，懼不負荷，幸托天地之靈，廟社之覜，方隅底定，民黎樂康，二氣恊暢，五穀豐稔。然以萬機之大，不免勤勞於夙夜，感此疾恙，藥石弗救。太子雖幼有賢德，然次不當立，卿等固請於外，后妃亦甚篤愛，朕不能違，立爲儲貳。勉力輔戴，無墜我邦家之休！”又謂曰：“太子若不克荷，但置之別宮，選立賢者，慎勿害之。徐氏兄弟但優與俸禄，[3]以豐其家，勿令掌兵，以速其禍。”詔太子入侍疾。六月，建薨，年七十二。僞諡神武聖文孝德明惠皇帝，廟號高祖，葬永陵。[4]建晚年多内寵，賢妃徐氏與妹淑妃，皆以色進，專房用事，交結宦者唐文扆等於與外政，[5]建年老昏耄，文扆判六軍，事無大小，皆決文扆。及建疾，以兵入宿衛，謀盡去建故將。故將聞建疾，皆不得入見，久之，宗弼等排闥入，言文扆欲爲變，乃殺之。建因以老將大臣多許昌故人，必不爲太子用，思擇人未得而疾亟，乃以宦者宋光嗣爲樞密使判六軍而建卒。[6]太子立，去“宗”名“衍”。[7]

[1]光天二年：《新五代史》卷六三《前蜀世家》作“光天元年”。《蜀檮杌》以上年改元爲元年，《新五代史》稱明年改元，故有“元”“二”之别，實則一年也（918）。

[2]鵂（xiū）鶹（liú）：貓頭鷹的别稱。　鶢（yuán）鶋（jū）：一種海鳥。性好鳴。

[3]徐氏：王建有賢妃、淑妃徐氏姐妹。賢妃爲前蜀後主王衍之母。

[4]“光天二年四月”至“葬永陵”：《蜀檮杌》卷上。

[5]唐文扆：人名。籍貫不詳。前蜀宫廷宦官，趁王建年老神衰而干預朝政。事見本書本卷。

[6]宋光嗣：人名。籍貫不詳。前蜀宫廷宦官。王衍時一度大

權在握，後爲王衍所殺。事見本書本卷。

[7]"建晚年多内寵"至"去'宗'名'衍'"：《新五代史》卷六三《前蜀世家》。

衍，建之幼子也。[1]衍自童年即能屬文，甚有才思，尤能爲艷歌。或有所著，蜀人皆傳誦焉。[2]建卒，衍襲僞位，改元乾德。[3]封建子宗壽爲嘉王，宗弼爲六軍使。又有宗勳、宗儼、宗昱。[4]六年十二月，改明年爲咸康。[5]秋九月，衍奉其母、徐妃同遊於青城山，[6]駐於上清宫。時宫人皆衣道服，頂金蓮花冠，衣畫雲霞，望之若神仙，及侍宴，酒酣，皆免冠而退，則其髻髽然。又構怡神亭，以佞臣韓昭等爲狎客，雜以婦人，以恣荒宴，或自旦至暮，繼之以燭。僞嘉王宗壽侍宴，因以社稷國政爲言，言發涕流，至於再三。同宴佞臣潘在迎等並奏衍云：[7]"嘉王好酒悲。"因翻恣諧謔，取笑而罷。自是忠正之臣結舌矣。[8]

[1]衍，建之幼子也：《大典》卷三一九三"臣"字韻"事韻三"事目。

[2]"衍自童年即能屬文"至"蜀人皆傳誦焉"：明本《册府》卷二二八《僭僞部·好文門》。

[3]建卒，衍襲僞位，改元乾德：《大典》卷三一九三。《輯本舊史》卷六一《安重霸傳》："蜀後主王衍，幼年襲位，其政多僻。宦官王承休居中用事，與成都尹韓昭内外相結，專採擇聲色，以固寵幸。武臣宿將，居常切齒。"　乾德：前蜀後主王衍年號（919—924）。

[4]"封建子宗壽爲嘉王"至"又有宗勳、宗儼、宗昱"：明

本《册府》卷二二四《僭僞部·宗族門》。

[5]咸康：前蜀後主王衍年號（925）。

[6]青城山：山名。位於今四川都江堰市。

[7]潘在迎：《輯本舊史》之影庫本粘籤：“在迎，原本作‘在凝’，今從《九國志》改正。”見《九國志》卷六《前蜀》。

[8]“六年十二月”至“自是忠正之臣結舌矣”：《大典》卷三一九三。亦見明本《册府》卷二一九《僭僞部·年號門》。

時中國多故，衍得以自安。唐莊宗平梁，遣使告捷於蜀。蜀人恟懼，[1]致禮復命，稱“大蜀國主致書上大唐皇帝”。詞理稍抗，莊宗不能容，遣客省使李嚴報聘，[2]且市宮中珍玩，蜀人皆禁而不出。衍既沖騃，[3]軍國之政，咸委於人。有王宗弼者，爲六軍使，總外任；宋光嗣者，爲樞密使，總內任。洎嚴至蜀，光嗣等曲宴，因言中國近事，嚴亦引近事折之，語在嚴傳。光嗣等聞嚴辯對，畏而奇之。及嚴使還，奏莊宗曰：“王衍騃童耳，宗弼等總其兵柄，但益家財，不卹民事。君臣上下，唯務窮奢。其舊勳故老，棄而不任，蠻蜑之人，痛深瘡痏。以臣料之，大兵一臨，望風瓦解。”莊宗深然之，遂蒐兵括馬，有平蜀之志。[4]

[1]蜀人恟懼：明本《册府》卷二三二《僭僞部·稱藩門》作“蜀人惱懼”。

[2]客省使：官名。唐代宗時始置，五代沿置。客省長官，掌接待四方奏計及外族使者。

[3]沖騃（sì）：年幼無知。

[4]“時中國多故”至“有平蜀之志”：《大典》卷六八四九

"王"字韻"姓氏（三四）"事目。亦見明本《册府》卷二三二、卷二三三《僭僞部·矜大門》。《輯本舊史》卷二九《唐莊宗紀三》天祐十八年（921）正月條："淮南楊溥、西川王衍皆遣使致書，勸帝嗣唐帝位，帝不從。"同書卷三一《唐莊宗紀五》同光二年（924）正月壬子條："蜀主王衍致書於帝，稱有詐爲天使，馳報收復汴州者，詔捕之，不獲。"同書卷三二《唐莊宗紀六》同光二年七月戊午條："西川王衍遣僞署户部侍郎歐陽彬來朝貢，稱'大蜀皇帝上書大唐皇帝'。"同書卷三三《唐莊宗紀七》同光三年八月戊辰條："客省使李嚴使蜀回。初，帝令往市蜀中珍玩，蜀法嚴峻，不許奇貨東出，其許市者謂之'入草物'。嚴不獲珍貨，歸而奏之。帝大怒曰：'物歸中夏者命之曰"入草"，王衍寧免爲入草之人耶！'由是伐蜀之意鋭矣。"《宋本册府》卷六五六《奉使部·立功門》後唐李嚴條：嚴使於蜀，"時王衍專據，坤維部曲離心，知其必取。使還，具奏蜀主之狀，興師之日，必有成功"。

　　唐師未起時，僞東川節度使宋光葆獻計於衍云：[1]"唐國兵强，不早爲謀，後將焉救。請於嘉州沿江造戰艦五百艘，募水軍五千，自江下峽，臣以東師出襄、鄧，水陸俱進，東北沿邊嚴兵據險，南師出江陵，利則進取，否則退保硤口。[2]又選三蜀驍壯三萬，急攻岐、雍，東據河潼，北招契丹，[3]啗以美利，見可則進，否則據散關以固吾圉，事縱不捷，亦攻敵人之心矣。"衍不從。[4]

　　[1]宋光葆：中華書局本有校勘記："原作'宋承葆'，據本書卷三三《唐莊宗紀》七、《册府》卷一二三、《通鑑》卷二七三改。"見《輯本舊史》卷三三《唐莊宗紀七》同光三年（925）九

月詔書、十月己丑條,《通鑑》卷二七三同光二年四月己巳條、同光三年十月戊子條,明本《册府》卷一二三《帝王部・征討門三》唐莊宗同光三年九月制。

[2]硤口:地名。即西陵峽口。位於今湖北宜昌市夷陵區西。

[3]雍:地名。即京兆府,治所在今陝西西安市。 河潼:黃河和潼關。 契丹:古部族、政權名。公元4世紀中葉宇文部爲前燕攻破,始分離而成單獨的部落,自號契丹。唐貞觀中,置松漠都督府,以其首領爲都督。唐末强盛,916年迭剌部耶律阿保機建立契丹國(遼)。先後與五代、北宋並立,保大五年(1125)爲金所滅。參見張正明《契丹史略》,中華書局1979年版。

[4]"唐師未起時"至"衍不從":《大典》卷六八四九"王"字韻"姓氏(三四)"事目。

　　唐同光三年九月十日,莊宗下制伐蜀。命興聖宮使魏王繼岌爲都統,[1]樞密使郭崇韜爲行營都招討。[2]其月十八日,魏王統闕下諸軍發洛陽。[3]

[1]興聖宮:宮殿名。位於今河北大名縣。

[2]行營都招討:官名。即行營都招討使。五代時掌一方招撫討伐等事務。戰時任命,兵罷則省。常以大臣、將帥或地方軍政長官兼任。

[3]"唐同光三年九月十日"至"魏王統闕下諸軍發洛陽":《大典》卷六八四九"王"字韻"姓氏(三四)"事目。《輯本舊史》卷三三《唐莊宗紀七》同光三年(925)九月乙未條:"制封第三子鄴都留守、興聖宮使、檢校太尉、同平章事、判六軍諸衛事繼岌爲魏王。"同月庚子條:"是日,命大舉伐蜀。"此條以下録莊宗詔書,言伐蜀之原因、諸將任命情況及進發時間(九月十八日)。今不録詔書原文。同月辛丑條:"授魏王繼岌諸道行營都統,餘如

故。繼岌既受都統之命，以梁漢顒充中軍馬步都虞候兼馬步軍都指揮使，張廷蘊爲中軍步軍都指揮使，牛景章充中軍左廂馬軍都指揮使，沈斌充中軍右廂馬軍都指揮使，卓璲充中軍左廂步軍都指揮使，王贊充中軍右廂步軍都指揮使，供奉官李從襲充中軍馬步軍都監，高品李廷安、呂知柔充魏王衙通謁。詔工部尚書任圜、翰林學士李愚參魏王軍事。"同月戊申條："魏王繼岌、樞密使侍中郭崇韜進發西征。"同年十月戊寅條："西征之師入大散關，僞命鳳州節度使王承捷、故鎮屯駐指揮使唐景思次第迎降，得兵一萬二千、軍儲四十萬。又下三泉，得軍儲三十餘萬。自是師無匱乏，軍聲大振。"同月辛巳條："僞興州刺史王承鑒、成州刺史王承朴棄城遁去，康延孝大破蜀軍於三泉。時王衍將幸秦州，以其軍五萬屯於利州。聞我師至，遣步騎三萬逆戰於三泉，延孝與李嚴以勁騎三千擊之，蜀軍大敗，斬首五千級，餘衆奔潰。王衍聞敗，自利州奔歸成都，斷吉柏津浮梁而去。"同月己丑條："魏王繼岌至興州，僞東川節度使宋光葆以梓、綿、劍、龍、普五州來降，武定軍使王承肇以洋、蓬、壁三州來降，興元節度使王宗威以梁、開、通、渠、麟五州來降，階州刺史王承岳納符印請命，秦州節度使王承休棄城自扶州路奔於西川。"

十一月二十一日，魏王至德陽，[1]衍報云："比與將校謀歸國，僞樞密使宋光嗣、景潤澄，南北院宣徽使李周輅、歐陽晃等四人異謀熒惑，臣各已處斬，今送納首級。"[2]是日，衍上表曰："臣衍先人建，久在坤維，受先朝寵澤，一開土宇，將四十年。頃以梁孽興災，洪圖板蕩，不可助逆，遂乃從權，勉徇衆情，止王三蜀，固非獲已，未有所歸。臣輒紹鎡基，且安生聚。臣衍誠惶誠恐，伏惟皇帝陛下，嗣堯舜之業，陳湯武之師，廓定寰區，削平凶逆，梯航垂集，文軌渾同。臣方議改圖，便期納款，遽聞王師致討，實抱驚危。今則將千里之封疆，盡爲王土；冀萬家之臣妾，皆沐皇恩。必當輿櫬乞降，負荊請命。伏惟皇帝陛下，迴照臨之造，施覆幬之仁，別示哀矜，以安反側。儻墳塋而獲祀，實存没以知歸，臣無任望恩虔禱之至。乙酉年十一月日，[3]臣王衍上表。”其月二十七日，魏王至成都北五里昇仙橋，僞百官班於橋下，衍乘行輿至，素衣白馬，牽羊，草索系首，面縛銜璧，輿櫬而後。[4]魏王下馬受其璧，崇韜釋其縛，及燔其櫬，衍率僞百官東北舞蹈謝恩。禮畢，拜，魏王、崇韜、李嚴皆答拜。二十八日，王師入成都，自起師至入蜀城，凡七十五日。[5]

[1]德陽：縣名。治所在今四川德陽市。

[2]“衍報云”至“今送納首級”：《輯本舊史》之原輯者案語：“案《蜀檮杌》：皇太子開崇賢府，募兵以拒唐師。”

[3]乙酉年十一月日：中華書局本有校勘記：“‘乙酉’原作‘己酉’，據《册府》卷四二七改。按同光三年爲乙酉年。”又《輯本舊史》之原輯者案語：“以下原本殘闕。”

[4]輿櫬：把棺材裝在車子上，表示有罪當死或就死之意。素衣、牽羊，草索繫首、肉袒、銜璧、輿櫬，都是古代請求投降的具體儀節。

[5]“十一月二十一日”至“凡七十五日”：《大典》卷六八四九“王”字韻“姓氏（三四）”事目。《輯本舊史》卷三三《唐莊宗紀七》同光三年（925）十一月辛丑條：“辛丑，魏王過利州，帝賜王衍詔，諭以禍福。”同月甲辰條：“魏王至劍州，僞武信軍節度使王宗壽以遂、合、渝、瀘、忠五州來降。”同月丁未條：“康延

孝、李嚴至漢州，王衍遣人送牛酒請降，李嚴遂先入成都。”同月己酉條：“魏王至綿州，王衍遣使上牋歸命。”其上牋原文，見明本《册府》卷四二七《將帥部·受降門》，今從略。

　　莊宗召衍入洛，賜衍詔曰：“固當列土而封，必不薄人于險，三辰在上，[1]一言不欺！”衍捧詔，忻然就道，率其宗族及僞宰相王鍇、張格、庾傳素、許寂、翰林學士李昊等，[2]及諸將佐家族數千人以東。同光四年四月，行至秦川驛，莊宗用伶人景進計，遣宦者向延嗣誅其族。[3]衍母徐氏臨刑呼曰：“吾兒以一國迎降，反以爲戮，信義俱棄，吾知其禍不旋踵矣！”衍妾劉氏，鬒髮如雲而有色，[4]行刑者將免之，劉氏曰：“家國喪亡，義不受辱！”遂就死。[5]

　　[1]三辰：中國古代對日、月、星的稱謂。
　　[2]庾傳素：人名。籍貫不詳。前蜀官員。事見本書本卷。許寂：人名。籍貫不詳。前蜀官員。傳見本書卷七一。　李昊：人名。籍貫不詳。前蜀、後蜀官員。事見本書本卷。
　　[3]秦川驛：驛名。在今陝西西安市西北。　景進：人名。籍貫不詳。五代後唐莊宗朝伶官。傳見《新五代史》卷三七。　向延嗣：人名。籍貫不詳。後唐宦官。事見《通鑑》卷二七四。
　　[4]鬒（zhěn）髮如雲：長髮秀美，形容人物美麗。
　　[5]“莊宗召衍入洛”至“遂就死”：《新五代史》卷六三《前蜀世家》。《輯本舊史》卷三四《唐莊宗紀八》同光四年（926）正月壬戌條：“西川王衍父子及僞署將相官吏，除已行刑憲外，一切釋放。”參見明本《册府》卷九二《帝王部·赦宥門》莊宗制。《輯本舊史》卷三四《唐莊宗紀八》同光四年二月辛亥條：“西京

上言，客省使李嚴押蜀主王衍至本府。"明本《册府》卷一二《帝王部·告功門》："有司奏偽蜀主王衍到闕日，准禮差官告太微宮、太廟、太稷、武成王廟。從之。"《輯本舊史》卷三四《唐莊宗紀八》同光四年三月甲子條："元行欽請車駕幸汴州，帝將發京師，遣中官向延嗣馳詔所在誅蜀主王衍。仍夷其族。"同書卷三六《唐明宗紀二》天成元年（926）五月丁丑條：天成元年五月"丁丑，西都衙内指揮使張籛進納偽蜀主王衍犀玉帶各二條、馬一百五十匹。初，莊宗遣中官向延嗣就長安之殺王衍也，旋屬蕭牆之禍，延嗣藏竄，不知所之，而衍之資裝妓樂並爲籛所有，復懼事泄，故聊有此獻。"同書卷三九《唐明宗紀五》天成三年七月乙巳條："詔故偽蜀主王衍追封順正公，以諸侯禮葬。"《輯本舊史》於《王衍傳》後錄《五代史補》："王建在許下時，尤不逞，嘗坐事遭徒，但無杖痕爾。及據蜀，得馬涓爲從事，涓好訐詐，建恐爲所譏，因問曰：'竊聞外議，以吾曾遭徒刑，有之乎？'涓對曰：'有之。'建恃無杖痕，且對衆，因袒背以示涓曰：'請足下試看，有遭杖責而肌肉如是耶？'涓知其詐，乃撫背而嘆曰：'大奇，當時何處得此好膏藥來。'賓佐皆失色，而涓晏然。王建之借號也，惟翰林學士最承恩顧，侍臣或諫其禮過，建曰：'蓋汝輩未之見也。且吾在神策軍時，主内門魚鑰，見唐朝諸帝待翰林學士，雖交友不若也。今我恩顧，比當時才有百分之一爾，何謂之過當耶！'論者多之。杜光庭，長安人。應《九經》舉不第。時長安有潘尊師者，道術甚高，僖宗所重。光庭素所希慕，數遊其門。當僖宗之幸蜀也，觀蜀中道門牢落，思得名士以主張之。駕回詔潘尊師使於兩街，求其可者。尊師奏曰：'臣觀兩街之衆，道聽塗説，一時之俊即有之，至於掌教之士，恐未合應聖旨。臣於科場中識《九經》杜光庭，其人性簡而氣清，量寬而識遠，且困於風塵，思欲脱屣名利久矣。以臣愚思之，非光庭不可。'僖宗召而問之，一見大悦，遂令披戴，仍賜紫衣，號曰廣成先生，即日馳驛遣之。及王建據蜀，待之愈厚，又號爲天師。光庭嘗以《道》《德》二經注者雖多，皆未能演暢其旨，因著

《廣成義》八十卷，他術稱是，識者多之。"

　　王宗弼，許人也。本姓魏，名弘夫，建錄爲養子。[1]景福元年，（王建）遂攻顧彥暉。彥暉請救于楊守亮，遣楊子彥戍梓，[2]執建大將宗弼，彥暉責曰："王公何以見討？君爲大將，不諫云何？"宗弼謝罪，即解縛，使就館，帟幕衾服皆具，更養爲子，改名琛。[3]建攻顧彥暉，宗弼常以建語泄之彥暉者。[4]乾寧四年十月，建攻梓州益急。庚申，顧彥暉聚其宗族及假子共飲，遣王宗弼自歸于建。[5]

　　[1]許：州名。治所在今河南許昌市。　許人也：據《通鑑》卷二五七光啓三年（887）十一月條補。　"王宗弼"至"建錄爲養子"：《新五代史》卷六三《王宗弼傳》。

　　[2]楊子彥：人名。籍貫不詳。唐末將領。本書僅此一見。

　　[3]帟幕：帳幕。　衾（qīn）：被子。　"景福元年"至"改名琛"：《新唐書》卷一八六《顧彥暉傳》。《通鑑》卷二六〇繫此事於乾寧二年（895）。

　　[4]建攻顧彥暉，宗弼常以建語泄之彥暉者：《新五代史》卷六三《王宗弼傳》。《通鑑》卷二五八大順二年十二月條："癸卯，彥暉求救於王建；甲辰，建遣其將華洪、李簡、王宗侃、王宗弼救東川。建密謂諸將曰：'爾等破賊，彥暉必犒師，汝曹於行營報宴，因而執之，無煩再舉。'宗侃破守厚七砦，守厚走歸綿州。彥暉具犒禮，諸將報宴，宗弼以建謀告之，彥暉乃以疾辭。"

　　[5]"乾寧四年十月"至"遣王宗弼自歸于建"：《通鑑》卷二六一乾寧四年十月條。《新五代史》卷六三《王宗弼傳》："建待之如初。"

　　貞明四年五月，[1]蜀主自永平末得疾，昏瞀，至是增劇；以北面行營招討使兼中書令王宗弼沉静有謀，五月，召還，以爲馬步都指揮使。[2]召大臣入寢殿，告之曰："太子仁弱，朕不能違諸公之請，踰次而立之；若其不堪大業，可置諸別宮，幸勿殺之。但王氏子弟，諸公擇而輔之。徐妃兄弟，止可優其禄位，慎勿使之掌兵預政，以全其宗族。"内飛龍使唐文扆久典禁兵，[3]參預機密，欲去諸大臣，遣人守宫門；王宗弼等三十餘人日至朝堂，不得入見，文扆屢以蜀主之命慰撫之，伺蜀主殂，即作難。遣其黨内皇城使潘在迎偵察外事，[4]在迎以其謀告宗弼等；宗弼等排闥入，言文扆之罪，以天册府掌書記崔延昌權判六軍事，[5]召太子入侍疾。辛丑，以宋光嗣爲内樞密使，與兼中書令王宗弼、宗瑶、宗綰、宗夔並受遺詔輔政。[6]七月，壬申朔，蜀主以兼中書令王宗弼爲鉅鹿王。蜀主不親政事，内外遷除皆出於王宗弼。宗弼納賄多私，上下咨怨。[7]

　　[1]貞明：後梁末帝朱友貞年號（915—921）。

　　[2]行營招討使：官名。唐始置。戰時任命，兵罷則省。常以大臣、將帥或地方軍政長官兼任。掌招撫討伐等事務。　馬步都指揮使：官名。五代時侍衛親軍之長官。多爲皇帝親信。

　　[3]内飛龍使：官名。唐代掌閑厩御馬之内使。五代沿置。

　　[4]皇城使：官名。唐末始置，爲皇城司的長官，一般爲君主的親信充任，以拱衛皇城。　潘在迎：人名。籍貫不詳。前蜀官員。事見本書本卷。

　　[5]天册府：官署名。即"天策府"。唐武德四年（621）唐高

祖李淵因李世民功高而爲其專設，位在王公之上，可自置官署。後世多有模仿。乾化四年（914），王建曾開設天策府。　掌書記：官名。唐制，唐、五代節度、觀察等使所屬均有掌書記一職，位在副使、判官之下，掌表奏書檄。遼節度使亦置。　崔延昌：人名。籍貫不詳。前蜀官員。事見本書本卷。

[6]宗夔：人名。即王宗夔。籍貫不詳。當爲王建義子。事見本書本卷。　“貞明四年五月”至“與兼中書令王宗弼、宗瑶、宗綰、宗夔並受遺詔輔政”：《通鑑》卷二七〇貞明四年（918）五月條。

[7]“七月”至“上下咨怨”：《通鑑》卷二七〇貞明四年七月條。

　　同光二年九月，[1]蜀前山南節度使兼中書令王宗儔以蜀主失德，與王宗弼謀廢立，宗弼猶豫未決。庚戌，宗儔憂憤而卒。宗弼謂樞密使宋光嗣、景潤澄等曰：[2]“宗儔教我殺爾曹，今日無患矣。”光嗣輩俯伏泣謝。宗弼子承班聞之，謂人曰：“吾家難乎免矣。”[3]三年九月，蜀安重霸勸王承休請蜀主東遊秦州。[4]承休到官，即毀府署，作行宮，大興力役，强取民間女子教歌舞，圖形遺韓昭，[5]使言於蜀主；又獻花木圖，盛稱秦州山川土風之美。蜀主將如秦州，群臣諫者甚衆，皆不聽；王宗弼上表諫，蜀主投其表於地；太后涕泣不食，止之，亦不能得。[6]十月己卯，蜀主至利州，威武敗卒奔還，[7]始信唐兵之來。王宗弼、宋光嗣言於蜀主曰：“東川、山南兵力尚完，陛下但以大軍扼利州，唐人安敢懸兵深入！”從之。以隨駕清道指揮使王宗勳、王宗儼、兼侍中王宗昱爲三招討，[8]將兵三萬逆戰。從駕兵自綿、漢至深渡，[9]千里相屬，皆怨憤，曰："龍武軍糧賜倍於他軍，他軍安能禦敵！"蜀主聞王宗勳等敗，自利州倍道西走，斷桔柏津浮梁；[10]命中書令、判六軍諸衛事王宗弼將大軍守利州，且令斬王宗勳等三招討。郭崇韜遺王宗弼等書，[11]爲陳利害；李紹琛未至利州，[12]宗弼棄城引兵西歸。王宗勳等三招討追及宗弼於白芀，[13]宗弼懷中探詔書示之曰："宋光嗣令我殺爾曹。"因相持而泣，遂合謀送款於唐。[14]

[1]同光：後唐莊宗李存勗年號（923—926）。

[2]景潤澄：人名。籍貫不詳。前蜀宦官。事見本書本卷。

[3]"同光二年九月"至"吾家難乎免矣"：《通鑑》卷二七三同光二年（924）九月條。

[4]安重霸：人名。雲州（今山西大同市）人。唐末、五代將領。傳見本書卷六一、《新五代史》卷四六。 王承休：人名。籍貫不詳。前蜀宦官。事見本書本卷。

[5]韓昭：人名。籍貫不詳。前蜀官員。事見本書本卷。

[6]"三年九月"至"亦不能得"：《通鑑》卷二七三同光三年九月條。

[7]威武：堡寨名。即威武城。前蜀王建構築。位於今陝西鳳縣東北。

[8]清道指揮使：官名。中國古代皇帝出巡時的侍從官，多掌禮儀之職。 王宗勳：人名。籍貫不詳。王建養子，前蜀官員。事見本書本卷。 王宗儼：人名。籍貫不詳。王建養子，前蜀官員。事見本書本卷。 侍中：官名。秦始置。隋、唐前期爲門下省長官。唐後期多爲大臣加銜，不參與政務，實際職務由門下侍郎執行。正二品。 王宗昱：人名。籍貫不詳。王建養子，前蜀官員。

事見本書本卷。

[9]深渡：渡口名。位於今四川廣元市東北大小漫山間的嘉陵江。

[10]桔柏津：渡口名。位於今四川廣元市西南昭化鎮北白龍江注入嘉陵江處。

[11]郭崇韜：人名。代州雁門（今山西代縣）人。五代後唐大臣。傳見本書卷五七、《新五代史》卷二四。

[12]李紹琛：人名。即康延孝。代北（今山西代縣）人。五代後唐將領。傳見本書卷七四、《新五代史》卷四四。

[13]白芀（tiáo）：地名。位於今四川金堂縣白芀鎮。

[14]“十月己卯”至“遂合謀送款於唐”：《通鑑》卷二七三同光三年十月條。《新五代史》卷六三《前蜀世家》：“衍留王宗弼守綿谷，遣王宗勳、宗儼、宗昱率兵以拒唐師。宗勳等至三泉，望風退走。衍詔宗弼誅宗勳等，宗弼反與宗勳等合謀，送款於唐師。”

十一月，王宗弼至成都，登大玄門，嚴兵自衛。蜀主及太后自往勞之，宗弼驕慢無復臣禮。乙巳，劫遷蜀主及太后後宮諸王於西宮，收其璽綬，[1]使親吏於義興門邀取內庫金帛，悉歸其家。其子承涓杖劍入宮，取蜀主寵姬數人以歸。丙午，宗弼自稱權西川兵馬留後。宗弼遣使以幣馬牛酒勞軍，且以蜀主書遺李嚴曰：[2]“公來吾即降。”或謂嚴：“公首建伐蜀之策，蜀人怨公深入骨髓，不可往。”嚴不從，欣然馳入成都，撫諭吏民，告以大軍繼至。蜀君臣後宮皆慟哭。蜀主引嚴見太后，以母妻爲托。宗弼猶乘城爲守備，嚴悉命撤去樓櫓。王宗弼稱蜀君臣久欲歸命，而內樞密使宋光嗣、景潤澄、宣徽使李周輅、歐陽晃熒惑蜀主，[3]皆斬之，函首送繼岌。[4]又責文思殿大學士、禮部尚書、[5]成都尹韓昭佞諛，梟於金馬坊門。內外馬步都指揮使兼中書令徐延瓊、[6]果州團練使潘在迎、[7]嘉州刺史顧在珣及諸貴戚皆惶恐，[8]傾其家金帛妓妾以賂宗弼，僅得免死。凡素所不快者，宗弼皆殺之。辛亥，繼岌至德陽。宗弼遣使奉箋，稱已遷蜀主於西第，安撫軍城，以俟王師。又使其子承班以蜀主後宮及珍玩賂繼岌及郭崇韜，求西川節度使，繼岌曰："此皆我家物，奚以獻爲!"[9]

[1]璽綬：天子印章及組綬。借指印璽。

[2]李嚴：人名。幽州（今北京市）人。五代後唐官員。後爲孟知祥所殺。傳見本書卷七〇、《新五代史》卷二六。

[3]宣徽使：官名。唐後期置。宣徽院的長官，初用宦官，五代以後改用士人。掌內諸司及三班內侍之名籍，郊祀、朝會、宴享供帳之儀，應內外進奉，悉檢視名物，用其印。　李周輅：人名。籍貫不詳。前蜀官員。事見本書本卷。　歐陽晃：人名。籍貫不詳。前蜀官員。事見本書本卷。

[4]繼岌：人名。即李繼岌。後唐莊宗長子。傳見本書卷五一、《新五代史》卷一四。

[5]禮部尚書：官名。尚書省禮部主官。掌禮儀、祭享、貢舉之政。正三品。

[6]徐延瓊：人名。籍貫不詳。前蜀官員。事見本書本卷。

[7]果州：州名。治所在今四川南充市。　團練使：官名。唐代中期以後，於不設節度使的地區設團練使，掌本區各州軍事。

[8]顧在珣：人名。籍貫不詳。前蜀官員。事見本書本卷。

[9]"十一月"至"奚以獻爲"：《通鑑》卷二七四同光三年（925）十一月條。《輯本舊史》卷三三《唐莊宗紀七》同光三年十

一月條："僞六軍使王宗弼報，王衍舉家遷於西宅，宗弼權稱西川兵馬留後；又報僞樞密使宋光嗣景潤澄、宣徽使李周輅歐陽晃同有異謀，惑亂蜀主，已梟斬訖。'"明本《册府》卷四二七《將帥部·受降門》：同光三年"十一月辛亥，魏王軍到德陽。僞蜀六軍使王宗弼遣使顏守倫上箋云：'蜀主王衍，已出府第，舉家遷於西宅。王宗弼權稱西川兵馬留後，安撫軍城，以候王師。'又言：'宗弼欲至漢州，迎奉天軍。'其僞六軍印，沿發遣公事，且留未納。翌日，宗弼又遣人奉箋言：'昨蜀主與將校同議款，其僞樞密使宋光嗣、景淵澄、南院宣徽使周輅、北院宣徽使歐陽晃等四人同出異謀，惑亂蜀主。臣當時梟首以徇，謹令送納。'"《新五代史》卷六三《前蜀世家》："而宗弼亦自綿谷馳歸，登太玄門，收成都尹韓昭、宦者宋光嗣、景潤澄、歐陽晃等殺之，函首送於繼岌。衍即上表乞降，宗弼遷衍於天啓宮。"同書卷一四《李繼岌傳》："及破蜀，蜀之貴臣大將，自王宗弼已下，皆爭以蜀寶貨、妓樂奉崇韜父子，而魏王所得，匹馬、束帛、唾壺、塵柄而已。"

十二月，王宗弼之自爲西川留後也，賂崇韜求爲節度使，崇韜陽許之，既而久未得，乃帥蜀人列狀見繼岌，請留崇韜鎮蜀。從襲等因謂繼岌曰："郭公父子專橫，今又使蜀人請己爲帥，其志難測，王不可不爲之備。"繼岌謂崇韜曰："主上倚侍中如山嶽，不可離廟堂，豈肯棄元老於蠻夷之域乎！且此非餘之所敢知也，請諸人詣闕自陳。"由是繼岌與崇韜互相疑。會宋光葆自梓州來，[1]訴王宗弼誣殺宋光嗣等；又，崇韜徵犒軍錢數萬緡於宗弼，宗弼靳之，士卒怨怒，夜，縱火諠噪。崇韜欲誅宗弼以自明，己巳，白繼岌收宗弼及王宗勳、王宗渥，皆數其不忠之罪，族誅之，籍没其家。蜀人爭食宗弼之肉。[2]

[1]宋光葆：人名。籍貫不詳。前蜀宦官。事見本書本卷。

[2]"十二月"至"蜀人爭食宗弼之肉"：《通鑑》卷二七四同光三年（925）十二月條。又見《輯本舊史》卷五七《郭崇韜傳》、《新五代史》卷二四《郭崇韜傳》。《新五代史》卷五《唐莊宗紀下》繫此事於同光三年十一月。

宗壽，許州民家子也。建以同姓，録之爲子。宗壽好學，工琴奕，爲人恬退，喜道家之術。[1]得一古鐵鏡，下有篆文十二字。忽照見一青衣小兒坐酒樓上，令人訪之。青衣隨至，曰："吾失此百年矣，此神物也，終當化去，不若還我。"宗壽出而與之。"青衣剖腹，納鏡而去。小兒傳辟穀吐納之術。[2]事建時爲鎮江軍節度使，[3]衍既立，宗壽爲太子太保奉朝請，[4]以鍊丹養氣自娱。衍爲淫亂，獨宗壽常切諫之。後爲武信軍節度使。[5]

[1]"宗壽"至"喜道家之術"：《新五代史》卷六三《前蜀世家》。《蜀檮杌》逸文古鏡條云："宗壽，建之族子。"《通鑑》卷二六七開平四年（910）十一月條："初，唐末宦官典兵者多養軍中壯士爲子以自强，由是諸將亦傚之。而蜀主尤多，惟宗懿等九人及宗特、宗平真其子；宗裕、宗鐬、宗壽皆其族人。"

[2]"得一古鐵鏡"至"小兒傳辟穀吐納之術"：《蜀檮杌》逸文古鏡條。

[3]鎮江軍：方鎮名。治所在夔州（今重慶奉節縣）。

[4]太子太保：官名。與太子太師、太子太傅統稱太子三師。隋唐以後多作加官或贈官。從一品。　奉朝請：奉朝廷召請參加朝

會。通常爲皇帝賜予致仕官員、勳貴的榮寵。

　　[5]"事建時爲鎮江軍節度使"至"後爲武信軍節度使"：《新五代史》卷六三《前蜀世家》。《通鑑》卷二六七開平四年十一月條："封嘉王。"

　　乾化四年正月，高季昌以蜀夔、萬、忠、涪四州舊隸荊南，[1]興兵取之，先以水軍攻夔州。時鎮江節度使兼侍中嘉王宗壽鎮忠州，夔州刺史王成先請甲，[2]宗壽但以白布袍給之。成先帥之逆戰，季昌縱火船焚蜀浮橋，招討副使張武舉鐵綆拒之，[3]船不得進。會風反，荊南兵焚溺死者甚衆。季昌乘戰艦，蒙以牛革，飛石中之，折其尾，季昌易小舟而遁。荊南兵大敗，俘斬五千級。成先密遣人奏宗壽不給甲之狀，宗壽獲之，召成先，斬之。[4]十一月，乙巳，南詔寇黎州，[5]蜀主以夔王宗範、兼中書令宗播、[6]嘉王宗壽爲三招討以擊之。丙辰，敗之於潘倉嶂，斬其酋長趙嵯政等；[7]壬戌，又敗之於山口城；[8]十二月，乙亥，破其武侯嶺十三寨；[9]辛巳，又敗之於大渡河，俘斬數萬級，蠻爭走渡水，橋絶，溺死者數萬人。宗範等將作浮梁濟大渡河攻之，蜀主召之令還。[10]

　　[1]乾化：五代後梁太祖朱温年號（911—912）。末帝朱友貞沿用（913—915）。　涪：州名。治所在今重慶涪陵區。

　　[2]王成先：人名。籍貫不詳。前蜀將領。事見本書本卷。

　　[3]張武：人名。籍貫不詳。前蜀將領。事見本書本卷。　綆（gēng）：大繩索。

　　[4]"乾化四年正月"至"斬之"：《通鑑》卷二六九乾化四年（914）正月條。

　　[5]南詔：唐五代以烏蠻爲主體的政權。位於今雲南、貴州一帶。傳見《新五代史》卷七四。

　　[6]宗播：人名。即王宗播。當爲王建義子。前蜀將領。事見《通鑑》卷二六八、卷二七〇。

　　[7]潘倉嶂：地名。位於今四川漢源縣北。　趙嵯政：人名。南詔將領。本書僅此一見。

　　[8]山口城：地名。位於今四川漢源縣北。

　　[9]武侯嶺：山名。即今四川漢源縣以北之大相嶺。

　　[10]"十一月"至"蜀主召之令還"：《通鑑》卷二六九乾化四年十一月、十二月條。《輯本舊史》卷一三六《王衍傳》："秋九月，衍奉其母、徐妃同遊於青城山，駐於上清宮。時宮人皆衣道服，頂金蓮花冠，衣畫雲霞，望之若神仙，及侍宴，酒酣，皆免冠而退，則其髻鬌然。又構怡神亭，以佞臣韓昭等爲狎客，雜以婦人，以恣荒宴，或自旦至暮，繼之以燭。僞嘉王宗壽侍宴，因以社稷國政爲言，言發涕流，至於再三。同宴佞臣潘在迎等並奏衍云：'嘉王好酒悲。'因翻恣諧謔，取笑而罷。自是忠正之臣結舌矣。"

　　唐師伐蜀，所在迎降，魏王嘗以書招之，[1]獨宗壽不降。聞衍已銜璧，大慟，從衍東遷，至岐陽，[2]以賂守者，得入見衍，衍泣下沾襟，曰："早從王言，豈有今日。"衍死，宗壽走澠池，聞莊宗遇弒，亡入熊耳山。[3]天成二年，[4]出詣京師，上書求衍宗族葬之。明宗嘉其忠，以爲保義軍行軍司馬，[5]封衍順正公，許以諸侯禮葬之。宗壽得王氏十八喪，葬之長安南三趙村。[6]

[1]魏王：即李繼岌。

[2]銜璧：中國古代一國統治者主動投降之稱。　岐陽：縣名。治所在今陝西岐山縣。

[3]澠池：縣名。治所在今河南澠池縣。　莊宗：即後唐莊宗李存勖。五代後唐王朝的建立者。紀見本書卷二七至卷三四、《新五代史》卷四至卷五。　熊耳山：山名。位於今河南西北部、秦嶺東段。

[4]天成：後唐明宗李嗣源年號（926—930）。

[5]明宗：即五代後唐明宗李嗣源。沙陀部人。原名邈佶烈，李克用養子。926年至933年在位。紀見本書卷三五至卷四四、《新五代史》卷六。　保義軍：方鎮名。治所在陝州（今河南三門峽市陝州區）。　行軍司馬：官名。出征將領及節度使的屬官。掌軍籍符伍，號令印信，是藩鎮重要的軍政官員。

[6]三趙村：地名。位於今陝西西安市郊。　“唐師伐蜀”至“葬之長安南三趙村”：《新五代史》卷六三《前蜀世家》。

孟知祥[1]　子昶

[1]《輯本舊史》之原輯者案語：“《薛史·孟知祥傳》，《永樂大典》原闕，今採《册府元龜·僭僞部》以存梗概。”

孟知祥，字保裔，邢州龍岡人也。[1]祖察，父道，世爲郡校；伯父方立，終於邢洺節度使。[2]其叔父遷，當唐之末，據邢、洺、磁三州，[3]爲晉所虜。晉王以遷守澤潞，[4]梁兵攻晉，遷以澤潞降梁。知祥父道，獨留事晉而不顯。[5]知祥以咸通十五年甲午歲四月二十一日生，有火光照室，鄰里皆異之。有僧見而撫曰：“此五臺山靈也。"[6]幼温厚，知書樂善，武皇深器之，以其弟克讓女妻之，即瓊華長公主。[7]以爲左教練使。[8]天祐五年，莊宗嗣晉王位，改馬步軍教練使。[9]

[1]保裔：《新五代史》卷六四《後蜀世家》、《十國春秋》卷四八、《蜀檮杌》卷下、明本《册府》卷三〇二《外戚部·委任門》均作"保胤"，《九國志》卷七（清刻本）作"保允"。按：宋太祖諱"匡胤"，故諸書或改"胤"爲"允""裔"，或略去"胤"字最末一筆，均屬避諱之例。清雍正帝諱"胤禎"，故清刻本亦未還原。今從《册府》卷二一九原文，不作更改。　邢州：州名。治所在今河北邢臺市。　龍岡：縣名。治所在今河北邢臺市。

[2]方立：人名。即孟方立。邢州平鄉（今河北平鄉縣）人。唐末將領。傳見本書卷六二、《新唐書》卷一八七、《新五代史》卷四二。　邢洺：方鎮名。治所在邢州（今河北邢臺市）。　"孟知祥"至"終於邢洺節度使"：明本《册府》卷二一九《僭僞部·姓系門》。《輯本舊史》卷二五《唐武皇紀上》龍紀元年（889）六月："孟方立恚恨，飲鴆而死。三軍立其姪遷爲留後。"此句《輯本舊史》之原輯者案語："《舊唐書·昭宗紀》、《歐陽史·莊宗紀》，皆以孟遷爲方立之弟，《新唐書·孟方立傳》作方立之子，《薛史·武皇紀》又作方立之姪，未詳孰是。"按：孟方立，《新五代史》卷四二、《新唐書》卷一八七、《輯本舊史》卷六二有傳。考《舊唐書》卷二〇上《昭宗紀》、《新唐書》卷一〇《昭宗紀》及卷一八七《孟方立傳》、《新五代史》卷四《唐莊宗紀上》及卷四二《孟方立傳》、《通鑑》卷二五八，並云遷爲方立之弟。《通鑑考異》亦云："新、舊《紀》、《實錄》、《薛史·方立傳》皆云立其弟遷，唯《太祖紀年録》及《薛史·武皇紀》云立其姪遷，恐誤。"此原輯者案語云"《新唐書·孟方立傳》作方立之子"誤，《輯本舊史·唐武皇紀》疑誤。

[3]遷：人名。即孟遷。邢州平鄉（今河北平鄉縣）人。唐末將領。傳見《新唐書》卷一八七。　洺：州名。治所在今河北邯鄲市永年區。　磁：州名。治所在今河北磁縣。

[4]晉王：即李克用。沙陀部人。生於神武川新城（一説是今山西朔州市朔城區之梵王寺村，一説是今山西應縣縣城，一説在今山西懷仁縣之日中城）。唐末軍閥，後唐太祖。紀見本書卷二五至卷二六，事見《新五代史》卷四。　澤潞：方鎮名。治所在潞州（今山西長治市）。

[5]"其叔父遷"至"獨留事晉而不顯"：《新五代史》卷六四《後蜀世家》。

[6]咸通：唐懿宗李漼年號（860—874）。　五臺山：山名。位於今山西五臺縣。　"知祥以咸通十五年甲午歲四月二十一日生"至"此五臺山靈也"：《蜀檮杌》卷下。

[7]武皇：即李克用。　克讓：人名。即李克讓。李克用之弟。唐末與黄巢軍作戰時敗死。傳見本書卷五〇、《新五代史》卷一四。　"幼温厚"至"即瓊華長公主"：明本《册府》卷三〇二《外戚部·委任門》。同書卷三〇〇《外戚部·選尚門》云："明宗即位，封瓊華長公主。"

[8]左教練使：官名。唐末、五代方鎮軍將。分左、右兩員，多選善兵法武藝者，掌軍事訓練。　以爲左教練使：《新五代史》卷六四《後蜀世家》。《蜀檮杌》卷下："弱冠，補太原衙内都指揮使。李克用鎮太原，妻以其弟克讓之女，累遷親衛軍使。"

[9]教練使：官名。唐、五代方鎮使府軍將，選善兵法武藝者充任，掌教練兵法及武藝，亦或領兵出戰。"天祐五年"至"改馬步軍教練使"：《蜀檮杌》卷下。

乾化二年三月戊申，周德威遣裨將李存暉等攻瓦橋關，[1]其將吏及莫州刺史李嚴皆降。[2]嚴，幽州人也，涉獵書傳，晉王使傅其子繼岌，嚴固辭。晉王怒，將斬之，教練使孟知祥徒跣入諫曰："强敵未滅，大王豈宜以一怒戮嚮義之士乎!"乃免之。[3]出知嵐州，召爲中門使。[4]莊宗與梁祖夾河頓兵，知祥參謀應變，事無留滯。[5]莊宗平定魏博，知祥與李紹宏俱掌機要。[6]俄而幽州失帥，上令紹宏權知幽州軍府事。孟知祥地居右戚，[7]兼要密之任。事難責重，切於辭避，嘗於上前保薦郭崇韜，言有剖繁治劇之能，堪委腹心之任。故上召至以爲副中門使，以副知祥。[8]崇韜倜儻有智略，臨事敢決，王寵待日隆。先是，中門使吳珪、張虔厚相繼獲罪，[9]及紹宏出幽州，知祥懼禍，稱疾辭位，王乃以知祥爲河東馬步都虞候，自是崇韜專典機密。[10]

[1]周德威：人名。朔州馬邑（今山西朔州市朔城區東北）人。唐末、五代河東將領。傳見本書卷五六、《新五代史》卷二五。

李存暉：人名。籍貫不詳。唐末、五代將領。事見《通鑑》卷二六八。　瓦橋關：唐置。位於今河北雄縣。五代後晉初地入契丹。後周顯德六年（959）收復，建爲雄州。與益津、淤口合稱三關。

[2]莫州：州名。治所在今河北任丘市鄚州鎮。

[3]"乾化二年三月戊申"至"乃免之"：《通鑑》卷二六八乾化二年（912）三月條。乾化二年（912）爲天祐九年。

[4]嵐州：州名。治所在今山西嵐縣。　中門使：官名。五代時晉王李存勖所置，爲節度使屬官。職掌同於朝廷之樞密使。

[5]"出知嵐州"至"事無留滯"：《蜀檮杌》卷下。

[6]魏博：方鎮名。治所在魏州貴鄉縣（今河北大名縣）。李紹宏：人名。又作"馬紹宏"。籍貫不詳。後唐莊宗近臣。傳見本書卷七二。

[7]右戚：皇家貴戚。

[8]“莊宗平定魏博”至“以副知祥”：《宋本冊府》卷八二八《總録部·論薦門》，又見《新五代史》卷六四《後蜀世家》、《通鑑》卷二七〇貞明五年（919）三月條。

[9]吳珪：人名。一作“吳珙”。籍貫不詳。五代後唐官員。事見本書卷二七。　張虔厚：人名。籍貫不詳。五代後唐將領。事見本書卷五七。

[10]河東：方鎮名。治所在太原（今山西太原市）。　馬步都虞候：官名。方鎮統兵官。　“崇韜偁儻有智略”至“自是崇韜專典機密”：《通鑑》卷二七〇貞明五年三月條，參見《新五代史》卷六四《後蜀世家》、《宋本冊府》卷三〇九《宰輔部·佐命門》郭崇韜條、《輯本舊史》卷五七《郭崇韜傳》。

同光三年九月，大舉伐蜀，以郭崇韜爲招討使。奉辭之日，崇韜奏曰：“臣以非才，謬當戎事。若西川平定之後，陛下擇帥，如信厚善謀，事君有節，則孟知祥有焉。望以蜀帥授之。”十二月，制以知祥檢校太傅、同平章事、成都尹、充劍南西川節度副大使、知節度事。[1]閏十二月己丑，知祥自太原奉詔馳騎入洛。莊宗以知祥戚里之重，預戒所司出內府供帳珍玩奇絶者，別設宮居以宴之。酒酣，追思平昔事，因曰：“吾輩老矣，繼岌乳臭兒，今年代父破賊，平定西川，慰喜之外，復增悲耳。吾憶先帝棄代時，疆境爲賊所侵，僅保一隅之地。豈知今日君臨天下，奇珍異器，畢萃吾府。卿爲吾姻，可得而言。”因指閱珠玉器服以示知祥，又曰：“蜀土奢華富盛，不異吾宮。以卿戚里忠賢，慎乃相付，卿其勉之。”因令中使王允平就賜節鉞、官誥。[2]及孟知祥將行，帝語之曰："聞郭崇韜有異志，卿到，爲朕誅之。"知祥曰："崇韜，國之勳舊，不宜有此。俟臣至蜀察之，苟無他志則遣還。"帝許之。壬子，知祥發洛陽。帝尋復遣衣甲庫使馬彥珪馳詣成都觀崇韜去就，[3] 如奉詔班師則已，若有遷延趦趄之狀，則與繼岌圖之。彥珪見皇后，說之曰："臣見向延嗣言蜀中事勢憂在朝夕，今上當斷不斷，夫成敗之機，間不容髮，安能緩急稟命於三千里外乎！"皇后復言於帝，帝曰："傳聞之言，未知虛實，豈可遽爾果決！"皇后不得請，退，自爲教與繼岌，令殺崇韜。知祥行至石壕，[4] 彥珪夜叩門宣詔，促知祥赴鎮，知祥竊歎曰："亂將作矣！"乃晝夜兼行。明年正月戊辰，孟知祥至成都。時新殺郭崇韜，人情未安，知祥慰撫吏民，犒賜將卒，去留帖然。[5]

[1]"同光三年九月"至"知節度事"：明本《册府》卷三〇二《外戚部・委任門》。參見《通鑑》卷二七三同光三年（925）九月條、《宋本册府》卷八六五《總錄部・報恩門》郭崇韜條。

[2]中使：指宮中派出的使者，多爲宦官。　王允平：人名。籍貫不詳。五代後唐官員。事見本書卷五七。　節鉞：亦稱旄鉞、節旄。代指節度使。　官誥：任職文書。　"閏十二月己丑"至"官誥"：明本《册府》卷三〇三《外戚部・褒寵門》。參見《新五代史》卷六四《後蜀世家》。

[3]衣甲庫使：官名。掌軍器衣甲。　馬彥珪：人名。籍貫不詳。後唐宦官。事見《通鑑》卷二七四。

[4]石壕：地名。亦作"石濠"，位於今河南三門峽市。

[5]"及孟知祥將行"至"去留帖然"：《通鑑》卷二七四同光三年閏十二月條、天成元年（926）正月。參見《蜀檮杌》卷下。

初，蜀人擊拂，[1]以初入爲孟，又王氏宮殿，皆題
匠人孟得姓名。及知祥至，人以爲先兆。時魏王尚駐於
府舍，知祥乃館於徐延瓊之第。延瓊即衍之舅，衍嘗幸
其第，悦其華麗，於壁上書孟字以戲之，蓋蜀中以孟爲
不佳故也。延瓊以紅紗籠之，知祥見而笑曰："疎狂霸
豎，亦預知我代，知我居此耶。"[2]

[1]擊拂：一種球類運動。《鑒誡録》卷一："蜀人競以擊拂之
間妙絶者於呼頭入爲孟入，或云此毬子，從太原將來。"又《宋
史·郭從義傳》："從義喜擊毬，嘗侍太祖於便殿，命擊之。從義易
衣跨驢馳驟殿庭，周旋擊拂，曲盡其妙。"

[2]"初，蜀人擊拂"至"知我居此耶"：《蜀檮杌》卷下。

天成元年二月丙申，魏王繼岌至泥溪，[1]紹琛至劍
州遣人白繼岌云："河中將士號哭不止，欲爲亂。"丁
酉，紹琛自劍州擁兵西還，自稱西川節度、三川制置等
使，移檄成都，稱奉詔代孟知祥，招諭蜀人，三日間衆
至五萬。己亥，魏王繼岌至利州，李紹琛遣人斷桔柏
津。繼岌聞之，以任圜爲副招討使，將步騎七千，與都
指揮使梁漢顒、監軍李延安追討之。[2]甲寅，董璋將兵
二萬屯綿州，[3]會任圜討李紹琛。帝遣中使崔延琛至成
都，[4]遇紹琛軍，紿之曰："吾奉詔召孟郎，公若緩兵，
自當得蜀。"既至成都，勸孟知祥爲戰守備。知祥浚壕
樹柵，遣馬步都指揮使李仁罕將四萬人，驍鋭指揮使李
延厚將二千人討紹琛。[5]

[1] 泥溪：地名。位於今四川屏山縣。

[2] 任圜：人名。京兆三原（今陝西三原縣）人。五代後唐將領、大臣。傳見本書卷六七、《新五代史》卷二八。 都指揮使：官名。五代時統兵長官。五代軍隊編制，五百人爲一指揮，設指揮使、副指揮使；十指揮爲一軍，設都指揮使、副都指揮使。 梁漢顒：人名。太原（今山西太原市）人。五代後唐將領。傳見本書卷八八。 李延安：人名。籍貫不詳。五代後唐宦官。事見本書本卷、卷六七。

[3] 董璋：人名。籍貫不詳。五代後梁、後唐將領。傳見本書卷六二、《新五代史》卷五一。

[4] 崔延琛：人名。籍貫不詳。五代後唐宦官。事見本書本卷。

[5] 李仁罕：人名。陳留（今河南開封市陳留鎮）人。後唐、後蜀將領。後爲孟昶所殺。事見《通鑑》卷二七七。 驍鋭指揮使：官名。所部統兵官。"驍鋭"爲部隊番號。 李延厚：人名。籍貫不詳。後唐、後蜀將領。事見《通鑑》卷二七四、卷二七九。

"天成元年二月丙申"至"驍鋭指揮使李延厚將二千人討紹琛"：《通鑑》卷二七四天成元年（926）二月條。天成元年爲同光四年。按是時尚未改元。

三月，漢州無城塹，樹木爲柵。乙丑，任圜進攻其柵，縱火焚之，李紹琛引兵出戰於金雁橋，[1]兵敗，與十餘騎奔綿竹，追擒之。孟知祥自至漢州犒軍，與任圜、董璋置酒高會，引李紹琛檻車至座中，知祥自酌大巵飲之，謂曰："公已擁節旄，又有平蜀之功，何患不富貴，而求入此檻車邪！"紹琛曰："郭侍中佐命功第一，兵不血刃取兩川，一旦無罪族誅；如紹琛輩安保首領！以此不敢歸朝耳。"魏王繼岌既獲紹琛，乃引兵倍道而東。孟知祥獲陝虢都指揮使汝陰李肇、河中都指揮使千乘侯弘實，以肇爲牙内馬步都指揮使，弘實副之。[2]蜀中群盜猶未息，知祥擇廉吏使治州縣，蠲除橫賦，安集流散，下寬大之令，與民更始。遣左廂都指揮使趙廷隱、右廂都指揮使張業將兵分討群盜，悉誅之。[3]

[1]金雁橋：橋名。位於今四川廣漢市北鴨子河上。

[2]李肇：人名。汝陰（今安徽阜陽市）人。五代後唐、後蜀將領。事見本書卷四四、《新五代史》卷六四。　侯弘實：人名。千乘（今山東廣饒縣）人。五代後唐、後蜀將領。事見《新五代史》卷六四。

[3]趙廷隱：人名。天水（今甘肅天水市）人。後蜀將領。事見本書本卷。　“三月”至“悉誅之”：《通鑑》卷二七四天成元年三月條，孟、李問答，可參《輯本舊史》卷七四《康延孝傳》。

　　莊宗崩，魏王繼岌死，明宗入立。[1]六月戊申，加孟知祥兼侍中。[2]（七月）孟知祥陰有據蜀之志，閱庫中，得鎧甲二十萬，置左右牙等兵十六營，凡萬六千人，營於牙城内外。（八月）初，郭崇韜以蜀騎兵分左、右驍衛等六營，凡三千人；步兵分左、右寧遠等二十營，凡二萬四千人。庚寅，孟知祥增置左、右衝山等六營，凡六千人，營於羅城内外；[3]又置義寧等二十營，凡萬六千人，分戍管内州縣就食；又置左、右牢城四營，凡四千人，分戍成都境内。九月，壬戌，孟知祥置左、右飛棹兵六營，凡六千人，分戍濱江諸州，習水戰以備夔、峽。[4]

[1]“莊宗崩”至“明宗入立”:《新五代史》卷六四《後蜀世家四》。

[2]六月戊申,加孟知祥兼侍中:《通鑑》卷二七五天成元年(926)六月戊申條。《輯本舊史》卷三六《唐明宗紀二》尚稱加“檢校太傅”,按此前孟知祥亦爲檢校太傅,無需再加。《蜀檮杌》卷下繫於十月。

[3]羅城:古代爲加强防守,在城墻外加建的凸出形小城圈。

[4]“孟知祥陰有據蜀之志”至“習水戰以備夔、峽”:《通鑑》卷二七五天成元年七月、八月、九月條。《新五代史》卷六四《後蜀世家》:“知祥乃訓練兵甲,陰有王蜀之志。益置義勝、定遠、驍鋭、義寧、飛棹等軍七萬餘人,命李仁罕、趙廷隱、張業等分將之。”軍名、數量與《通鑑》不同。

初,魏王繼岌、郭崇韜率蜀中富民輸犒賞錢五百萬緡,聽以金銀繒帛充,晝夜督責,有自殺者,給軍之餘,猶二百萬緡。至是,任圜判三司,知成都富饒,遣鹽鐵判官、[1]太僕卿趙季良爲孟知祥官告國信兼三川都制置轉運使。[2](十月)甲辰,季良至成都。蜀人欲皆不與,知祥曰:“府庫他人所聚,輸之可也。州縣租税,以贍鎮兵十萬,決不可得。”季良但發庫物,不敢復言制置轉運職事矣。[3]安重誨專權用事,[4]以知祥莊宗舊識,方據大藩,慮久而難制,潛欲圖之。是時,客省使李嚴以嘗使於蜀,洞知其利病,因獻謀於重誨,請以己爲西川監軍,庶效方略,以制知祥,朝廷可之。[5]己酉,以嚴爲西川都監,文思使太原朱弘昭爲東川副使。[6]李嚴母賢明，謂嚴曰：“汝前啓滅蜀之謀，今日再往，必以死報蜀人矣。”[7]

[1]三司：官署名。五代後唐明宗天成元年（926）合鹽鐵、度支、戶部爲一職，始稱三司，爲中央最高之理財機構。　鹽鐵判官：官名。掌鹽鐵政務及稅收。

[2]太僕卿：官名。漢代始置，太僕寺長官，掌御用車馬及國家畜牧事宜。從三品。　趙季良：人名。濟陰（今山東曹縣）人，後蜀孟知祥親信大臣，後又擁立孟昶繼位。事見本書本卷。　官告國信：即加封孟知祥爲侍中的文書憑證。　三川：唐中葉後，以劍南西川、劍南東川及山南西道三鎮合稱“三川”。　都制置轉運使：官名。兼顧制置使、轉運使職責。制置使爲唐後期臨時差遣官，爲地方用兵時控制當地秩序而設。轉運使負責籌措、供應軍馬所需糧草。

[3]“初”至“不敢復言制置轉運職事矣”：《通鑑》卷二七五天成元年（926）十月條，又見《新五代史》卷六四《後蜀世家》。

[4]安重誨：人名。應州（今山西應縣）人。五代後唐大臣。傳見本書卷六六、《新五代史》卷二四。

[5]“安重誨專權用事”至“朝廷可之”：明本《册府》卷二二七《僭僞部·謀略門》。

[6]都監：官名。唐代中葉命將出征，常以宦官爲監軍、都監。後爲臨時委任的統兵官，稱都監、兵馬都監。掌屯戍、邊防、訓練之政令。　文思使：官名。文思院長官。掌造宮廷所需之物。唐代置文思院，以宦官爲文思使。五代後梁時改文思院爲乾文院，文思使改稱乾文院使。後唐時復舊。　朱弘昭：人名。太原（今山西太原市）人。五代後唐明宗朝樞密使、宰相。傳見本書卷六六、《新五代史》卷二七。

[7]“己酉”至“必以死報蜀人矣”：《通鑑》卷二七五天成元

年十月己酉條。

　　二年正月，孟知祥聞李嚴來監其軍，惡之；或請奏止之，知祥曰：“何必然，吾有以待之。”遣吏至綿、劍迎候。會武信節度使李紹文卒，[1]知祥自言嘗受密詔許便宜從事，壬戌，以西川節度副使、內外馬步軍都指揮使李敬周爲遂州留後，[2]趣之上道，然後表聞。嚴先遣使至成都，知祥自以於嚴有舊恩，冀其懼而自回，乃盛陳甲兵以示之，嚴不以爲意。孟知祥禮遇李嚴甚厚，一日謁知祥，知祥謂曰：“公前奉使王衍，歸而請兵伐蜀，莊宗用公言，遂致兩國俱亡。今公復來，蜀人懼矣。且天下皆廢監軍，公獨來監吾軍，何也？”嚴惶怖求哀，知祥曰：“衆怒不可遏也。”遂揖下，斬之。又召左廂馬步都虞候丁知俊，[3]知俊大懼，知祥指嚴尸謂曰：“昔嚴奉使，汝爲之副，然則故人也，爲我瘞之。”[4]

[1]李紹文：人名。鄆州（今山東東平縣）人。唐末、五代將領。傳見本書卷五九。

[2]李敬周：人名。避後晉高祖石敬瑭諱改名李周。邢州內丘（今河北內丘縣）人。五代後唐、後晉將領。傳見本書卷九一、《新五代史》卷四七。

[3]丁知俊：人名。籍貫不詳。五代後唐官員。事見本書本卷。

[4]“二年正月”至“爲我瘞之”：《通鑑》卷二七五天成二年（927）正月條。明本《冊府》卷二二七《僭僞部·謀略門》：“及嚴至蜀，知祥延揖甚至，徐謂嚴曰：‘都監前因奉使請兵伐蜀，遂使東西兩朝俱至破滅，三川之人，其怨已深。今既復來，人情大駭，固奉爲不暇也。’即遣人緝下階，斬於階前。”《輯本舊史》卷

三八《唐明宗紀四》天成二年二月壬辰條："知祥奏，泗州防禦使、充西川兵馬都監李嚴，扇搖軍衆，尋已處斬。"亦見《宋本册府》卷四四九《將帥部·專殺門》。

　　初，知祥鎮蜀，遣人迎其家屬于太原，行至鳳翔，鳳翔節度使李從曮聞知祥殺李嚴，[1]以爲知祥反矣，遂留之。明宗既不能詰，而猶欲以恩信懷之，乃遣客省使李仁矩慰諭知祥，[2]并送瓊華公主及其子昶等歸之。[3]四月丙申，至成都。鹽鐵判官趙季良與孟知祥有舊，知祥奏留季良爲副使。朝廷不得已，丁酉，以季良爲西川節度副使。李昊歸蜀，知祥以爲觀察推官。[4]十二月戊寅，知祥發民丁二十萬脩成都城。[5]

　　[1]李從曮：人名。深州博野（今河北蠡縣）人。李茂貞長子，唐末、五代軍閥。傳見本書卷一三二。

　　[2]李仁矩：人名。籍貫不詳。五代後唐將領。傳見本書卷七〇、《新五代史》卷二六。

　　[3]"初，知祥鎮蜀"至"并送瓊華公主及其子昶等歸之"：《新五代史》卷六四《後蜀世家四》。《通鑑》卷二七五天成二年（927）四月條："先是，孟知祥遣牙內指揮使文水武漳迎其妻瓊華長公主及子仁贊於晉陽，及鳳翔，李從曮聞知祥殺李嚴，止之，以聞，帝聽其歸蜀。"

　　[4]觀察推官：官名。唐肅宗以後置，五代沿置。觀察使屬官。掌理刑案之事。　"四月丙申"至"知祥以爲觀察推官"：《通鑑》卷二七五天成二年四月條。《新五代史》卷六四《後蜀世家》："知祥因請趙季良爲節度副使，事無大小，皆與參決。"

　　[5]十二月戊寅，知祥發民丁二十萬脩成都城：《通鑑》卷二

七六天成二年十二月條。

三年三月，孟知祥屢與董璋争鹽利，璋誘商旅販東川鹽入西川，知祥患之，乃於漢州置三場重征之，歲得錢七萬緡，商旅不復之東川。[1]唐徙季良爲果州團練使，以何瓚爲節度副使。[2]知祥得制書匿之，表留季良，不許。乃遣其將雷廷魯至京師論請，[3]明宗不得已而從之。是時，瓚行至緜谷，[4]懼不敢進，知祥乃奏瓚爲行軍司馬。是歲，唐師伐荊南，詔知祥以兵下峽，知祥遣毛重威率兵三千戍夔州。[5]已而荊南高季興死，其子從誨請命，[6]知祥請罷戍兵，不許。知祥諷重威以兵鼓譟，潰而歸，唐以詔書劾重威，知祥奏請無劾，由是唐大臣益以知祥爲必反。[7]

[1]“三年三月”至“商旅不復之東川”：《通鑑》卷二七六天成三年（928）三月條。

[2]何瓚：人名。閩（今福建福州市）人。五代後唐官員。傳見《新五代史》卷二八。

[3]雷廷魯：人名。籍貫不詳。孟知祥部將。本書僅此一見。

[4]緜谷：地名。位於今四川廣元市利州區。

[5]毛重威：人名。籍貫不詳。孟知祥部將。本書僅此一見。

[6]高季興：人名。原名高季昌，陝州硤石（今河南三門峽市）人。五代十國南平（即荊南）開國君主。傳見本書卷一三三、《新五代史》卷六九。　從誨：即五代十國南平國君高從誨。陝州硤石（今河南三門峽市）人。高季興之子。傳見本書卷一三三、《新五代史》卷六九。

[7]“唐徙季良爲果州團練使”至“由是唐大臣益以知祥爲必

反”：《新五代史》卷六四《後蜀世家四》。《通鑑》卷二七六天成
三年六月條：“先是，詔發西川兵戍夔州，孟知祥遣左肅邊指揮使
毛重威將三千人往。頃之，知祥奏：‘夔、忠、萬三州已平，請召
戍兵還，以省饋運。’帝不許。知祥陰使人誘之，重威帥其衆鼓譟
逃歸；帝命按其罪，知祥請而免之。”

　　九月癸巳，西川右都押牙孟容弟爲資州税官，[1]坐
自盗抵死，觀察判官馮璵、中門副使王處回爲之請，[2]
孟知祥曰：“雖吾弟犯法，亦不可貸，況他人乎！”先
是，西川常發芻糧饋峽路，孟知祥辭以本道兵自多，難
以奉他鎮，詔不許，屢督之。十月甲寅，知祥奏稱財力
乏，不奉詔。[3]

　　[1]右都押牙：官名。“押牙”即“押衙”。唐、五代時期節度
使辟署的屬官。有稱左、右都押衙或都押衙者。掌領方鎮儀仗侍
衛、統率軍隊。參見劉安志《唐五代押牙（衙）考略》，武漢大學
歷史系魏晉南北朝隋唐史研究室編《魏晉南北朝隋唐史資料》第
16 輯，武漢大學出版社 1998 年版。　孟容弟：人名。本書僅此
一見。
　　[2]觀察判官：官名。唐肅宗以後置，五代沿置。觀察使屬官，
參理田賦事，用觀察使印、署狀。　馮璵：人名。籍貫不詳。後蜀
官員。本書僅此一見。　王處回：人名。籍貫不詳。後蜀大臣。事
見本書本卷。
　　[3]“九月癸巳”至“不奉詔”：《通鑑》卷二七六天成四年
（929）九月、十月條。

　　四年，明宗將有事于南郊，[1]遣李仁矩責知祥助禮

錢一百萬緡。知祥覺唐謀欲困己，辭不肯出。久之，請獻五十萬而已。初，魏王繼岌東歸，留精兵五千戍蜀。自安重誨疑知祥有異志，聽言事者，用己所親信分守兩川管內諸州，每除守將，則以精兵爲其牙隊，多者二三千，少者不下五百人，以備緩急。是歲，以夏魯奇爲武信軍節度使；[2]分東川之閬州爲保寧軍，以李仁矩爲節度使；又以武虔裕爲綿州刺史。[3]仁矩與東川董璋有隙，而虔裕，重誨表兄，由是璋與知祥皆懼，以謂唐將致討。自璋鎮東川，未嘗與知祥通問，於是璋始遣人求婚以自結。而知祥心恨璋，欲不許，以問趙季良，季良以爲宜合從以拒唐，知祥乃許。於是連表請罷還唐所遣節度使、刺史等。明宗優詔慰諭之。[4]知祥慮唐軍驟至，與遂、閬兵合，則勢不可支吾，遂與璋協謀，令璋以本部軍先取閬州，知祥遣大將軍李仁罕、趙廷隱率軍圍遂州。[5]

[1]有事于南郊：南郊意爲都城南面之郊。代指南面郊區之祭天場所（圜丘），亦指祭天之禮（郊天）。古人用“郊”“南郊”“有事於南郊”指代在南郊之圜丘舉行的郊天典禮。

[2]夏魯奇：人名。青州（今山東青州市）人。後唐將領。傳見本書卷七〇、《新五代史》卷三三。

[3]武虔裕：人名。籍貫不詳。後唐將領。事見本書本卷。

[4]“四年”至“明宗優詔慰諭之”：《新五代史》卷六四《後蜀世家四》。《輯本舊史》卷四〇《唐明宗紀六》天成四年（929）七月壬辰條：“詔取來年二月二十一日有事於南郊。”

[5]“知祥慮唐軍驟至”至“趙廷隱率軍圍遂州”：明本《冊府》卷二二七《僭僞部·謀略門》。

　　長興元年正月，[1]董璋遣兵築七寨於劍門。辛巳，孟知祥遣趙季良如梓州脩好。二月，乙未朔，趙季良還成都，謂孟知祥曰："董公貪殘好勝，志大謀短，終爲西川之患。"都指揮使李仁罕、張業欲置宴召知祥，[2]先二日，有尼告二將謀以宴日害知祥；知祥詰之，無狀，丁酉，推始言者軍校都延昌、王行本，[3]腰斬之。戊戌，就宴，盡去左右，獨詣仁罕第；仁罕叩頭流涕曰："老兵惟盡死以報德。"由是諸將皆親附而服之。壬子，孟知祥、董璋同上表言："兩川聞朝廷於閬中建節，綿、遂益兵，無不憂恐。"上以詔書慰諭之。[4]明宗有事於南郊，加拜知祥中書令。[5]五月，孟知祥累表請割雲安等十三鹽監隸西川，以鹽直贍寧江屯兵，[6]辛卯，許之。[7]

　　[1]長興：後唐明宗李嗣源年號（930—933）。

　　[2]張業：據中華書局本《新五代史》有校勘記，浙江本作"張鄴"，本書卷四四《唐明宗紀十》作"張知業"，《冊府》卷一七八作"張知鄴"。籍貫不詳。後蜀將領。事見本書本卷、《新五代史》卷六四。

　　[3]都延昌、王行本：人名。籍貫不詳。孟知祥屬下低級軍官。本書僅此一見。

　　[4]"長興元年正月"至"上以詔書慰諭之"：《通鑑》卷二七七長興元年（930）正月、二月條。

　　[5]明宗有事於南郊，加拜知祥中書令：《新五代史》卷六四《後蜀世家》，又見《蜀檮杌》卷下。《通鑑》卷二七六繫此事於四月。

　　[6]雲安：鹽監名。唐順宗時置。位於今重慶市雲陽縣雲安鎮。寧江：方鎮名。治所在夔州（今重慶奉節縣）。

[7]“五月”至“許之”:《通鑑》卷二七七長興元年五月條。

初，知祥與璋俱有異志，而安重誨信言事者，以璋盡忠於國，獨知祥可疑，重誨猶欲倚璋以圖知祥。是歲九月，董璋先反。[1]癸亥，西川進奏官蘇願白孟知祥云:[2]“朝廷欲大發兵討兩川。”知祥謀於副使趙季良，季良請以東川兵先取遂、閬，然後併兵守劍門，則大軍雖來，吾無內顧之憂矣。知祥從之，遣使約董璋同舉兵。璋移檄利、閬、遂三鎮，數其離間朝廷，引兵擊閬州。[3]是月應聖節，[4]知祥開宴，東北望再拜，俯伏嗚咽，泣下沾襟，士卒皆爲之歔欷。明日，遂舉兵反。是秋，明宗改封瓊華公主爲福慶長公主，有司言前世公主受封，皆未出降，無遣使就藩册命之儀。詔有司草具新儀，乃遣秘書監劉岳爲册使。[5]岳行至鳳翔，聞知祥反，乃旋。[6]庚午，知祥以都指揮使李仁罕爲行營都部署，[7]漢州刺史趙廷隱副之，簡州刺史張業爲先鋒指揮使，將兵三萬攻遂州；別將牙內都指揮使侯弘實、先登指揮使孟思恭將兵四千會璋攻閬州。[8]東川兵至閬州，諸將皆曰:“董璋久蓄反謀，以金帛啗其士卒，銳氣不可當，宜深溝高壘以挫之，不過旬日，大軍至，賊自走矣。”李仁矩曰:“蜀兵懦弱，安能當我精卒!”遂出戰，兵未交而潰歸。董璋晝夜攻之，庚辰，城陷，殺仁矩，滅其族。[9]

[1]“初，知祥與璋俱有異志”至“董璋先反”:《新五代史》卷六四《後蜀世家四》。

[2]進奏官：官名。唐、五代藩鎮皆置邸於京師，爲駐京城的辦事機構。唐肅宗、代宗時稱上都留後院，大曆十二年（777）改稱上都進奏院。五代時，州郡不隸藩鎮者，亦置邸京師。以進奏官主其事，掌傳送文書、情報，主持本鎮、州郡進奉。　蘇願：人名。籍貫不詳。五代後唐官員，孟知祥屬官。事見《通鑑》卷二七七。

[3]"癸亥"至"引兵擊閬州"：《通鑑》卷二七七長興元年（930）九月條。

[4]應聖節：後唐明宗以其誕生日（九月初九日）爲應聖節。

[5]秘書監：官名。秘書省長官。掌圖書秘記等。從三品。劉岳：人名。洛陽（今河南洛陽市）人。五代後唐官員。傳見本書卷六八、《新五代史》卷五五。

[6]"是月應聖節"至"乃旋"：《新五代史》卷六四《後蜀世家四》。

[7]行營都部署：官名。凡行軍征討，掛帥率軍戰鬥，總管行營事務。

[8]孟思恭：人名。籍貫不詳。後蜀將領。事見本書本卷。

[9]"庚午"至"滅其族"：《通鑑》卷二七七長興元年九月條。

十月癸巳，李仁罕圍遂州，夏魯奇嬰城固守；孟知祥命都押牙高敬柔帥資州義軍二萬人築長城環之。[1]魯奇遣馬軍都指揮使康文通出戰，[2]文通聞閬州陷，遂以其衆降於仁罕。戊戌，董璋引兵趣利州，遇雨，糧運不繼，還閬州。知祥聞之，驚曰："比破閬中，正欲徑取利州，其帥不武，必望風遁去。吾獲其倉廩，據漫天之險，北軍終不能西救武信。今董公僻處閬州，遠棄劍

閣，非計也。”欲遣兵三千助守劍門；璋固辭曰：“此已
有備。”孟知祥以故蜀鎮江節度使張武爲峽路行營招收
討伐使，將水軍趣夔州，以左飛棹指揮使袁彥超副
之。[3]十一月乙亥，詔削孟知祥官爵。己卯，董璋遣使
至成都告急。知祥聞劍門失守，大懼，曰：“董公果誤
我！”庚辰，遣牙内都指揮使李肇將兵五千赴之，[4]戒之
曰：“爾倍道兼行，先據劍州，北軍無能爲也。”又遣使
詣遂州，令趙廷隱將萬人會屯劍州。又遣故蜀永平節度
使李筠將兵四千趣龍州，[5]守要害。時天寒，士卒恐懼，
觀望不進，廷隱流涕諭之曰：“今北軍勢盛，汝曹不力
戰却敵，則妻子皆爲人有矣。”衆心乃奮。先是，西川
牙内指揮使太谷龐福誠、[6]昭信指揮使謝鍠屯來蘇村，[7]
聞劍門失守，相謂曰：“使北軍更得劍州，則二蜀勢危
矣。”遽引部兵千餘人間道趣劍州。始至，官軍萬餘人
自北山大下，會日暮，二人謀曰：“衆寡不敵，逮明則
吾屬無遺矣。”福誠夜引兵數百升北山，大譟於官軍營
後，鍠帥餘衆操短兵自其前急擊之；官軍大驚，空營遁
去，復保劍門，十餘日不出。孟知祥聞之，喜曰：“吾
始謂弘贄等克劍門，[8]徑據劍州，堅守其城，或引兵直
趣梓州，董公必棄閬奔還；我軍失援，亦須解遂州之
圍。如此則内外受敵，兩川震動，勢可憂危；今乃焚毀
劍州，運糧東歸劍門，頓兵不進，吾事濟矣。”官軍分
道趣文州，將襲龍州，爲西川定遠指揮使潘福超、義勝
都頭太原沙延祚所敗。[9]甲申，張武卒於渝州；知祥命
袁彥超代將其兵。朱偓將至涪州，武泰節度使楊漢賓棄

黔南，[10]奔忠州；偓追至豐都，[11]還取涪州。知祥以成都支使崔善權武泰留後。[12]董璋遣前陵州刺史王暉將兵三千會李肇等分屯劍州南山。[13]

[1]高敬柔：人名。籍貫不詳。後蜀將領。事見本書本卷。

[2]康文通：人名。籍貫不詳。五代後唐將領。事見本書本卷。

[3]峽路：指三峽以西地區。　飛棹：部隊番號。孟知祥麾下軍隊。　袁彥超：人名。籍貫不詳。後蜀將領。事見本書本卷。

[4]牙內都指揮使：官名。即衙內都指揮使。唐、五代時期衙內指揮使爲節度使府衙內之牙將，統最親近衛兵，高一級的稱衙內都指揮使。

[5]李筠：人名。籍貫不詳。前蜀、後蜀將領。事見本書本卷。

[6]太谷：縣名。治所在今山西太谷縣。　龐福誠：人名。太谷人。後蜀將領。事見本書本卷。

[7]昭信：部隊番號。　謝鍠：人名。籍貫不詳。後蜀將領。事見本書本卷。　來蘇村：地名。《通鑑》卷二七七胡注：“《九域志》：蓬州儀隴縣有來蘇鎮，即其地。”

[8]弘贊：人名。即王弘贊。籍貫不詳。五代後唐將領。傳見《新五代史》卷四八。

[9]定遠：部隊番號。　潘福超：人名。籍貫不詳。後蜀將領。事見本書本卷。　義勝：部隊番號。　都頭：官名。唐末五代時，“都”爲指揮以下的軍事編制。《武經總要》卷二：“凡五百人爲一指揮，其別有五都，都一百人，統以一營居之。”都的長官稱爲都頭。　沙延祚：人名。籍貫不詳。後蜀將領。事見本書本卷。

[10]朱偓：人名。籍貫不詳。後蜀將領。事見本書本卷。　武泰：方鎮名。治所在黔州（今重慶彭水苗族土家族自治縣）。　楊漢賓：人名。籍貫不詳。五代後唐、後晉將領。事見《通鑑》卷二七七、卷二八〇。

[11]豐都：縣名。治所在今重慶市豐都縣。

[12]支使：官名。唐五代節度使、觀察使等下屬官員中有支使，其職掌與書記同。位在副使、判官之下，推官之上。掌表奏書檄等。　崔善：人名。籍貫不詳。後蜀官員。事見本書本卷。

[13]陵州：州名。治所在今四川仁壽縣。　王暉：人名。籍貫不詳。五代後唐、後蜀將領。事見《通鑑》卷二七七。　"十月癸巳"至"董璋遣前陵州刺史王暉將兵三千會李肇等分屯劍州南山"：《通鑑》卷二七七長興元年（930）九月條。《新五代史》卷六四《後蜀世家》："明宗下詔削奪知祥官爵，命天雄軍節度使石敬瑭爲都招討使，夏魯奇爲副。知祥遣李仁罕、張業、趙廷隱將兵三萬人會璋攻遂州，別遣侯弘實將四千人助璋守東川，又遣張武下峽取渝州。唐師攻劍門，殺璋守兵三千人，遂入劍門。璋來告急，知祥大駭，遣廷隱分兵萬人以東，已而聞唐軍止劍州不進，喜曰：'使唐軍急趨東川，則遂州解圍，吾勢沮而兩川搖矣。今其不進，吾知易與爾。'十二月，敬瑭及廷隱戰于劍門，唐師大敗。張武已取渝州，武病卒，其副將袁彥超代將其軍，又取黔州。"

　　二年正月壬戌，孟知祥奉表謝。庚午，李仁罕陷遂州，夏魯奇自殺。癸酉，石敬瑭復引兵至劍州，[1]屯于北山。孟知祥梟夏魯奇首以示之。魯奇二子從敬瑭在軍中，泣請往取其首葬之，敬瑭曰："知祥長者，必葬而父，豈不愈於身首異處乎！"既而知祥果收葬之。敬瑭與趙廷隱戰不利，復還劍門。二月己丑朔，石敬瑭以遂、閬既陷，糧運不繼，燒營北歸。軍前以告孟知祥，知祥匿其書，謂趙季良曰："北軍漸進，奈何？"季良曰："不過綿州，必遁。"知祥問其故，曰："我逸彼勞，彼懸軍千里，糧盡，能無遁乎！"知祥大笑，以書示之。

兩川兵追石敬瑭至利州，壬辰，昭武節度使李彦琦棄城
走；[2] 甲午，兩川兵入利州。孟知祥以趙廷隱爲昭武留
後，廷隱遣使密言於知祥曰："董璋多詐，可與同憂，
不可與共樂，他日必爲公患。因其至劍州勞軍，請圖
之。并兩川之衆，可以得志於天下。"知祥不許。璋入
廷隱營，留宿而去。廷隱歎曰："不從吾謀，禍難未
已！"庚子，孟知祥以武信留後李仁罕爲峽路行營招討
使，使將水軍東略地。[3]

[1]石敬瑭：人名。沙陀部人。五代後唐將領、後晉開國皇帝。
紀見本書卷七五至卷八〇、《新五代史》卷八。

[2]昭武：方鎮名。治所在利州（今四川廣元市）。　李彦琦：
人名。籍貫不詳。五代後唐、後晉將領。事見本書本卷、卷七六。

[3]"二年正月壬戌"至"使將水軍東略地"：《通鑑》卷二七
七長興二年（931）正月、二月條。《新五代史》卷六四《後蜀世
家》："二年正月，李仁罕克遂州，夏魯奇死之，知祥以仁罕爲武信
軍留後，遣人馳魯奇首示敬瑭軍，敬瑭乃班師。利州李彦珂聞唐軍
敗，東歸，乃棄城走，知祥以趙廷隱爲昭武軍留後。李仁罕進攻夔
州，刺史安崇阮棄城走，以趙季良爲留後。"

五月，昭武留後趙廷隱自成都赴利州，踰月，請兵
進取興元及秦、鳳；孟知祥以兵疲民困，不許。[1]是時，
唐軍涉險，以餉道爲艱，自潼關以西，民苦轉饋，每費
一石不能致一斗，道路嗟怨，而敬瑭軍既旋，所在守將
又皆棄城走。明宗憂之，以責安重誨。重誨懼，遂自請
行，而重誨亦以被讒得罪死。明宗謂致知祥等反由重誨

失策，及重誨死，乃遣西川進奏官蘇愿、進奉軍將杜紹本西歸招諭知祥，具言知祥家屬在京師者皆無恙。[2]十一月癸巳，蘇愿至成都，孟知祥聞甥姪在朝廷者皆無恙，[3]遣使告董璋，欲與之俱上表謝罪。璋怒曰：“孟公親戚皆完，固宜歸附；璋已族滅，尚何謝爲！詔書皆在蘇愿腹中，劉澄安得豫聞，[4]璋豈不知邪！”由是復爲怨敵。乙未，李仁罕自夔州引兵還成都。十二月，昭武留後趙廷隱白孟知祥以利州城塹已完，頃在劍州與牙內都指揮使李肇同功，願以昭武讓肇，知祥褒諭，不許；廷隱三讓，癸酉，知祥召廷隱還成都，以肇代之。[5]

[1]“五月”至“不許”：《通鑑》卷二七七長興二年（931）五月條。

[2]進奉軍將：官員。當爲進奏官之副職。　杜紹本：人名。籍貫不詳。後蜀官員。本書僅此一見。　“是時”至“具言知祥家屬在京師者皆無恙”：《新五代史》卷六四《後蜀世家四》。

[3]姪（zhí）：同“侄”。

[4]劉澄：人名。籍貫不詳。五代後唐將領，董璋屬官。事見本書卷六二。

[5]“十一月癸巳”至“以肇代之”：《通鑑》卷二七七長興二年十一月、十二月條。

三年正月，乙未，孟知祥妻福慶長公主卒。孟知祥以朝廷恩意優厚，而董璋塞綿州路，不聽遣使入謝，與節度副使趙季良等謀，欲發使自峽江上表，[1]掌書記李昊曰：“公不與東川謀而獨遣使，則異日負約之責在我

矣。"乃復遣使語之，璋不從。二月，趙季良與諸將議
遣昭武都監太原高彦儔將兵攻取壁州，[2]以絕山南兵轉
入山後諸州者；孟知祥謀於僚佐，李昊曰："朝廷遣蘇
愿等西歸，未嘗報謝，今遣兵侵軼，公若不顧墳墓、甥
姪，則不若傳檄舉兵直取梁、洋，安用壁州乎！"知祥
乃止。季良由是惡昊。孟知祥三遣使説董璋，以主上加
禮於兩川，苟不奉表謝罪，恐復致討；璋不從。三月，
辛丑，遣李昊詣梓州，極論利害，璋見昊，訽怒，不
許。昊還，言於知祥曰："璋不通謀議，且有窺西川之
志，公宜備之。"[3]

[1]峽江：亦名鎖江。指今重慶、湖北間長江三峽河段。

[2]高彦儔：人名。太原（今山西太原市）人。後蜀將領。傳
見《宋史》卷四七九。

[3]"三年正月"至"公宜備之"：《通鑑》卷二七七長興三年
（932）正月至三月條。

　　四月，東川節度使董璋會諸將謀襲成都，皆曰必
克；前陵州刺史王暉曰："劍南萬里，成都爲大，時方
盛夏，師出無名，必無成功。"璋不從。孟知祥聞之，
遣馬軍都指揮使潘仁嗣將三千人詣漢州詗之。[1]璋入境，
破白楊林鎮，執戍將武弘禮，[2]聲勢甚盛，知祥憂之，
趙季良曰："璋爲人勇而無恩，士卒不附，城守則難克，
野戰則成擒矣。今不守巢穴，公之利也。璋用兵精鋭皆
在前鋒，公宜以羸兵誘之，以勁兵待之，始雖小衄，後
必大捷。璋素有威名，今舉兵暴至，人心危懼，公當自

出禦之，以强衆心。”趙廷隱以季良言爲然，曰：“璋輕而無謀，舉兵必敗，當爲公擒之。”辛巳，以廷隱爲行營馬步軍都部署，將三萬人拒之。[3]

［1］潘仁嗣：人名。籍貫不詳。孟知祥部將。事見《通鑑》卷二七四、卷二七七。　訆（xiòng）：偵察。

［2］白楊林鎮：地名。位於今四川廣漢市東和興鎮。　武弘禮：人名。籍貫不詳。孟知祥部將。本書僅此一見。

［3］“四月”至“將三萬人拒之”：《通鑑》卷二七七長興三年（932）四月條。

五月，壬午朔，廷隱入辭。董璋檄書至，又有遺季良、廷隱及李肇書，誣之云，季良、廷隱與己通謀，召己令來。知祥以書授廷隱，廷隱不視，投之於地，曰：“不過爲反間，欲令公殺副使與廷隱耳。”再拜而行。知祥曰：“事必濟矣。肇素不知書，視之，曰：“璋教我反耳。”囚其使者，然亦擁衆爲自全計。璋兵至漢州，潘仁嗣與戰于赤水，大敗，爲璋所擒，璋遂克漢州。[1]知祥親帥其衆與趙廷隱等逆戰於金雁橋，璋軍大敗。[2]是夕，知祥宿雒縣。[3]命李昊草牓諭東川吏民，及草書勞問璋，且言將如梓州詢負約之由，請見伐之罪。乙酉，知祥會廷隱於赤水，遂西還，命廷隱將兵攻梓州。璋至梓州，肩輿而入，王暉迎問曰：“太尉全軍出征，今還者無十人，何也？”璋涕泣不能對。至府第，方食，暉與璋從子牙内都虞候延浩帥兵三百大譟而入。[4]璋引妻子登城，子光嗣自殺。[5]璋至北門樓，呼指揮使潘稠使討亂兵，[6]稠引十卒登城，斬璋首，及取光嗣首以授王暉，暉舉城迎降。趙廷隱入梓州，封府庫以待知祥。李肇聞璋敗，始斬其使以聞。丙戌，知祥入成都，丁亥，復將兵八千如梓州。至新都，趙廷隱獻董璋首。己丑，發玄武，[7]趙廷隱帥東川將吏來迎。[8]

[1]赤水：河流名。《通鑑》卷二七七胡注："赤水在漢州東南。"　"五月"至"璋遂克漢州"：《通鑑》卷二七七長興三年（932）五月條。

[2]知祥親帥其衆與趙廷隱等逆戰於金雁橋，璋軍大敗：《通鑑》卷二七七胡注："金雁橋在漢州雒縣東雁江之上，俗傳曾有金雁，故名。"　知祥親帥其衆與趙廷隱等逆戰於金雁橋，璋軍大敗：《通鑑》卷二七七長興三年五月甲申條胡注引《薛史》。《通鑑》此條："癸未，知祥留趙季良、高敬柔守成都，自將兵八千趣漢州，至彌牟鎮，趙廷隱陳於鎮北。甲申，遲明，廷隱陳於雞蹤橋，義勝定遠都知兵馬使張公鐸陳於其後。俄而璋望西川兵盛，退陳於武侯廟下，璋帳下驍卒大譟曰：'日中曝我輩何爲！'璋乃上馬。前鋒始交，東川右廂馬步都指揮使張守進降於知祥，言'璋兵盡此，無復後繼，當急擊之。'知祥登高冢督戰，左明義指揮使毛重威、左衝山指揮使李瓘守雞蹤橋，皆爲東川兵所殺；趙廷隱三戰不利，牙內都指揮副使侯弘實兵亦却，知祥懼，以馬箠指後陳。張公鐸帥衆大呼而進，東川兵大敗，死者數千人，擒東川中都指揮使元瓌、牙內副指揮使董光演等八十餘人。璋拊膺曰：'親兵皆盡，吾何依乎！'與數騎遁去，餘衆七千人降，復得潘仁嗣。知祥引兵追璋至五侯津，東川馬步都指揮使元瓌降。西川兵入漢州府第，求璋不得，士卒爭璋軍資，故璋走得免。趙廷隱追至赤水，又降其卒三千人。"

[3]雒縣：縣名。治所在今四川廣漢市。

[4]延浩：人名。即董延浩。籍貫不詳。董璋部將。事見本書

本卷。

　　[5]光嗣：人名。即董光嗣。董璋之子。事見本書本卷。

　　[6]潘稠：人名。籍貫不詳。董璋部將。事見本書本卷。

　　[7]玄武：縣名。治所在今四川中江縣。

　　[8]“是夕”至“趙廷隱帥東川將吏來迎”：《通鑑》卷二七七長興三年五月條。《新五代史》卷六四《後蜀世家》：“而璋先襲破知祥漢州，知祥遣趙廷隱率兵三萬，自將擊之，陣鷄距橋。知祥得璋降卒，衣以錦袍，使持書招降璋，璋曰：‘事已及此，不可悔也。’璋軍士皆譟曰：‘徒曝我於日中，何不速戰？’璋即麾軍以戰。兵始交，璋偏將張守進來降，知祥乘之，璋遂大敗，走。過金雁橋，麾其子光嗣使降，以保家族，光嗣哭曰：‘自古豈有殺父以求生者乎，寧俱就死！’因與璋俱走。知祥遣趙廷隱追之，不及，璋走至梓州見殺，光嗣自縊死，知祥遂并有東川。然自璋死，知祥卒不遣使謝唐。”

　　壬辰，孟知祥有疾，癸巳，疾甚，中門副使王處回侍左右，庖人進食，必空器而出，以安衆心。李仁罕自遂州來，趙廷隱迎于板橋；仁罕不稱東川之功，侵侮廷隱，廷隱大怒。乙未，知祥疾瘳；丁酉，入梓州。戊戌，犒賞將士，既罷，知祥謂李仁罕、趙廷隱曰：“二將誰當鎮此？”仁罕曰：“令公再與蜀州，亦行耳。”廷隱不對。知祥愕然，退，命李昊草牒，俟二將有所推則命一人爲留後，昊曰：“昔梁祖、莊宗皆兼領四鎮，今二將不讓，惟公自領之爲便耳。公宜亟還府，更與趙僕射議之。”孟知祥命李仁罕歸遂州，留趙廷隱東川巡檢，[1]以李昊行梓州軍府事。昊曰：“二虎方爭，僕不敢受命，願從公還。”乃以都押牙王彥銖爲東川監押。[2]癸卯，知祥至成都，趙廷隱尋亦引兵西還。知祥謂李昊曰：“吾得東川，爲患益深。”昊請其故，知祥曰：“自吾發梓州，得仁罕七狀，皆云‘公宜自領東川，不然諸將不服。’廷隱言‘本不敢當東川，因仁罕不讓，遂有爭心耳。’君爲我曉廷隱，復以閬州爲保寧軍，益以果、蓬、渠、開四州，[3]往鎮之。吾自領東川，以絶仁罕之望。”廷隱猶不平，請與仁罕鬭，勝者爲東川；昊深解之，乃受命。[4]

[1]巡檢：官名。又稱“巡檢使”。五代始設巡檢，設於京師、陪都、重要的州及邊防重鎮。

[2]王彦銖：人名。籍貫不詳。後蜀將領。本書僅此一見。監押：即都監。

[3]蓬：州名。治所在今四川營山縣安固鄉。　渠：州名。治所在今四川渠縣。　開：州名。治所在今重慶市開州區。

[4]“壬辰”至“乃受命”：《通鑑》卷二七七長興三年（932）五月條。

六月，以廷隱爲保寧留後。戊午，趙季良帥將吏請知祥兼鎮東川，許之。季良等又請知祥稱王，權行制書，賞功臣，不許。董璋之攻知祥也，山南西道節度使王思同以聞，范延光言於上曰：[1]“若兩川並於一賊，撫衆守險，則取之益難，宜及其交争，早圖之。”上命思同以興元之兵密規進取。未幾，聞璋敗死，延光曰：“知祥雖據全蜀，然士卒皆東方人，知祥恐其思歸爲變，亦欲倚朝廷之重以威其衆，陛下不屈意撫之，彼則無從自新。”上曰：“知祥吾故人，爲人離間至此，何屈意之有！”乃遣供奉官李瓌賜知祥詔曰：[2]“董璋狐狼，自貽族滅。卿丘園親戚皆保安全，所宜成家世之美名，守君臣之大節。”[3]

[1]山南西道：方鎮名。治所在梁州（今陝西漢中市）。　王思同：人名。幽州（今北京市）人。後唐將領。傳見本書卷六五、《新五代史》卷三三。　范延光：人名。鄴郡臨漳（今河北臨漳縣）人。五代後唐、後晉將領。傳見本書卷九七。

[2]李瓌：人名。即李存瓌。爲避後唐莊宗李存勗諱而稱李瓌。五代後唐官員。事見本書本卷、卷四三。

[3]“六月”至“守君臣之大節”：《通鑑》卷二七七長興三年（932）六月條。亦見《輯本舊史》卷四三《唐明宗紀九》，《新五代史》卷六四《後蜀世家》略同。《宋本册府》卷一七八《帝王部·姑息門三》載此對話甚詳，可參看。

七月庚寅，李存瓌至成都，孟知祥拜泣受詔。乙未，孟知祥遣李存瓌還，上表謝罪，且告福慶公主之喪。自是復稱藩，然益驕倨矣。八月甲子，孟知祥令李昊爲武泰趙季良等五留後草表，請以知祥爲蜀王，行墨制，仍自求旄節，昊曰：“比者諸將攻取方鎮，即有其地，今又自求節鉞及明公封爵，然則輕重之權皆在羣下矣；借使明公自請，豈不可邪！”知祥大悟，更令昊爲己草表，請行墨制，補兩川刺史已下；又表請以季良等五留後爲節度使。知祥命其子仁贊攝行軍司馬，兼都總轄兩川牙内馬步都軍事。[1]九月，瓌自蜀還，得知祥表，請除趙季良等爲五鎮節度，其餘刺史已下，得自除授。
又請封蜀王，且言福慶公主已卒。明宗爲之發哀，遣閣
門使劉政恩充西川宣諭使。[2]政恩復命，知祥始遣其將
朱滉來朝。[3]

　　[1]仁贊：人名。即孟昶。　　“七月庚寅”至“兼都總轄兩川
牙内馬步都軍事”：《通鑑》卷二七八長興三年（932）七月、八月
條。《新五代史》卷六四《後蜀世家》：“知祥兼據兩川，以趙季良
爲武泰軍留後、李仁罕武信軍留後、趙廷隱保寧軍留後、張業寧江
軍留後、李肇昭武軍留後。季良等因請知祥稱王，以墨制行事，議
未決而瓌至蜀，知祥見瓌倨慢。”

　　[2]閣門使：官名。唐末置，掌管供奉乘輿、朝會游幸、大宴
引贊、引接親王宰相百僚藩國朝見、糾彈失儀等。　　劉政恩：人
名。籍貫不詳。後唐官員。本書僅此一見。　　宣諭使：官名。掌奉
使宣諭朝廷旨意。

　　[3]朱滉：人名。籍貫不詳。孟知祥部屬。事見本書本卷。
“九月”至“知祥始遣其將朱滉來朝”：《新五代史》卷六四《後蜀
世家四》。《蜀檮杌》卷下：“三年，長公主薨，朝廷遣使來歸賵册，
贈晉國雍順長公主。六月，進封蜀王。承制行賞，諸將進秩有差。
九月，葬長公主於星宿山。”《宋本册府》卷一七八《帝王部·姑
息門三》詳載詔書，可參看。

　　四年二月癸亥，制以知祥檢校太尉兼中書令，行成
都尹、劍南東西兩川節度，管内觀察處置統押近界諸蠻
兼西山八國雲南安撫制置等使。[1]命修王建墓，禁樵
採。[2]戊申，孟知祥墨制以趙季良等爲五鎮節度使。癸
亥，以孟知祥爲東西川節度使、蜀王。三月乙酉，始下

制除趙季良等爲五鎮節度使。[3]宴府僚於王氏宣華苑，因謂左右曰：“使衍不荒於政，有賢臣輔之，繼岌小子豈能遽取耶？”趙季良曰：“亦天時也，不有所廢，君何以興？”知祥大喜。[4]

[1]“四年二月癸亥”至“管内觀察處置統押近界諸蠻兼西山八國雲南安撫制置等使”：《新五代史》卷六四《後蜀世家四》，亦見《輯本舊史》卷四四《唐明宗紀十》，《宋本册府》卷一七八《帝王部·姑息門三》。

[2]命修王建墓，禁樵採：《蜀檮杌》卷下。

[3]“戊申”至“始下制除趙季良等爲五鎮節度使”：《通鑑》卷二七八長興四年（933）二月、三月條，亦見《輯本舊史》卷四四《唐明宗紀十》。

[4]“宴府僚於王氏宣華苑”至“知祥大喜”：《蜀檮杌》卷下。

　　帝以工部尚書盧文紀、[1]禮部郎中吕琦爲蜀王册禮使，[2]并賜蜀王一品朝服。知祥自作九旒冕，[3]九章衣，車服旌旗皆擬王者。八月，乙巳朔，文紀等至成都。戊申，知祥服衮冕，備儀衛詣驛，降階北面受册，升玉輅，至府門，乘步輦以歸。[4]九月，立三廟。十一月，明宗崩，制服大臨。[5]十二月，孟知祥聞明宗殂，謂僚佐曰：“宋王幼弱，爲政者皆胥史小人，其亂可坐俟也。”[6]

[1]工部尚書：官名。尚書省工部主官。掌百工、屯田、山澤之政令。正三品。　　盧文紀：人名。京兆萬年（今陝西西安市長安

區）人。唐末進士，五代宰相。傳見本書卷一二七、《新五代史》卷五五。

[2]禮部郎中：官名。尚書省禮部頭司禮部司長官。掌禮樂、學校、衣冠、符印、表疏、圖書、册命、祥瑞、鋪設，及百官、宮人喪葬贈賻之數。從五品上。　吕琦：人名。幽州安次（今河北廊坊市）人。五代後唐、後晋官員。傳見本書卷九二、《新五代史》卷五六。　册禮使：官名。舉行册封典禮時臨時設置的官職，册封儀式結束即罷。

[3]旒：皇帝或王禮帽前後的玉串。

[4]袞冕：袞服和冠冕。皇帝、王公大臣的禮服。參見閻步克《服周之冕——〈周禮〉六冕禮制的興衰變異》，中華書局2009年版。　玉輅：帝王所乘之車，以珠玉爲飾。　“帝以工部尚書盧文紀”至“乘步輦以歸”：《通鑑》卷二七八長興四年（933）八月條。

[5]制服：喪服。　大臨：聚哭告哀。　“九月”至“制服大臨”：《蜀檮杌》卷下。

[6]宋王：即後唐閔帝李從厚。明宗李嗣源第三子。紀見本書卷四五、《新五代史》卷七。　“十二月”至“其亂可坐俟也”：《通鑑》卷二七八長興四年十二月條。

知祥專制劍南，動多姑息。初，奏李肇而下五人分諸州爲五帥，請朝廷降使。及韋勳至成都，不甚禮待，聊以貢奉。[1]黄龍見犍爲，[2]白鵲集玉局苑，白龜游宣華苑。季良上表陳符瑞，率百官勸進。知祥曰：“德薄不足辱天命，以蜀王而老於是，孤足矣。”季良曰：“將士大夫盡節效忠於殿下，止望攀鱗附翼，今不正大統，無以足軍民推戴之心。”閏正月二十八日，遂僭即位。其日大風晝暝。以季良守司空平章事，李仁罕爲衛聖諸軍馬步軍指揮使，趙廷隱、張業爲左右匡聖步軍都指揮使。[3]二月，癸酉，蜀主以武泰節度使趙季良爲司空兼門下侍郎、同平章事，領節度使如故。以中門使王處回爲樞密使。[4]李昊爲翰林學士。[5]

[1]韋勳：人名。籍貫不詳。五代後唐、後晉、後周官員。事見本書卷七七、卷七八、卷一一一、卷一一二等卷。　“知祥專制劍南”至“聊以貢奉”：《宋本册府》卷一七九《帝王部·姑息門四》。

[2]犍爲：縣名。治所在今四川彭山縣東。

[3]衛聖：部隊番號。　匡聖：部隊番號。　“黃龍見犍爲”至“趙廷隱、張業爲左右匡聖步軍都指揮使”：《蜀檮杌》卷下。

[4]門下侍郎：官名。門下省副長官。唐後期三省長官漸爲榮銜，中書、門下侍郎却因參議朝政而職位漸重，常常用爲以“同三品”或“同平章事”任宰相者的本官。正三品。　“二月”至“以中門使王處回爲樞密使”：《通鑑》卷二七九清泰元年（934）二月條。

[5]李昊爲翰林學士：《新五代史》卷六四《後蜀世家四》。

三月，追尊曾祖佚爲孝元皇帝，廟號太祖；祖察爲孝景皇帝，廟號世祖；考巘爲孝武皇帝，廟號顯宗。遣宗使持書至洛，稱大蜀皇帝。四月，受玉寶、玉册，[1]追册長公主爲皇后，册夫人李氏爲貴妃。御得賢門，大赦，改元明德。[2]唐潞王舉兵於鳳翔，愍帝遣王思同等討之，思同兵潰。[3]山南西道節度使張虔釗之討鳳翔也，[4]留武定節度使孫漢韶守興元。[5]虔釗既敗，奔歸興元，與漢韶舉兩鎮之地降于蜀；蜀主命奉鑾肅衛馬步都指揮使、昭武節度使李肇將兵五千還利州，右匡聖馬步都指揮使、寧江節度使張業將兵一萬屯大漫天以迎之。[6]

[1]玉寶：即玉璽。　玉册：帝王祭祀或上尊號所用。用玉製成。

[2]明德：後蜀高祖孟知祥與後蜀後主孟昶共用之年號（934—937）。　"三月"至"改元明德"：《蜀檮杌》卷下。

[3]潞王：即後唐廢帝李從珂，又稱末帝。鎮州平山（今河北平山縣）人。本姓王氏，爲後唐明宗養子，改名從珂。清泰元年（934）率軍東攻洛陽，廢黜愍帝，自立爲帝。清泰三年，石敬瑭與契丹合兵攻陷洛陽，自焚而死。紀見本書卷四六至卷四八、《新五代史》卷七。　唐潞王舉兵於鳳翔，愍帝遣王思同等討之，思同兵潰：《新五代史》卷六四《後蜀世家四》。然其繫於三月。末帝即位在四月，故從《通鑑》改。

[4]張虔釗：人名。遼州（今山西左權縣）人。後唐、後蜀將領。傳見本書卷七四。

[5]孫漢韶：人名。太原（今山西太原市）人。後唐、後蜀將領。傳見《孫漢韶墓志》（拓片刊《成都出土歷代墓銘券文圖錄綜釋》，文物出版社2012年版）。

[6]大漫天：山名。位於今四川廣元市東北。　"山南西道節度使張虔釗之討鳳翔也"至"寧江節度使張業將兵一萬屯大漫天迎之"：《通鑑》卷二七九清泰元年四月條。

六月，往大慈寺避暑，觀明皇、僖宗御容，宴群臣於華嚴閣下。[1]張虔釗等至成都，知祥宴勞之，虔釗奉觴起爲壽，知祥手緩不能舉觴，遂病，以其子昶爲皇太子監國。[2]

[1]明皇：即唐玄宗李隆基。712 年至 756 年在位。紀見《舊唐書》卷八至卷九及《新唐書》卷五。　僖宗：即李儇。873 年至888 年在位。紀見《舊唐書》卷一九下、《新唐書》卷九。　"六月"至"宴群臣於華嚴閣下"：《蜀檮杌》卷下。

[2]監國：代表皇帝行使權力稱監國。軍國大事全權處置。"張虔釗等至成都"至"以其子昶爲皇太子監國"：《新五代史》卷六四《後蜀世家四》。《輯本舊史》卷四六《唐末帝紀上》清泰元年（934）七月癸卯條："鳳翔進僞蜀孟知祥來書，稱'大蜀皇帝獻書于大唐皇帝'，且言'見迫羣情，以今年四月十二日即皇帝位'云，帝不答。"《蜀檮杌》卷下繫孟昶監國事於七夕後，與本條"六月"不同，作"是月寢疾，命子昶監國。"

　　七夕，與宮人乞巧於丹霞樓。[1]是月寢疾，命子昶監國。季良召術士周仲明問知祥壽。[2]仲明曰："上合爲真王，食蜀中二十年禄，既登九五，於壽無益。"季良曰："可爲金縢乎?"[3]曰："此天數也，非人力可爲。"季良又問："子孫壽何如?"曰："二紀外有真人出，天下一統爾。"季良默然。[4]蜀主得風疾踰年，至是增劇；甲子，立子東川節度使、同平章事、親衛馬步都指揮使仁贊爲太子，仍監國。召司空、同平章事趙季良、武信節度使李仁罕、保寧節度使趙廷隱、樞密使王處回、捧聖控鶴都指揮使張公鐸、奉鑾肅衛指揮副使侯弘實受遺詔輔政。[5]是夕殂，秘不發喪。[6]年六十一，僞諡文武聖德英烈明孝皇帝，廟號高祖，葬和陵。初，有丐者自號醋頭，手攜一燈檠，所至處卓之，呼曰："不得登，燈便倒。"至是人以爲應。知祥好學問，性寬厚，撫民以仁惠，馭卒以恩威，接士大夫以禮。薨之日，蜀人甚哀之。[7]

[1]乞巧：相傳農曆七月七日爲牽牛、織女二星相會之期，舊俗婦女此夕必備陳瓜果、鮮花、胭脂於庭中向天祭拜，以期擁有姣美的面貌；並對月引綫穿針，以期雙手靈巧，長於刺綉織布，稱爲"乞巧"。

[2]周仲明：人名。籍貫不詳。後蜀術士。事見本書本卷。

[3]金滕：語出《尚書·周書·金滕》。周武王病重，周公旦祈禱自己代替武王死去。此處借指祈壽。

[4]"七夕"至"季良默然"：《蜀檮杌》卷下。

[5]捧聖控鶴：部隊番號。　張公鐸：人名。太原樂平（今山西昔陽縣）人。後蜀將領。事見本書卷六二、本卷。

[6]"蜀主得風疾踰年"至"秘不發喪"：《通鑑》卷二七九清泰元年（934）七月條。《蜀檮杌》卷下："二十六日薨。"

[7]"年六十一"至"蜀人甚哀之"：《蜀檮杌》卷下。《通鑑》卷二七九清泰元年十二月甲申條："蜀葬文武聖德英烈明孝皇帝于和陵，廟號高祖。"

昶，知祥之第三子也。[1]母李氏，本莊宗之嬪御，以賜知祥。唐天祐十六年歲在己卯十一月十四日，生昶於太原。及知祥鎮蜀，昶與其母從知祥妻瓊華長公主同入於蜀。[2]知祥僭號，僞册爲皇太子。知祥卒，遂襲其僞位，時年十六，尚稱明德元年。及僞明德四年冬，僞詔改明年爲廣政元年，是歲即晉天福三年也。[3]僞廣政十三年，僞上尊號爲睿文英武仁聖明孝皇帝。[4]皇朝乾德三年春，王師平蜀，詔昶舉族赴闕，賜甲第於京師，迨其臣下賜賚甚厚，尋册封楚王。[5]是歲秋，卒於東京，時年四十七。事具皇家日曆。[6]自知祥同光三年丙戌歲入蜀，父子相繼，凡四十年而亡。[7]《永樂大典》卷一萬三千一百六十一。[8]

[1]昶，知祥之第三子也：《輯本舊史》之原輯者案語：“《宋朝事實》云：昶，初名仁贊。《揮塵餘話》云：昶，字保元。”

[2]“母李氏”至“昶與其母從知祥妻瓊華長公主同入於蜀”：《輯本舊史》之原輯者案語：“《花蕊夫人宮詞》云：‘法雲寺裏中元節，又是官家降誕辰。’是昶以七月十五爲生辰也，與《薛史》異。”

[3]廣政：後蜀後主孟昶年號（938—965）。 天福：五代後晉高祖石敬瑭年號（936—942）。出帝石重貴沿用至九年（944）。後漢高祖劉知遠繼位後沿用一年，稱天福十二年（947）。 “知祥借號”至“是歲即晉天福三年也”：《新五代史》卷六四《後蜀世家》：“知祥爲兩川節度使，昶爲行軍司馬。知祥借號，以昶爲東川節度使、同中書門下平章事。知祥病，昶監國。知祥已卒而祕未發，王處回夜過趙季良，相對泣涕不已，季良正色曰：‘今彊侯握兵，專伺時變，當速立嗣君以絕非望，泣無益也。’處回遂與季良立昶，而後發喪。昶立，不改元，仍稱明德，至五年始改元曰廣政。明德三年三月，熒惑犯積尸，昶以謂積尸，蜀分也，懼，欲禳之，以問司天少監胡韞。韞曰：‘按十二次，起井五度至柳八度，爲鶉首之次，鶉首，秦分也，蜀雖屬秦，乃極南之表爾。前世火入鬼，其應在秦。晋咸和九年三月，火犯積尸，四月，雍州刺史郭權見殺。義熙四年，火犯鬼，明年，雍州刺史朱齡石見殺。而蜀皆無事。’乃止。昶好打毬走馬，又爲方士房中之術，多採良家子以充

後宮。樞密副使韓保貞切諫，昶大悟，即日出之，賜保貞金數斤。有上書者，言臺省官當擇清流，昶歎曰：'何不言擇其人而任之？'左右請以其言詰上書者，昶曰：'吾見唐太宗初即位，獄吏孫伏伽上書言事，皆見嘉納，奈何勸我拒諫耶！'然昶年少不親政事，而將相大臣皆知祥故人，知祥寬厚，多優縱之，及其事昶，益驕蹇，多踰法度，務廣第宅，奪人良田，發其墳墓，而李仁罕、張業尤甚。昶即位數月，執仁罕殺之，并族其家。是時，李肇自鎮來朝，杖而入見，稱疾不拜，及聞仁罕死，遽釋杖而拜。"《輯本舊史》卷四六《唐末帝紀上》清泰元年（934）八月辛未條："荆南奏，偽蜀孟知祥卒，其子昶嗣偽位。"亦見明本《册府》卷二一九《僭偽部·年號門》。

[4]偽廣政十三年，偽上尊號爲睿文英武仁聖明孝皇帝：《新五代史·後蜀世家》："廣政九年，趙季良卒，張業益用事。業，仁罕甥也。仁罕被誅時，業方掌禁兵，昶懼其反，乃用以爲相，業兼判度支，置獄于家，務以酷法厚斂蜀人，蜀人大怨。十一年，昶與匡聖指揮使安思謙謀，執而殺之。王處回、趙廷隱相次致仕，由是故將舊臣殆盡。昶始親政事，於朝堂置匭以通下情。是時，契丹滅晋，漢高祖起於太原，中國多故，雄武軍節度使何建以秦、成、階三州附于蜀，昶因遣孫漢韶攻下鳳州，於是悉有王衍故地。漢將趙思綰據永興、王景崇據鳳翔反，皆送款于昶。昶遣張虔釗出大散關，何建出隴右，李廷珪出子午谷，以應思綰。昶相毋昭裔切諫，以爲不可，然昶志欲窺關中甚銳，乃遣安思謙益兵以東。已而漢誅思綰、景崇，虔釗等皆罷歸，而思謙恥於無功，多殺士卒以威衆。昶與翰林使王藻謀殺思謙，而邊吏有急奏，藻不以時聞，輒啓其封，昶怒之。其殺思謙也，藻方侍側，因并擒藻斬之。十二年，置吏部三銓、禮部貢舉。十三年，昶加號睿文英武仁聖明孝皇帝。封子玄喆秦王，判六軍事；次子玄珏褒王；弟仁毅夔王、仁贄雅王、仁裕嘉王。十八年，周世宗伐蜀，攻自秦州。昶以韓繼勳爲雄武軍節度，聞周師來伐，歎曰："繼勳豈足以當周兵邪！"客省使趙季札

請行，乃以季札爲秦州監軍使。季札行至德陽，聞周兵至，遽馳還奏事。昶問之，季札惶懼不能道一言，昶怒殺之，乃遣高彥儔、李廷珪出堂倉以拒周師。彥儔大敗，走青泥，於是秦、成、階、鳳復入于周。昶懼，分遣使者聘於南唐、東漢，以張形勢。二十年，世宗以所得蜀俘歸之，昶亦歸所獲周將胡立于京師，因寓書于世宗，世宗怒昶無臣禮，不答。"《輯本舊史》卷一一七《周世宗紀四》顯德四年（957）八月癸未條："前濮州刺史胡立自僞蜀迴，蜀主孟昶寓書於帝，其末云：'昶昔在齠齔，即離并都，亦承皇帝鳳起晉陽，龍興汾水，合敘鄉關之分，以陳玉帛之歡。儻蒙惠以嘉音，佇望專馳信使，謹因胡立行次，聊陳感謝披述'云。初，王師之伐秦、鳳也，以立爲排陣使，既而爲蜀所擒。及秦、鳳平，得降軍數千人，其後帝念其懷土，悉放歸蜀，至是蜀人知感，故歸立於我。昶本生於太原，故其書意願與帝推鄉里之分，帝怒其抗禮，不答。"《新五代史·後蜀世家》："二十一年，周兵伐南唐，取淮南十四州，諸國皆懼。荆南高保融以書招昶使歸周，昶以前嘗致書世宗不答，乃止。昶幼子玄寶，生七歲而卒，太常言無服之殤無贈典。昶問李昊，昊曰：'昔唐德宗皇子評，生四歲而卒，贈揚州大都督，封蕭王，此故事也。'昶乃贈玄寶青州大都督，追封遂王。二十五年，立秦王玄喆爲皇太子。昶幸晉、漢之際，中國多故，而據險一方，君臣務爲奢侈以自娛，至於溺器，皆以七寶裝之。宋興，已下荆、潭，昶益懼，遣大程官孫遇以蠟丸書間行東漢，約出兵以撓中國，遇爲邊吏所得。太祖皇帝遂詔伐蜀，遣王全斌、崔彥進等出鳳州，劉光乂、曹彬等出歸州；詔八作司度右掖門南，臨汴水爲昶治第一區，凡五百餘間，供帳什物皆具，以待昶。昶遣王昭遠、趙彥韜等拒命。昭遠，成都人也，年十三，事東郭禪師智諲爲童子。知祥嘗飯僧於府，昭遠執巾履從智諲以入，知祥見之，愛其惠黠。時昶方就學，即命昭遠給事左右，而見親狎。昶立，以爲捲簾使。樞密使王處回致仕，昶以樞密使權重難制，乃以昭遠爲通奏使、知樞密使事，然事無大小，一以委之，府庫金帛恣其所取不問。昶母李太后

常爲昶言昭遠不可用，昶不聽。昭遠好讀兵書，以方略自許。兵始
發成都，昶遣李昊等餞之，昭遠手執鐵如意，指揮軍事，自比諸葛
亮，酒酣，謂昊曰："吾之是行，何止克敵，當領此二三萬雕面惡
少兒，取中原如反掌爾！"昶又遣子玄喆率精兵數萬守劍門。玄喆
輦其愛姬，攜樂器、伶人數十以從，蜀人見者皆竊笑。全斌至三
泉，遇昭遠，擊敗之。昭遠焚吉柏江浮橋，退守劍門。軍頭向韜得
蜀降卒，言：'來蘇小路，出劍門南清彊店，與大路合。'全斌遣偏
將史延德分兵出來蘇，北擊劍門，與全斌夾攻之，昭遠、彥韜敗
走，皆見擒。玄喆聞昭遠等敗，亦逃歸。"

[5]乾德：宋太祖趙匡胤年號（963—968）。　"皇朝乾德三
年春"至"尋册封楚王"：《新五代史·後蜀世家》："劉光乂攻夔
州，守將高彥儔戰敗，閉牙城拒守，判官羅濟勸其走，彥儔曰：
'吾昔不能守秦川，今又奔北，雖人主不殺我，我何面目見蜀人
乎！'又勸其降，彥儔不許，乃自焚死。而蜀兵所在奔潰，將帥多
被擒獲。昶問計於左右，老將石頵以謂東兵遠來，勢不能久，宜聚
兵堅守以敝之。昶歎曰：'吾與先君以温衣美食養士四十年，一旦
臨敵，不能爲吾東向放一箭，雖欲堅壁，誰與吾守者邪！'乃命李
昊草表以降，時乾德三年正月也。自興師至昶降，凡六十六日。
初，昊事王衍爲翰林學士，衍之亡也，昊爲草降表，至是又草焉，
蜀人夜表其門曰'世脩降表李家'，當時傳以爲笑。"

[6]"是歲秋"至"事具皇家日曆"：《新五代史·後蜀世家》：
"昶至京師，拜檢校太師兼中書令，封秦國公，七日而卒，追封楚
王。其母李氏，爲人明辯，甚見優禮，詔書呼爲'國母'，嘗召見
勞之曰：'母善自愛，無戚戚思蜀，佗日當送母歸。'李氏曰：'妾
家本太原，儻得歸老故鄉，不勝大願。'是時，劉鈞尚在。太祖大
喜曰：'俟平劉鈞，當如母願。'昶之卒也，李氏不哭，以酒酹地祝
曰：'汝不能死社稷，苟生以取羞。吾所以忍死者，以汝在也。吾
今何用生爲！'因不食而卒。其餘事具國史。"

[7]自知祥同光三年丙戌歲入蜀，父子相繼，凡四十年而亡：

《新五代史》卷六四《後蜀世家》有注："知祥興滅年數甚明，諸書皆同，蓋自同光三年乙酉入蜀，至皇朝乾德三年乙丑國滅，凡四十一年。惟《舊五代史》云同光三年丙戌，至乾德三年乙丑，四十年者，繆也。"

[8]《大典》卷一三一六一"孟"字韵"姓氏"事目。

　　史臣曰：昔張孟陽爲《劍閣銘》云：[1]"惟蜀之門，作固作鎮，世濁則逆，道清斯順。"是知自古坤維之地，遇亂代則閉之而不通，逢興運則取之如俯拾。然唐氏之入蜀也，兵力雖勝，帝道猶昏，故數年間得之復失。及皇上之平蜀也，煦之以堯日，和之以舜風，故比户之民，悦而從化。且夫王衍之遭季世也，則赤族於秦川；孟昶之遇明代也，則受封于楚甸。雖俱爲亡國之主，何幸與不幸相去之遠也。《永樂大典》卷一萬三千一百六十一。[2]

　　[1]張孟陽：人名。即西晉張載，字孟陽。文學家。傳見《晋書》卷五五。
　　[2]《大典》卷一三一六一"孟"字韻"姓氏"事目。

舊五代史　卷一三七

外國列傳第一

契丹[1]

[1]《契丹傳》，《輯本舊史》原注録自《大典》卷四五五八"天"字韻"應天府（二七）"事目，誤。中華書局本有校勘記："檢《永樂大典目録》，卷四五五八爲‘天’字韻，與本則内容不符，恐有誤記。陳垣《舊五代史輯本引書卷數多誤例》謂應作卷四三五八‘丹’字韻‘契丹’。"但未改。今據改。應爲形近之訛。全文記事止於耶律德光卒。後永康王兀欲諸事，採《新五代史》卷七三《四夷附録》文，並加校證，以備參考。

契丹者，古匈奴之種也。[1]代居遼澤之中，潢水南岸，南距榆關一千一百里，[2]榆關南距幽州七百里，本鮮卑之舊地也。[3]其風土人物，世代君長，前史載之詳矣。

[1]匈奴：部族、政權名。西周、春秋時稱獫狁、戎狄。戰國時游牧於燕、趙、秦以北地區。秦漢之際，匈奴冒頓單于統一各部，擊敗東胡、月氏，勢力强盛，建立起匈奴政權。漢和帝時，遣

大將軍竇憲率軍擊敗北匈奴，迫使其部分西遷，越過中亞後到達歐洲，留居漠北的餘部匯入鮮卑部落。南匈奴屯居朔方、五原、雲中（今內蒙古境內）等郡，東漢末分爲五部。兩晉十六國時匈奴族先後在黃河流域建立漢（前趙）、夏、北涼等國，經過南北朝時代北方的民族大融合，逐漸在歷史上消失。參見陳序經《匈奴史稿》，中國人民大學出版社 2007 年版。

[2]潢水：水名。即今內蒙古東部西拉木倫河。契丹族的發祥地。《遼史》卷三二《營衛志中》："契丹之先，曰奇首可汗……潢河之西，土河之北，奇首可汗故壤也。"土河即今內蒙古東部老哈河。　榆關：關隘名。即今山海關。位於今河北秦皇島市。

[3]幽州：州名。治所在今北京市。　鮮卑：部族名。東胡的一支。秦漢時，遊牧於今內蒙古西拉木倫河及洮兒河之間，附於匈奴。東漢永元元年（89），北匈奴西遷，鮮卑各部漸入據匈奴故地。東漢桓帝時，首領檀石槐在大漠南北建立部落大聯盟，分爲東、中、西三部。魏晉南北朝時，其分支段、慕容、乞伏、宇文、拓跋等部，曾先後在東北、華北、西北建立政權。原居今內蒙古呼倫貝爾市的拓跋部建立北魏王朝，統一北方。內遷的鮮卑人漸與漢人及其他族人相融合。參見田餘慶《拓跋史探》（修訂本），生活・讀書・新知三聯書店 2011 年版。　"契丹者"至"本鮮卑之舊地也"：《新五代史》卷七二《四夷附錄一》："契丹自後魏以來，名見中國。或曰與庫莫奚同類而異種。其居曰梟羅箇没里。没里者，河也。是謂黃水之南，黃龍之北，得鮮卑之故地，故又以爲鮮卑之遺種。當唐之世，其地北接室韋，東隣高麗，西界奚國，而南至營州。"《會要》卷二九契丹條："契丹，本鮮卑之種也，居遼澤之中，潢水之南。遼澤去榆關一千一百二十里，榆關去幽州七百一十四里。其地東南接海，東際遼河，西北包冷陘，北界松陘。山川東西三千里。地多松柳，澤饒蒲葦。"明本《册府》卷九五八《外臣部・國邑門二》："契丹國，居黃水之南，黃莫龍之北數百里。後魏時，爲高麗所侵，部落萬餘口求內附，止於白貔河，其後爲突厥所

逼，又以萬家寄於高麗。隋開皇中，背高麗率衆内附，高祖安置於渴奚那頡之北。部落漸衆，遂北徙，逐水草。當遼西正北二百里，依託訖臣水而居，東西亘五百里，南北三百里。分爲十部，兵多者三千，少者千餘。其南者爲契丹，在北者號室韋。一説其國在鮮卑之東故地，距高麗，西至奚，北鄰靺鞨，南接營州，延袤二千里，勝兵萬餘人，分爲八部。又云：古匈奴之種，代居遼澤之中，潢水南崖，南距渝關千一百里，渝關南距幽州七百里，本鮮卑之舊地也。後唐天祐末，其酋阿保機乃僭稱皇帝，署中國官號，爲城郭宫室之制於漠北，距幽州三千里，名其邑曰‘西樓邑’。屋門皆東向，如車帳之法。城南别作一城，以實漢人，名曰‘漢城’。”

　　唐咸通末，其王曰習爾之，[1]疆土稍大，累來朝貢。光啓中，其王欽德者，[2]乘中原多故，北邊無備，遂蠶食諸郡，達靼、奚、室韋之屬，[3]咸被驅役，族帳寖盛，有時入寇。劉仁恭鎮幽州，素知契丹軍勢情僞，選將練兵，乘秋深入，踰摘星嶺討之，[4]霜降秋暮，即燔塞下野草以困之，馬多飢死，即以良馬賂仁恭，以市牧地。[5]仁恭季年荒恣，出居大安山，[6]契丹背盟，數來寇鈔。時劉守光戍平州，[7]契丹舍利王子率萬騎攻之，[8]守光僞與之和，張幄幕於城外以享之，部族就席，伏甲起，擒舍利王子入城。部族聚哭，請納馬五千以贖之，不許，欽德乞盟納賂以求之，自是十餘年不能犯塞。

　　[1]咸通：唐懿宗李漼年號（860—874）。　　習爾之：人名。又作“習爾”，號“鮮質可汗”。契丹遙輦氏部落聯盟首領。唐懿宗咸通年間在位，時契丹益强，發動對奚戰争。《新唐書》卷二一九載其咸通中曾遣使於唐朝。“習爾之”，中華書局本有校勘記：

"原作'薩勒札',注云:'舊作"習爾之",今改正。'按此係輯錄《舊五代史》時所改,今恢復原文。"

[2]光啓:唐僖宗李儇年號(885—888)。　欽德:人名。契丹遙輦氏部落聯盟末代首領,稱"痕德菫可汗"。約於唐僖宗光啓元年後執政。憑藉契丹逐漸强大的軍事力量,乘中原藩鎮之亂,逐漸蠶食周鄰轄戛、奚、室韋等部落,南下攻掠幽、薊等地。天復三年(903)十一月,牧地被唐幽州節度使劉仁恭焚燒,被迫向唐獻馬請盟。旋背盟南下,遣阿鉢(耶律阿保機妻兄)將萬騎攻渝關(位於今河北秦皇島市撫寧區)。天祐三年十二月(907年初)卒。翌年正月阿保機稱帝。至此,長達一個半世紀,歷經九世的遙輦氏部落聯盟時代宣告結束,爲耶律氏建立的國家所取代。"欽德",中華書局本有校勘記:"原作'沁丹',注云:'舊作"欽德",今改正。'按此係輯錄《舊五代史》時所改,今恢復原文。"

[3]達靼:部族名。其名始見於唐開元二十年(732)突厥文《闕特勤碑》。唐末活躍於陰山一帶。參見白玉冬《九姓達靼游牧王國史研究(8—11世紀)》,中國社會科學出版社2017年版。奚:部族名。又稱"庫莫奚"。源出鮮卑宇文部。隋代以後簡稱"奚"。先後附屬唐朝、後突厥汗國、回鶻汗國。唐末爲契丹所役屬,部分奚人西遷嬀州(今河北懷來縣)北山,遂有東、西奚之分。遼建國後,以奚王府治理奚人,奚六部各設節度使。參見畢德廣《奚族文化研究》,科學出版社2016年版。　室韋:部族名。又作失韋、失圍,一説即鮮卑的別譯。源出東胡,北魏時始見記載。南北朝時分爲五部,至隋唐時漸分爲三十餘部。曾附屬於突厥汗國,唐代東突厥汗國、後突厥汗國、回鶻汗國衰亡後,大量室韋人遷入蒙古高原,遼金時遍佈大漠南北。中唐以後,文獻上又把室韋稱作"達怛"。參見張久和《原蒙古人的歷史:室韋—達怛研究》,高等教育出版社1998年版。

[4]劉仁恭:人名。深州(今河北深州市)人。唐末、五代軍閥,時爲幽州節度使。傳見《新唐書》卷二一二。　素知契丹軍勢

情僞：中華書局本有校勘記：“‘勢’字原闕，據《册府》卷三六七補。”見《宋本册府》卷三六七《將帥部·機略門七》。　摘星嶺：地名。又名思鄉嶺、辭鄉嶺、德勝嶺、望雲嶺。即今河北灤平縣西南十八盤嶺。爲遼時出古北口赴中京驛路必經之地。

　　[5]馬多飢死：中華書局本有校勘記：“《册府》卷三六七同，《新五代史》卷七二《四夷附録》、《通鑑》卷二六四敘其事作‘契丹馬多飢死’。”　“劉仁恭鎮幽州”至“以市牧地”：見《通鑑》卷二六四天復三年（903）條。《新五代史》卷七二《四夷附録一》：“某部大人遥輦次立，時劉仁恭據有幽州，數出兵摘星嶺攻之，每歲秋霜落，則燒其野草，契丹馬多飢死，即以良馬賂仁恭求市牧地，請聽盟約甚謹。”

　　[6]大安山：山名。位於今北京房山區西北。

　　[7]劉守光：人名。深州樂壽（今河北獻縣）人。唐末、五代幽州節度使劉仁恭之子。劉守光囚父自立，後號大燕皇帝，爲晉王李存勗俘殺。傳見本書卷一三五、《新五代史》卷三九。　平州：州名。治所在今河北盧龍縣。

　　[8]舍利王子：人名。舍利原爲官稱，此以官稱（或專名）代人名。《資治通鑑考異》曰：“薛居正《五代史》及《莊宗列傳》皆云：‘光啓中，守光禽舍利王子，其王欽德以重賂贖之。’按是時仁恭猶未得幽州也。今從《薛史·蕭翰傳》及王皞《唐餘録》。”“舍利”，中華書局本有校勘記：“原作‘錫利’，注云：‘舊作“舍利”，今改正。’按此係輯録《舊五代史》時所改，今恢復原文。”

　　及欽德政衰，有别部長耶律阿保機，最推雄勁，族帳漸盛，遂代欽德爲主。[1]先是，契丹之先大賀氏有勝兵四萬，分爲八部，每部皆號大人，内推一人爲主，建旗鼓以尊之，每三年第其名以代之。[2]及阿保機爲主，乃怙强恃勇，不受諸族之代，遂自稱國王。[3]

[1]耶律阿保機：人名。契丹迭剌部人。唐末契丹族首領、遼開國太祖。紀見《遼史》卷一、卷二。　"及欽德政衰"至"遂代欽德爲主"："長"，中華書局本有校勘記："《册府》卷九五六、卷九六七，《武經總要前集》卷一六下作'酋長'。"見《宋本册府》卷九五六《外臣部·種族門》契丹條、卷九六七《外臣部·繼襲門二》契丹條。《宋本册府》卷九五六："昭宗時，其王欽德政衰，有別部酋長耶律阿保機者，最推雄勁，族帳漸盛，代欽德爲王。"《新五代史》卷七二《四夷附録一》："八部之人以爲遥輦不任事，選於其衆，以阿保機代之。"

[2]"先是"至"每三年第其名以代之"：《新五代史》卷七二《四夷附録一》："其部族之大者曰大賀氏，後分爲八部，其一曰但利皆部，二曰乙室活部，三曰實活部，四曰納尾部，五曰頻没部，六曰内會雞部，七曰集解部，八曰奚嗢部。部之長號大人，而常推一大人建旗鼓以統八部。至其歲久，或其國有災疾而畜牧衰，則八部聚議，以旗鼓立其次而代之。被代者以爲約本如此，不敢争。"中華書局本《新五代史》校勘記："'但利皆'，原作'但皆利'，據宗文本、《通鑑》卷二六六胡注引《歐史》改。宋丙本作'但利皆'，按《五代會要》卷二九、《遼史》卷三七《地理志》作'旦利皆'。"《會要》卷二九契丹條："其族本姓大賀氏，後分爲八部：一曰旦利皆部，二曰乙室活部，三曰實活部，四曰納尾部，五曰頻没部，六曰内會雞部，七曰集解部，八曰奚嗢部。管縣四十一。每部有刺史，每縣有令。酋長號契丹王。唐制，兼松漠府都督，幽州置松漠府長史一人監之。其後諸姓不常。唐會昌中，幽州節度使張仲武表其王屈戍，請賜印篆爲'奉國契丹之印'。朝廷從之。其八族長皆號曰大人，稱刺史，内推一人爲王，建旗鼓以尊之。每三年，第其名以代之。"

[3]"及阿保機爲主"至"遂自稱國王"：《新五代史》卷七二《四夷附録一》："漢人教阿保機曰：'中國之王無代立者。'由是阿保機益以威制諸部而不肯代。其立九年，諸部以其久不代，共責誚

之。阿保機不得已，傳其旗鼓，而謂諸部曰：'吾立九年，所得漢人多矣，吾欲自爲一部以治漢城，可乎？'諸部許之。漢城在炭山東南灤河上，有鹽鐵之利，乃後魏滑鹽縣也。其地可植五穀，阿保機率漢人耕種，爲治城郭邑屋廛市如幽州制度，漢人安之，不復思歸。阿保機知衆可用，用其妻述律策，使人告諸部大人曰：'我有鹽池，諸部所食。然諸部知食鹽之利，而不知鹽有主人，可乎？當來犒我。'諸部以爲然，共以牛酒會鹽池。阿保機伏兵其旁，酒酣伏發，盡殺諸部大人，遂立，不復代。"亦見《會要》契丹條、《宋本册府》卷一〇〇〇《外臣部·强盛門》。

天祐四年，大寇雲中，後唐武皇遣使連和，[1]因與之面會於雲中東城，大具享禮，延入帳中，約爲兄弟，謂之曰："唐室爲賊所篡，吾欲今冬大舉，弟可以精騎二萬，同收汴、洛。"[2]阿保機許之，賜與甚厚，留馬三千匹以答貺。左右咸勸武皇可乘間擒之，武皇曰："逆賊未殄，不可失信於夷狄，自亡之道也。"乃盡禮遣之。[3]及梁祖建號，[4]阿保機亦遣使送名馬、女口、貂皮等求封册。梁祖與之書曰："朕今天下皆平，唯有太原未伏，卿能長驅精甲，徑至新莊，[5]爲我翦彼寇讎，與爾便行封册。"莊宗初嗣世，亦遣使告哀，賂以金繒，求騎軍以救潞州，[6]契丹答其使曰："我與先王爲兄弟，兒即吾兒也，寧有父不助子耶!"許出師，會潞平而止。[7]

[1]天祐：唐昭宗李曄開始使用的年號（904）。唐哀帝李柷即位後沿用（904—907）。唐亡後，河東李克用、李存勖仍稱天祐，沿用至天祐二十年（923）。五代其他政權亦有行此年號者，如南

吳、吳越等，使用時間長短不等。　雲中：縣名。治所在今山西大同市。　武皇：人名。即李克用。沙陀族，生於神武川新城（一説今山西朔州市朔城區之梵王寺村，一説今山西應縣縣城，一説今山西懷仁縣之日中城）。五代後唐奠基者。紀見本書卷二五至卷二六。

[2]汴：州名。治所在今河南開封市。　洛：地名。即洛陽。位於今河南洛陽市。

[3]不可失信於夷狄："夷狄"，《輯本舊史》原作"部落"。中華書局本有校勘記："'部落'，《册府》卷九八〇、《通鑑》卷二六六作'夷狄'。"但未回改。見《宋本册府》卷九八〇《外臣部·通好門》，《通鑑》卷二六六開平元年（907）五月丁丑條。此因輯者忌清諱而改，今據《册府》及《通鑑》回改。　"天祐四年"至"乃盡禮遣之"：《新五代史》卷七二《四夷附録一》："梁將篡唐，晉王李克用使人聘于契丹，阿保機以兵三十萬會克用於雲州東城。置酒，酒酣，握手約爲兄弟。克用贈以金帛甚厚，期共舉兵擊梁。阿保機遺晉馬千匹。""千匹"，中華書局本《新五代史》校勘記："《舊五代史》卷一三七《契丹傳》、《通鑑》卷二六六、《契丹國志》卷一作'三千匹'。"見《通鑑》卷二六六開平元年五月丁丑條。

[4]梁祖：即朱温。宋州碭山（今安徽碭山縣）人。後梁開國皇帝。紀見本書卷一至卷七、《新五代史》卷一至卷二。

[5]女口：中華書局本有校勘記："原作'女樂'，據殿本、孔本、《册府》卷九九九改。"見《宋本册府》卷九九九《外臣部·請求門》。　太原：府名。治所在今山西太原市。代指李克用一方。新莊：地名。位於今山西高平市河西鎮新莊村。

[6]莊宗：即李存勗。代北沙陀部人，後唐開國皇帝。紀見本書卷二七至卷三四、《新五代史》卷四至卷五。　潞州：州名。治所在今山西長治市。

[7]契丹答其使曰：中華書局本有校勘記："'契丹'二字原闕，據《通鑑》卷二六六《考異》引《薛史·契丹傳》補。"　兒即吾

兒也：《舊五代史考異》："《契丹國志》作'吾朝定兒也'，與《薛史》異。"中華書局本有校勘記："'朝'字原闕，據《契丹國志》卷一補。按《契丹國志》卷一：'朝定，猶華言朋友也。'"

"及梁祖建號"至"會潞平而止"：《新五代史》卷七二《四夷附錄一》："阿保機既歸而背約，遣使者袍笏梅老聘梁。梁遣太府卿高頃、軍將郎公遠等報聘。逾年，頃還，阿保機遣使者解里隨頃，以良馬、貂裘、朝霞錦聘梁，奉表稱臣，以求封册。梁復遣公遠及司農卿渾特以詔書報勞，別以記事賜之，約共舉兵滅晋，然後封册爲甥舅之國，又使以子弟三百騎入衞京師。克用聞之，大恨。是歲克用病，臨卒，以一箭屬莊宗，期必滅契丹。渾特等至契丹，阿保機不能如約，梁亦未嘗封册。而終梁之世，契丹使者四至。"《會要》卷二九契丹條："梁開平元年四月，遣其首領袍笏梅老等來貢方物。至二年二月，其主阿保機又遣使來貢良馬。五月，又遣使解里貢細馬十匹，金花鞍轡，貂鼠皮裘并冠；男口一，年十歲，名曰蘇；女口一，年十一歲，名曰臂。其妻述律氏貢朝霞錦。前國王欽德并其大臣皆有貢獻。太祖命司農卿渾特、右千牛衞將軍郎公遠充使，就本國宣諭。三年閏八月，又遣首領葛禄來貢方物。太祖御文明殿，召葛禄等五十人張讌，賜金帛等有差。至五年四月，又遣使實柳梅老來朝貢。"《宋本册府》卷九七二《外臣部·朝貢門五》梁太祖開平元年（907）四月條："契丹首領袍笏梅老來朝，貢方物。"同年五月條："契丹首領袍笏、課哥梅老等來朝。契丹久不通中華，聞帝威聲，乃率所部來貢，三數年間，頻獻名馬方物。"二年二月條："契丹王阿保機遣使貢良馬、方物。"同年五月條："契丹國王阿保機遣使進良馬十匹、金花鞍轡、貂鼠皮、頭冠并裘，男口一，名蘇，年十歲，女口一，名臂，年十二。契丹王妻亦不進良馬一匹，朝霞錦、金花頭冠、麝香，前國王欽德亦進馬，其國中節級各差使進獻，共三十一人，表六封。"三年閏八月條："鴻臚寺引進契丹阿保機差首領葛鹿等進金渡鐵甲、金渡銀甲，及水精玉裝鞍轡等物，馬一百匹。其阿保機母、妻各進雲霞錦一疋。"開平五年四月條：“契丹王阿保機遣使實柳梅老朝貢。”乾化二年（911）十月條：“契丹蜀括梅老等朝貢。”卷九七六《外臣部·襃異門三》梁太祖開平三年八月戊寅條：“御文殿，召契丹朝貢使昌鹿等五十人對見，群臣以遠蕃朝貢，稱賀罷，賜昌鹿以下酒食於客省，賚銀帛有差。”《新五代史》載梁世契丹使者四至，《會要》載五至，《册府》載六至。

　　劉守光末年苛慘，軍士亡叛皆入契丹。洎周德威攻圍幽州。燕之軍民多爲寇所掠，既盡得燕中人士，教之文法，由是漸盛。[1]十三年八月，阿保機率諸部號稱百萬，自麟、勝陷振武，長驅雲、朔，北邊大擾。[2]莊宗赴援於代北，虜衆方退。[3]十四年，新州大將盧文進爲衆所迫，殺新州團練使李存矩於祁溝關，返攻新、武。[4]周德威以衆擊之，文進不利，乃奔於契丹，引其衆陷新州。周德威率兵三萬以討之，敵騎援新州，德威爲敵所敗，殺傷殆盡，契丹乘勝攻幽州。是時，或言契丹三十萬，或言五十萬，幽薊之北，所在敵騎皆滿。[5]莊宗遣明宗與李存審、閻寶將兵救幽州，遂解其圍，語在《莊宗紀》中。[6]

　　[1]周德威：人名。朔州馬邑（今山西朔州市朔城區東北）人。唐末、五代河東將領。傳見本書卷五六、《新五代史》卷二五。
　　教之文法：中華書局本有校勘記：“‘教’原作‘歸’，據殿本、孔本校、《册府》卷一〇〇〇改。”見《宋本册府》卷一〇〇〇《外臣部·强盛門》。　“劉守光末年苛慘”至“由是漸盛”：《新五代史》卷七二《四夷附録一》：“是時，劉守光暴虐，幽、涿之人多亡入契丹。阿保機乘間入塞，攻陷城邑，俘其人民，依唐州縣置城以居之。"

[2]麟：州名。治所在今陝西神木縣。 勝：州名。治所在今內蒙古准格爾旗。 振武：方鎮名。後梁貞明二年（916）以前，治所位於單于都護府城（今內蒙古和林格爾縣）。貞明二年（916），單于都護府城爲契丹占據。此後至後唐清泰三年（936），治所位於朔州（今山西朔州市朔城區）。後晉隨燕雲十六州割予契丹，改名順義軍。 雲：州名。治所在今山西大同市。 朔：州名。治所在今山西朔州市朔城區。

[3]代：州名。治所在今山西代縣。 莊宗赴援於代北虜衆方退：中華書局本有校勘記："'北'字原闕，據《冊府》卷九八七補。"見《宋本冊府》卷九八七《外臣部·征討門六》。虜衆，中華書局本緣《輯本舊史》作"敵衆"，乃忌清諱改，現據《冊府》回改。

[4]新州：州名。治所在今河北涿鹿縣。 盧文進：人名。范陽（今河北涿州市）人。五代後唐、後晉、吳國、南唐將領。傳見本書卷九七、《新五代史》卷四八。 團練使：官名。唐代中期以後，於不設節度使的地區設團練使，掌本區各州軍事。 李存矩：人名。沙陀部人。唐末、五代將領。後唐莊宗李存勗之弟。傳見本書附錄。 祁溝關：關隘名。又名岐溝關。在今河北涿州市西南三十里岐溝村。 武：州名。治所在今河北張家口市宣化區。

[5]幽薊：地區名。即今河北北部、北京、天津一帶。

[6]明宗：即李嗣源。沙陀部人。原名邈佶烈，李克用養子，926年至933年在位。紀見本書卷三五至卷四四、《新五代史》卷六。 李存審：人名。陳州宛丘（今河南淮陽縣）人。原姓符，名存。李克用義子，五代後唐將領。傳見本書卷五六、《新五代史》卷二五。 閻寶：人名。鄆州（今山東東平縣）人。五代後梁、後唐將領。傳見本書卷五九、《新五代史》卷四四。 "十三年八月"至"語在莊宗紀中"：《輯本舊史》卷二八《唐莊宗紀二》天祐十三年（916）八月條："是月，契丹入蔚州，振武節度使李嗣本

陷於契丹。”《輯本舊史》之原輯者案語：“《歐陽史》及《通鑑》俱從《薛史》作蔚州。《遼史·太祖紀》：神册元年（916）八月，拔朔州，擒節度使李嗣本。與《薛史》異。”見《遼史》卷一《太祖紀上》神册元年八月條。天祐十三年（916）與神册元年爲同一年。《輯本舊史》卷二八同年九月條：“時契丹犯塞，帝領親軍北征，至代州北，聞蔚州陷，乃班師。”《輯本舊史》之原輯者案語：“《遼史·太祖紀》：十一月，攻蔚、新、武、嬀、儒五州，自代北至河曲，踰陰山，盡有其地。其圍蔚州，敵樓無故自壞，衆軍大譟，乘之，不踰時而破，蓋由朔州進破蔚州也。《通鑑》作晋王自將兵救雲州，契丹聞之，引去。與《薛史》異。”《輯本舊史》卷二八天祐十四年二月甲午條：“新州將盧文進殺節度使李存矩，叛入契丹，遂引契丹之衆寇新州。”又：“契丹攻新州甚急，刺史安金全棄城而遁，契丹以文進部將劉殷爲刺史。帝命周德威率兵三萬攻之，營於城東。俄而文進引契丹大至，德威拔營而歸，因爲契丹追躡，師徒多喪。契丹乘勝寇幽州。是時，言契丹者，或云五十萬，或云百萬，漁陽以北，山谷之間，氊車毳幕，羊馬彌漫。盧文進招誘幽州亡命之人，教契丹爲攻城之具，飛梯、衝車之類，畢陳於城下。鑿地道，起土山，四面攻城，半月之間，機變百端。城中隨機以應之，僅得保全，軍民困弊，上下恐懼。德威間道馳使以聞，帝憂形於色，召諸將會議。時李存審請急救燕、薊，且曰：‘我若猶豫未行，但恐城中生事。’李嗣源曰：‘願假臣突騎五千，以破契丹。’閻寶曰：‘但當蒐選銳兵，控制山險，强弓勁弩，設伏待之。’帝曰：‘吾有三將，無復憂矣！’”“劉殷”，明本《册府》卷四四三《將帥部·敗衂門三》周德威條作“劉殷壽”。《輯本舊史》卷二八同年四月條：“命李嗣源率師赴援，次於淶水，又遣閻寶率師夜過祁溝，俘擒而還。周德威遣人告李嗣源曰：‘契丹三十萬，馬牛不知其數，近日所食羊馬過半，阿保機責讓盧文進，深悔其來。契丹勝兵散布射獵，阿保機帳前不滿萬人，宜夜出奇兵，掩其不備。’嗣源具以事聞。”《輯本舊史》之原輯者案語：“《遼史·太祖紀》：四月，圍幽州，不克。六月乙巳，望城中有氣如烟火狀，上曰：‘未可攻也。’以大暑霖潦，班師，留盧國用守之。是契丹主已於六月退師矣，《薛史》及《通鑑》皆不載。”見《遼史》卷一《太祖紀上》神册二年四月、六月諸條。《輯本舊史》卷二八同年七月辛未條：“帝遣李存審領軍與嗣源會於易州，步騎凡七萬。於是三將同謀，銜枚束甲，尋澗谷而行，直抵幽州。”同年八月甲午條：“自易州北循山而行，李嗣源率三千騎爲前鋒。”同月庚子條：“循大房嶺而東，距幽州六十里。契丹萬騎遽至，存審、嗣源極力以拒之，契丹大敗，委棄氊幕、氈廬、弓矢、羊馬不可勝紀，進軍追討，俘斬萬計。”同月辛丑條：“大軍入幽州，德威見諸將，握手流涕。翌日，獻捷於鄴。”同年九月條：“班師。帝授存審檢校太傅，嗣源檢校太保，閻寶加同平章事。”《新五代史》卷七二《四夷附録一》唐莊宗天祐十三年條：“阿保機攻晋蔚州，執其振武節度使李嗣本。是時，莊宗已得魏博，方南向與梁争天下，遣李存矩發山北兵。存矩至祁溝關，兵叛，擁偏將盧文進擊殺存矩，亡入契丹。契丹攻破新州，以文進部將劉殷守之。莊宗遣周德威擊殷，而文進引契丹數十萬大至，德威懼，引軍去，爲契丹追及，大敗之。德威走幽州，契丹圍之。幽、薊之間，虜騎遍滿山谷，所得漢人，以長繩連頭繫之於木，漢人夜多自解逃去。文進又教契丹爲火車、地道、起土山以攻城。城中鎔銅鐵汁揮之，中者輒爛墮。德威拒守百餘日，莊宗遣李嗣源、閻寶、李存審等救之。契丹數爲嗣源等所敗，乃解去。”明本《册府》卷二〇《帝王部·功業門二》唐明宗天祐十四年四月條：“契丹阿保機率衆三十萬攻幽州，周德威間使告急，莊宗命帝與李存審、閻保率軍赴援，帝爲前鋒。距幽州兩舍，虜騎當谷口而陣，帝與末帝舞撾奮擊，萬衆披靡，挾其酋帥而還。虜衆大敗，勢如席卷，委棄鎧仗羊馬殆不勝紀。是日，解圍。”《宋本册府》卷四五《帝王部·謀略門》明宗條：“天祐十四年四月，契丹阿保機率衆二十萬攻幽州，周德威間使告急。莊宗召諸將議進趨之計，諸將咸言：‘虜勢不能持久、野無所掠，食盡自還，然後踵而擊之可也。'帝奏曰：'德威盡忠於國家，孤城被攻，危亡在即，不宜更待虜衰，願假臣突騎五千爲前鋒以援之。'莊宗曰：'公言是也。'即命帝與李存審、閻寶率軍赴援。帝爲前鋒，會軍於易州，步騎七萬，三將謀進，存審曰：'契丹合戰，唯使騎軍，弓良矢勁，其鋒難敵。我師合戰，唯使步兵，若於平原廣野之中，卒遇其衆，彼若以騎軍十萬馳突，我師欲戰不能，退則被逐，則我屬無遺類矣。'帝曰：'彼賊騎以馬上爲生，不須營壘。我今步騎之行，須有次舍禦備輜重資糧，一宿不爨，則士有饑色。若平原之中，卒遇賊軍，被掠輜重資糧，則我不戰而自亡矣。不如銜枚束甲，尋澗谷而直行抵幽州，與德威合勢，如賊警覺，據險枝梧，此計之上也。'"明本《册府》卷三四七《將帥部・佐命門八》李存璋天祐十三年條："秋，契丹寇蔚州，陷之，阿保機遣使馳木書求賂，存璋斬其使。虜逼雲州，存璋拒守。"亦見《宋本册府》卷四〇〇《將帥部・固守門二》。明本《册府》卷三四七《將帥部・佐命門八》郭崇韜條："天祐十八年，契丹引衆至新樂，王師大恐，諸將咸請退還魏州。莊宗猶豫未決，崇韜曰：'阿保機爲王郁所誘，本利貨財，非敦鄰好，苟前鋒小衄，遁走必矣。況我新破汴寇，威振北蕃，乘此驅攘，往無不捷。且事之濟否，亦有天命。'莊宗從之，王師果捷。"《宋本册府》卷九九四《外臣部・備禦門七》後唐莊宗條最詳。

十八年十月，鎮州大將張文禮弑其帥王鎔，[1]莊宗討之，時定州王處直與文禮合謀，[2]遣威塞軍使王郁復引契丹爲援。[3]十二月，阿保機傾塞入寇，攻圍幽州，李紹宏以兵城守。[4]契丹長驅陷涿郡，執刺史李嗣弼。[5]進攻易、定，至新樂，[6]渡沙河，王都遣使告急。[7]時莊宗在鎮州行營，聞前鋒報曰"敵渡沙河"，軍中咸恐，議者請權釋鎮州之圍以避之。莊宗曰："霸王舉事，自有天道，契丹其如我何！國初，突厥入寇，至於渭北，高祖欲棄長安，遷都樊、鄧，[8]太宗曰：[9]'獫狁孔熾，自古有之，未聞遷移都邑。霍去病，[10]漢廷將帥，猶且志滅匈奴，況帝王應運，而欲移都避寇哉！'文皇雄武，[11]不數年俘二突厥爲衛士。今吾以數萬之衆安集山東，王德明厮養小人，[12]阿保機生長邊地，豈有退避之理，吾何面視蒼生哉！爾曹但駕馬同行，看吾破敵。"莊宗親御鐵騎五千，至新城北，[13]遇契丹前鋒萬騎，莊宗精甲自桑林突出，光明照日，諸部愕然緩退，莊宗分二廣以乘之，敵騎散退。時沙河微冰，其馬多陷，阿保機退保望都。[14]是夜，莊宗次定州，翌日出戰，遇奚長禿餒五千騎，[15]莊宗親軍千騎與之鬬，爲敵所圍，外救不及，莊宗挺馬奮躍，出入數四，酣戰不解。李嗣昭聞其急也，[16]灑泣而往，攻破敵陣，掖莊宗而歸。時契丹值大雪，野無所掠，馬無芻草，凍死者相望於路。阿保機召盧文進，以手指天謂之曰："天未令我到此。"乃引衆北去。莊宗率精兵騎躡其後，每經阿保機野宿之所，布秸在地，方而環之，雖去，無一莖亂者，莊宗謂左右曰："蕃人法令如是，豈中國所及！"莊宗至幽州，發二百騎偵之，皆爲契丹所獲，莊宗乃還。[17]

[1]鎮州：州名。治所在今河北正定縣。　張文禮：人名。燕（今河北北部）人。後唐將領。傳見本書卷六二。　王鎔：人名。回鶻人。唐末、五代軍閥，朱溫後封趙王。傳見本書卷五四、《新五代史》卷三九。

[2]定州：州名。治所在今河北定州市。　王處直：人名。京

兆萬年（今陝西西安市長安區）人。唐末、五代軍閥。傳見本書卷五四、《新五代史》卷三九。

[3]威塞軍：據中華書局本有校勘記，本書卷三二《唐莊宗本紀六》：“（同光二年七月庚申）升新州爲威塞軍節度使，以嬀、儒、武等州爲屬郡。”《通鑑》卷二七三：“（同光二年七月）庚申，置威塞軍於新州。”　王郁：人名。京兆萬年（今陝西西安市長安區）人。唐義武軍節度使王處直之子，李克用之婿。五代、遼將領。傳見《遼史》卷七五。　“十八年十月”至“遣威塞軍使王郁復引契丹爲援”：《新五代史》卷七二《四夷附錄一》：“莊宗討張文禮，圍鎮州。定州王處直懼鎮且亡，晋兵必并擊己，遣其子郁説契丹，使入塞以牽晋兵。郁謂阿保機曰：‘臣父處直使布愚款曰：故趙王王鎔，王趙六世，鎮州金城湯池，金帛山積，燕姬趙女，羅綺盈廷。張文禮得之而爲晋所攻，懼死不暇，故皆留以待皇帝。’阿保機大喜。其妻述律不肯，曰：‘我有羊馬之富，西樓足以娛樂，今捨此而遠赴人之急，我聞晋兵强天下，且戰有勝敗，後悔何追？’阿保機躍然曰：‘張文禮有金玉百萬，留待皇后，可共取之。’於是空國入寇。郁之召契丹也，定人皆以爲後患不可召，而處直不聽。郁已去，處直爲其子都所廢。”《宋本册府》卷九八七《外臣部·征討門六》唐莊宗天祐十九年（922）正月甲午條注：“初，都説保機曰：‘子父使我以情告王，鎮州金城湯池，玉帛山積，燕姬趙女，充牣其中，俟君一到，不屬佗人，如不時至，必爲晋人所有。’保機躍馬務進，其妻曰：‘我有牛馬，娛樂西樓，足可以榮育兒孫，何更遠離鄉土？我聞晋人無敵，兵强天下。事一不測，後悔何追！’保機曰：‘張文禮有金玉百萬，留待皇后，當率騎同取，非有他患。’遂傾部落而來。”此條之（王）都應爲（王）郁之誤。

[4]李紹宏：人名。又作馬紹宏。籍貫不詳。後唐莊宗近臣。傳見本書卷七二。

[5]涿郡：即涿州。治所在今河北涿州市。　刺史：官名。州一級行政長官。漢武帝時始置，總掌考核官吏、勸課農桑、地方教

化等事。唐中期以後，節度使、觀察使轄州而設，刺史爲其屬官，職任漸輕。從三品至正四品下。　李嗣弼：人名。李克用從父弟李克修長子。五代將領。傳見本書卷五〇。

[6]易：州名。治所在今河北易縣。　新樂：縣名。治所在今河北新樂市。

[7]沙河：水名。源於今山西靈丘縣太白山南麓，流經河北阜平、曲陽、新樂、定州、安國等地，在安國市與磁河匯合。　王都：人名。原名劉雲郎。中山陘邑（今河北定州市）人。妖人李應之養子，後送與王處直，改姓名爲王都。後爲義武軍節度使。傳見本書卷五四、《新五代史》卷三九。　"十二月"至"王都遣使告急"："王都遣使告急"，中華書局本有校勘記："'王都'原作'王郁'，據本書卷二九《唐莊宗紀三》、《册府》卷九八七、《通鑑》卷二七一、《契丹國志》卷一改。按王處直養子名都，孽子名郁，時處直遣郁召契丹犯塞，都劫處直，自爲留後。契丹攻定州，王都告急于晋。"《宋本册府》卷九九四《外臣部·征討門六》唐莊宗天祐十八年（921）十二月條："契丹阿保機寇幽州，節度使李紹宏帥士固守，契丹引衆而南攻涿州，圍逼十餘日，陷之。契丹寇定州，王都遣使告急，御親軍赴之。"《通鑑》卷二七一龍德元年十月條："初，義武節度使兼中書令王處直未有子，妖人李應之得小兒劉雲郎於陘邑，以遺處直曰：'是兒有貴相。'使養爲子，名之曰都。及壯，便佞多詐，處直愛之，置新軍，使典之。處直有孽子郁，無寵，奔晋，晋王克用以女妻之，累遷至新州團練使。餘子皆幼；處直以都爲節度副大使，欲以爲嗣。及晋王存勖討張文禮，處直以平日鎮、定相爲脣齒，恐鎮亡而定孤，固諫，以爲方禦梁寇，宜且赦文禮。晋王答以文禮弑君，義不可赦；又潛引梁兵，恐於易定亦不利。處直患之，以新州地鄰契丹，乃潛遣人語郁，使略契丹，召令犯塞，務以解鎮州之圍；其將佐多諫，不聽。郁素疾都冒繼其宗，乃邀處直求爲嗣，處直許之。軍府之人皆不欲召契丹，都亦慮郁奪其處，乃陰與書吏和昭訓謀劫處直。會處直與張文禮使者

宴於城東，暮歸，都以新軍數百伏於府第，大譟劫之，曰：'將士不欲以城召契丹，請令公歸西第。'乃并其妻妾幽之西第。盡殺處直子孫在中山及將佐之爲處直腹心者。都自爲留後，具以狀白晋王；晋王因以都代處直。"參見《輯本舊史》卷五四《王處直附王都王郁傳》。《新五代史》卷七二《四夷附錄一》："阿保機攻幽州不克，又攻涿州，陷之。聞處直廢而都立，遂攻中山，渡沙河。都告急於莊宗。"

　　[8]突厥：部族名。6 至 8 世紀活躍於北亞和中亞，稱雄於漠北、西域。隋文帝開皇二年（582），突厥汗國分裂爲東、西突厥。唐中期以後西突厥、東突厥均已衰落。　渭北：即渭河以北地區。

　　高祖：即李淵。唐朝建立者。618 年至 626 年在位。紀見《舊唐書》卷一、《新唐書》卷一。　長安：地名。即今陝西西安市。樊：地名。位於今湖北襄陽市樊城區。　鄧：州名。治所在今河南鄧州市。

　　[9]太宗：即唐代第二位皇帝李世民。隴西成紀（今甘肅秦安縣）人。626 年至 649 年在位。通過"玄武門之變"掌權。在位期間，虛心納諫，文治武功，開創"貞觀之治"。紀見《舊唐書》卷二至卷三、《新唐書》卷二。

　　[10]霍去病：人名。河東郡平陽（今山西臨汾市西南）人。漢代與匈奴作戰的著名將領。傳見《漢書》卷五五。

　　[11]文皇：指唐太宗李世民。

　　[12]山東：與關中相對，指華山或崤山以東地區。　王德明：人名。即張文禮。張文禮被王鎔收爲義子後，賜姓王，名德明。"阿保機生長邊地"至"看吾破敵"：中華書局本有校勘記："'邊地'，孔本校作'賤類'。'破敵'，孔本校作'破虜'。《册府》卷九八七敘其事云：'阿保機渾酪賤類，唯利是求，犯難而來，其强易弱，一逢挫敗，奔走無路。爾曹輩但筆馬同行，看吾破賊。'"

　　[13]新城：地名。位於今河北無極縣。

　　[14]望都：縣名。治所在今河北望都縣。

　　[15]禿餒：人名。奚人。契丹將領。事見《通鑑》卷二七六。

　　遇奚長禿餒五千騎：中華書局本有校勘記："'奚長'，孔本校、《通鑑》卷二七一作'奚酋'。"見《通鑑》卷二七一龍德二年（922）正月戊戌條。

　　[16]李嗣昭：人名。汾州（今山西汾陽市）人。唐末、五代李克用義子、部將。傳見本書卷五二、《新五代史》卷三六。

　　[17]野無所掠，馬無芻草：中華書局本有校勘記："孔本校作'虜無所掠馬無野草'。"　　"時莊宗在鎮州行營"至"莊宗乃還"：明本《册府》卷九八七《外臣部・征討門六》唐莊宗條："天祐十九年正月甲午，帝御親軍五千進擊契丹。至新城南，探報契丹前鋒三千騎宿於新樂，渡沙河而南矣。帝令前鋒偵契丹所至，報云：'渡沙河矣。'軍中相顧失色，咸欲釋鎮州之圍，班帥于魏，以（避）契丹，俟其還塞，再議進軍。諸將上言曰：'今北戎舉國入寇，我師既寡，難與爭鋒。又聞汴賊內侵，鄴中危急，儻有差跌，吾何所歸？宜且旋師魏州，徐圖勝負。'帝曰：'古者霸王舉事，自有天道。漢祖不亡於冒頓，周宣詎伏於獫戎？時事在吾，此於無患。且武德中突利、頡利二可汗率衆三十餘萬侵寇關內，高祖欲燔棄長安，徙居樊鄧。文皇帝諫曰：儉狁孔熾，作患中華，自古有之，非獨今也。周、漢並有玆患，未聞遷移都邑。霍去病，漢庭之將帥耳，猶且志滅匈奴。若聽臣微效，不數年之間，必係單于之頸。自後頡利二可汗部落束身闕下，爲宿衛之人。今吾以數萬之衆，底定山東，張文禮廝僕小人，非吾所敵；阿保機渾酪賤類，唯利是求，犯難而來，其强易弱，一逢挫敗，奔走無路。爾曹輩但篋馬同行，看吾破賊。'帝乃率鐵騎五千，精甲曜日，至新城。比半出桑林，契丹萬餘騎遽見我軍，惶駭而退。帝乃分軍爲二廣乘之，躡數千里，獲其大將一人，即機之子，其衆益恐。時沙河冰薄，橋道甚狹，虜騎軍無行次，相踐而過，陷溺人馬。帝際脫追襲，宿于新樂。阿保機車帳方在定州，敗兵夜至，拔族而遁，保于望都。帝軍次定州，王都迎謁，言詞懇切。是夜宿于開元寺。翌日，帝引軍

趨望都，契丹逆戰，帝身先騎士，馳擊數四，虜騎退而結陣，我徒兵陣於水次。俄而，帝與李嗣昭躍馬交戰，賊騎大潰。俘斬數千級，獲其酋長數十，追擊至於易州，所獲氈車氄幕羊馬不可勝紀。時自正月朔，雪平地五尺，賊芻粟已竭，人馬踣死於積雪中，纍纍不絶。帝乘勝追襲，至幽州而還。”注：“時獲賊中人言：阿保機之來，蓋取信於王都。既遇挫敗，狼狽而旋。保機繫王都責讓，自是不聽其謀。妻亦讓保機曰：‘聽狂口，貪貨財，稱其敗也。’保機大慙。”明本《册府》卷三四七《將帥部·佐命門八》李嗣昭條：“冬，契丹三十萬奄至，嗣昭從莊宗擊虜於新城。阿保機在望都，莊宗深入，親與虜鬭，虜騎圍之數十重，良久不解。嗣昭號泣赴之，引三百騎横擊虜圍，馳突出没者數十合。虜退，翼莊宗而還。”

天祐末，阿保機乃僭稱皇帝，署中國官號。其俗舊隨畜牧，素無邑屋，得燕人所教，乃爲城郭宫室之制于漠北，距幽州三千里，名其邑曰西樓邑，屋門皆東向，如車帳之法。城南別作一城，以實漢人，名曰漢城，城中有佛寺三，僧尼千人。其國人號阿保機爲天皇王。[1]同光中，阿保機深著亂華之志，欲收兵大舉，慮渤海躡其後。三年，舉其衆討渤海之遼東，令禿餒、盧文進據營、平等州，擾我燕薊。[2]

[1]西樓邑：地名。泛指遼朝上京（皇都、臨潢府）。參見陳曉偉《捺鉢與行國政治中心論——遼初“四樓”問題真相發覆》，《歷史研究》2016年第6期。　“天祐末”至“其國人號阿保機爲天皇王”：“阿保機乃僭稱皇帝”，中華書局本有校勘記：“‘自稱’，孔本校，《册府》卷九五八、卷九六七作‘僭稱’。”但未改。見明本《册府》卷九五八《外臣部·國邑門二》契丹國條、《宋本册

府》卷九六七《外臣部‧繼襲門》。今據改。《會要》卷二九契丹
條："其後僭稱帝號，以妻述律氏爲皇后，燕人韓延徽爲宰相，法
令嚴明，諸部皆畏伏之。"《新五代史》卷七二《四夷附錄一》：
"當阿保機時，有韓延徽者，幽州人也，爲劉守光參軍，守光遣延
徽聘于契丹。延徽見阿保機不拜，阿保機怒，留之不遣，使牧羊
馬。久之，知其材，召與語，奇之，遂用以爲謀主。阿保機攻党
項、室韋，服諸小國，皆延徽謀也。延徽後逃歸，事莊宗，莊宗客
將王緘譖之，延徽懼，求歸幽州省其母。行過常山，匿王德明家。
居數月，德明問其所向，延徽曰：'吾欲復走契丹。'德明以爲不
可，延徽曰：'阿保機失我，如喪兩目而折手足，今復得我，必
喜。'乃復走契丹。阿保機見之，果大喜，以謂自天而下。阿保機
僭號，以延徽爲相，號'政事令'，契丹謂之'崇文令公'，後卒
於虜。"又："契丹比佗夷狄尤頑傲，父母死，以不哭爲勇，載其尸
深山，置大木上，後三歲往取其骨焚之，酹而呪曰：'夏時向陽食，
冬時向陰食，使我射獵，猪鹿多得。'其風俗與奚、靺鞨頗同。至
阿保機，稍并服旁諸小國，而多用漢人，漢人教之以隸書之半增損
之，作文字數千，以代刻木之約。又制婚嫁，置官號。乃僭稱皇
帝，自號天皇王。以其所居橫帳地名爲姓，曰世里。世里，譯者謂
之耶律。名年曰天贊。以其所居爲上京，起樓其間，號西樓，又於
其東千里起東樓，北三百里起北樓，南木葉山起南樓，往來射獵四
樓之間。契丹好鬼而貴日，每月朔旦，東向而拜日，其大會聚、視
國事，皆以東向爲尊，四樓門屋皆東向。"

　　[2]同光：五代後唐莊宗李存勗年號（923—926）。　渤海：
古國名。武周聖曆元年（698），粟末靺鞨首領大祚榮建立政權。先
天二年（713），唐朝册封大祚榮爲渤海郡王，其國遂以渤海爲名。
傳見本書卷一三八、《新五代史》卷七四。　營：州名。治所在今
遼寧朝陽市。　平：州名。治所在今河北盧龍縣。　"同光中"至
"擾我燕薊"："阿保機深著亂華之志"，中華書局本有校勘記："'闢
地'，孔本校、《册府》卷六六〇作'亂華'。"見《宋本册府》卷

六六〇《奉使部‧敏辯門二》。今據改。《新五代史》卷七二《四夷附録一》：“契丹雖無所得而歸，然自此頗有窺中國之志，患女真、渤海等在其後，欲擊渤海，懼中國乘其虛，乃遣使聘唐以通好。同光之間，使者再至。”《會要》卷二九契丹條：“後唐同光二年三月，阿保機率所部入寇新城。其年七月，又率兵東攻渤海國。至九月，爲鄰部室韋、女真、迴鶻所侵。十二月，又入寇嵐州。三年二月，復入寇幽州，爲王師所敗，俘其首領衢多等。其年五月，又遣使拽鹿孟等來貢方物。四年正月，阿保機將復寇渤海國，又遣梅老鞋里已下三十七人貢馬三十匹，詐修和好。”《宋本册府》卷六六〇《奉使部‧敏辯門二》姚坤條：“先是，契丹阿保機深貯亂華之志，欲收兵大興，慮渤海踵其後，一年，舉軍衆討渤海之遼東，令禿餒、盧文進據營、平等州，擾我燕薊。”“大興”爲“大舉”之誤，“一年”爲“三年”之誤。同書卷九七二《外臣部‧朝貢門五》唐同光三年五月條：“契丹阿保機遣使拽鹿孟貢方物。”卷九八七《外臣部‧征討門六》唐莊宗同光二年（925）正月條：“契丹寇瓦橋關。”注：“是月，契丹還。”同年五月條：“幽州上言：契丹阿保機將寇河朔。”同年十二月條：“契丹寇幽州。”同光三年正月條：“李嗣源上言：於涿州東南殺敗契丹，生擒首領三十人，遣人告捷。是月，嗣源送所獲契丹俘囚首領衢多等八人，斬於應天門外。”同書卷九九四《外臣部‧備禦門七》唐莊宗同光二年三月條：“鎮州奏契丹將犯塞，乃令李紹斌、李從珂部署馬軍分道備之，蕃漢內外馬步軍副總官李嗣源領諸軍屯於邢州。”卷九九八《外臣部‧姦詐門》唐莊宗同光四年正月戊寅條：“阿保機遣使梅老鞋里已下三十七人，貢馬三十匹。時阿保機將寇渤海，僞修好於我，慮乘虛掩擊故也。”

明宗初纂嗣，遣供奉官姚坤奉書告哀，[1]至西樓邑，屬阿保機在渤海，又徑至慎州，崎嶇萬里。[2]既至，謁見阿保機，延入穹廬，阿保機身長九尺，被錦袍，大帶垂後，與妻對榻引見坤。坤未致命，阿保機先問曰："聞爾漢土河南、河北各有一天子，信乎？"坤曰："河南天子，今年四月一日洛陽軍變，今凶問至矣。河北總管令公，比爲魏州軍亂，[3]先帝詔令除討，既聞内難，軍衆離心，及京城無主，上下堅冊令公，請主社稷，今已順人望登帝位矣。"阿保機號咷，聲淚俱發，曰："我與河東先世約爲兄弟，河南天子吾兒也。[4]近聞漢地兵亂，點得甲馬五萬騎，比欲自往洛陽救助我兒，又緣渤海未下，我兒果致如此，冤哉！"泣下不能已。又謂坤曰："今漢土天子，初聞洛陽有難，何不急救，致令及此。"[5]坤曰："非不急切，地遠阻隔不及也。"又曰："我兒既殂，當合取我商量，安得自立！"坤曰："吾皇將兵二十年，位至大總管，所部精兵三十萬，衆口一心，堅相推戴，違之則立見禍生，非不知稟天皇王意旨，無奈人心何。"[6]其子突欲在側，謂坤曰："漢使勿多談。"[7]因引左氏牽牛蹊田之説以折坤，[8]坤曰："應天順人，不同匹夫之義，祇如天皇王初領國事，豈是強取之耶！"阿保機因曰："理當如此，我漢國兒子致有此難，我知之矣。聞此兒有宫婢二千，樂官千人，終日放鷹走狗，躭酒嗜色，不惜人民，任使不肖，致得天下皆怒。我自聞如斯，常憂傾覆，一月前已有人來報，知我兒有事，我便舉家斷酒，解放鷹犬，休罷樂官。我亦有諸部家樂千人，非公宴未嘗妄舉。我若所爲似我兒，亦應不能持久矣，從此願以爲戒。"[9]又曰："漢國兒與我雖父子，亦曾彼此讎敵，俱有惡心，與爾今天子彼此無惡，足得歡好。[10]爾先復命，我續將馬三萬騎至幽、鎮以南，與爾家天子面爲盟約，我要幽州，令漢兒把捉，更不復侵入漢界。"[11]又問："漢家收得西川，信不？"[12]坤曰："去年九月出兵，十一月十六日收下東、西川，得兵馬二十萬，金帛無算。皇帝初即位，未辦送來，續當遣使至矣。"阿保機忻然曰："聞西川有劍閣，兵馬從何過得？"[13]坤曰："川路雖險，然先朝收復河南，有精兵四十萬，良馬十萬騎，但通人行處，便能去得，視劍閣如平地耳。"阿保機善漢語，謂坤曰："吾解漢語，歷口不敢言，懼部人效我，令兵士怯弱故也。"坤至止三日，阿保機病傷寒。一夕，大星殞於其帳前，俄而卒於扶餘城，時天成元年七月二十七日也。[14]其妻述律氏自率衆護其喪歸西樓，坤亦從行，得報而還。[15]既而述律氏立其次子德光爲渠帥，以總國事，尋遣使告哀，明宗爲之輟朝。[16]明年正月，葬阿保機於木葉山，僞諡曰"大聖皇帝"。[17]

[1]供奉官：官名。泛指侍奉皇帝左右的臣僚，亦爲東、西頭供奉官通稱。　姚坤：人名。籍貫不詳。五代後唐官員。事見本書本卷。　遣供奉官姚坤奉書告哀：《舊五代史考異》："《通鑑考異》引《莊宗實錄》作'苗坤'。""苗坤"，中華書局本有校勘記："《通鑑》卷二七五《考異》引《漢高祖實錄》作'苗紳'。"見《通鑑》卷二七五天成元年（926）七月條。該條《考異》繼曰"今從《莊宗列傳》"。《通鑑》正文均作"姚坤"。《宋本冊府》卷六六〇《奉使部·敏辯門二》、卷九八〇《外臣部·通好門》均

作“遣坤齋空函告哀”。

[2]慎州：羈縻州。唐朝始置。隸於營州，領粟末靺鞨烏素固部落。萬歲通天年間，營州陷於契丹，因以南遷淄、青州之境，神龍初僑治良鄉之都鄉城（今北京房山區西南）。後廢。

[3]總管：官名。即“蕃漢內外馬步軍總管”。五代後唐置，爲蕃漢馬步軍總指揮官。後唐明宗曾爲總管，此處指代後唐明宗。

魏州：州名。治所在今河北大名縣。

[4]河東：方鎮名。治所在太原（今山西太原市）。

[5]何不急救：中華書局本有校勘記：“‘何’字原闕，據《册府》卷六六〇補。”

[6]大總管：官名。即“蕃漢內外馬步軍總管”。五代後唐置，爲蕃漢馬步軍總指揮官。

[7]突欲：人名。本名耶律倍，小名突欲。遼太祖耶律阿保機長子，封東丹王。其弟耶律德光即位，是爲遼太宗。突欲憤而降五代後唐，明宗賜名李贊華。傳見《遼史》卷七二。

[8]左氏：即左丘明。 牽牛蹊田：《左傳》宣公十一年：“牽牛以蹊人之田，而奪之牛。牽牛以蹊者信有罪矣，而奪之牛，罰已重矣。”後以“牽牛蹊田”喻指罰罪過當。

[9]從此願以爲戒：中華書局本有校勘記：“‘從此願’，孔本、《册府》卷六六〇作‘自此得’。”

[10]亦曾彼此讎敵：中華書局本有校勘記：“‘讎敵’，《册府》卷六六〇、卷九八〇作‘讎掣’。” 與爾今天子彼此無惡：中華書局本有校勘記：“‘彼此’二字原闕，據《册府》卷六六〇、卷九八〇補。”

[11]我續將馬三萬騎至幽、鎮以南：中華書局本有校勘記：“‘三’字原闕，據《册府》卷六六〇、卷九八〇補。《新五代史》卷七二《四夷附錄》敘其事云：‘吾以甲馬三萬，會新天子幽、鎮之間。’”

[12]西川：方鎮名。治所在成都府（今四川成都市）。 漢家

收得西川：中華書局本有校勘記："'家'字原闕，據《册府》卷六六〇補。"

[13]劍閣：即劍門關。位於今四川劍閣縣劍門鎮北大劍山口。

聞西川有劍閣：中華書局本有校勘記："'川'字原闕，據劉本、彭校、《册府》卷六六〇補。"

[14]扶餘城：渤海國城名。位於今吉林農安縣。　天成：五代後唐明宗李嗣源年號（926—930）。　時天成元年七月二十七日也：《宋本册府》卷九七二《外臣部·朝貢門五》唐明宗天成元年（926）七月條："七月，契丹國王遣梅老、里述骨之進内官一人、馬二匹、地衣、真珠裝、金釧、金釵等。"

[15]述律氏：人名。指耶律阿保機皇后述律氏。傳見《遼史》卷七一。

[16]德光：人名。即遼太宗耶律德光。契丹族。遼太祖耶律阿保機次子。927年至947年在位。紀見《遼史》卷三至卷四。　輟朝：又稱廢朝。古代帝王遇親喪或文武大臣病故，停止視朝數日，以示哀悼。

[17]木葉山：山名。關於木葉山的具體地址，目前學界尚有爭議。詳見劉浦江《契丹族的歷史記憶——以"青牛白馬"説爲中心》，《漆俠先生紀念文集》，河北大學出版社2002年版。關於木葉山的地望問題，長期以來存在着很大爭議。迄今爲止，大致有以下四種觀點：（1）主張應在今西拉木倫河與老哈河匯流處去尋找木葉山；（2）認爲木葉山是西拉木倫河與少冷河匯流處的海金山（今屬内蒙古翁牛特旗白音他拉鄉）；（3）認爲木葉山即遼祖州祖陵所在之山；（4）認爲木葉山即内蒙古阿魯科爾沁旗南面的天山。"其妻述律氏自率衆護其喪歸西樓"至"僞謚曰'大聖皇帝'"：《會要》卷二九契丹條天成元年七月載："其月二十七日，阿保機得疾而死，尋葬阿保機於西樓，僞謚大聖皇帝。"同年十月："遣使設骨餧來告哀，明宗輟其月十九日朝參以禮之。其月，僞平州守將領幽州節度使盧文進率户口兵馬車帳來降。"　《新五代史》卷七二

《四夷附録一》："葬阿保機木葉山，謚曰大聖皇帝，後更其名曰
億。"《册府》卷九八〇唐明宗天成元年九月條："幽州趙德鈞奏：
先差軍將陳繼威使契丹部内，今使還得狀，稱今年七月二十日至渤
海界扶餘府，契丹族帳在府城東南隅。繼威既至，求見不通，竊問
漢兒，言契丹王阿保機已得疾。其月二十七日，阿保機身死。八月
三日，隨阿保機靈柩發離扶餘城。十三日至烏州，契丹王妻始受却
當府所持書信。二十七日至龍州，契丹王妻令繼威歸本道，仍遣捺
括梅老押馬三匹充答信同來。繼威見契丹部族商量來年正月葬阿保
機於木葉山下，兼差近位阿思没姑餤持信，與先入蕃天使供奉官姚
坤同來赴闕告哀。兼聞契丹部内取此月十九日一齊舉哀，朝廷及當
府前後所差人使，繼威來時見處分，候到西樓日，即並放歸。"同
年十月辛丑條："契丹告哀使没骨餤見，言契丹國王阿保機今年七
月二十七日薨。敕曰：'朕以近纘皇圖，恭脩帝道，務安夷憂，貴
洽雍熙。契丹王世豫歡盟，禮交聘問，遽聞凶計，倍軫悲懷，可輟
今月十九日朝參。'"

阿保機凡三子，皆雄偉。長曰人皇王突欲，即東丹
王也；[1]次曰元帥太子，即德光也；幼曰安端少君。[2]德
光本名耀屈之，後慕中華文字，遂改焉。[3]唐天成初，
阿保機死，其母令德光權主牙帳，令少子安端少君往渤
海國代突欲。突欲將立，而德光素爲部族所服，又其母
亦常鍾愛，故因而立之。明宗時，德光遣使梅老等三十
餘人來修好，又遣使爲父求碑石，明宗許之，賜與甚
厚，并賜其母瓔珞錦綵。[4]自是山北安静，蕃漢不相
侵擾。

[1]長曰人皇王突欲，即東丹王也：《會要》卷二九契丹條：

"天成元年七月，攻渤海國扶餘城，下之，命其長子突欲爲國主，號東丹王。"《新五代史》卷七二《四夷附録一》："阿保機攻渤海，取其扶餘一城，以爲東丹國，以其長子人皇王突欲爲東丹王。"

[2]安端少君：人名。即耶律安端。耶律阿保機之弟，非阿保機幼子。遼大同元年（947）四月，太宗耶律德光卒，耶律安端擁耶律阮繼位，與淳欽皇太后兵戰泰德泉，大勝。九月，封明王，或作偉王，主持東丹國。事見《遼史》卷六四《皇子表》。《新五代史》言"母述律"，誤。

[3]德光本名耀屈之：中華書局本有校勘記："耀屈之，原作'耀衢芝'，注云：'舊作"耀屈之"，今改正。'按此係輯録本書時所改，今恢復原文。"

[4]梅老：官名。遙輦時有官稱"梅録"，也作"梅落""梅老"，此即回鶻的"媚禄""密禄"，不同時期不同民族轉寫方式不同，職掌也有變化，或總兵爲指揮官，或爲"皇家總管"。參見李桂芝《遼金簡史》，福建人民出版社1996年版，第19至20頁。

"明宗時"至"並賜其母瓔珞錦綵"：《新五代史》卷七二《四夷附録一》："德光立三年，改元曰天顯，遣使者以名馬聘唐，并求碑石爲阿保機刻銘。明宗厚禮之，遣飛勝指揮使安念德報聘。"《會要》卷二九契丹條："天成二年十一月，又遣使梅老等二十餘人朝貢，兼申和好之意。明宗命飛勝指揮使安念德齎錦綺綾羅及金花銀器、寶裝酒器等賜之。又賜其母述律氏繡被一張，并寶裝瓔珞。"《宋本册府》卷九七二《外臣部·朝貢門五》唐明宗天成二年（927）九月："契丹差梅老没骨已下進奉。"卷九七六《外臣部·褒異門三》唐明宗天成二年九月條："契丹差梅老滑骨已下進奉，各有頒賜。"同卷天成三年正月己酉條："契丹王阿保機妻差使送前振武副使劉在到行闕，賜在金錢帛、銀器、金帶、鋪陳、氈褥甚厚。甲子，契丹使秃汭悲梅老已下五十人進奉，仍各賜錦衣、銀帶、束帛有差。宣散指揮使奔托山押國信賜契丹王妻。契丹指揮使郭知瓊歸國，錫賚加等。"同年十月甲子條："差春州刺史米海金押國信賜契丹王，及迴使梅老秀里等辭，賜物有差。”同書卷九八〇《外臣部·通好門》唐明宗天成二年十一月條：“契丹使梅老等三十餘人見，傳本土願和好之意，帝謂侍臣曰：‘宜保邊鄙，以安疲民，朕豈辭降志耶？彼既求和，足得懷柔矣。’”卷九九九《外臣部·互市門》唐明宗天成二年八月條：“新州奏：‘得契丹書，乞盟互市。’翌日付中書宣示百官。”同卷《外臣部·請求門》唐明宗天成二年十月條：“幽州奏：契丹王差人持書求碑石，欲爲其父表其葬所。”

三年，德光僞改爲天顯元年。[1]是歲，定州王都作亂，求援於契丹，德光遂陷平州，遣禿餒以騎五千援都於中山，招討使王晏球破之於曲陽，禿餒走保賊城。[2]其年七月，又遣惕隱率七千騎救定州，王晏球逆戰於唐河北，大破之。幽州趙德鈞以生兵接於要路，生擒惕隱等首領五十餘人，獻於闕下。[3]明年，王都平，擒禿餒及餘衆，斬之。自是契丹大挫，數年不敢窺邊。[4]嘗遣使捺括梅里來求禿餒骸骨，明宗怒其詐，斬之。[5]長興二年，東丹王突欲在闕下，其母繼發使申報，朝廷亦優容之。[6]

[1]天顯：遼太祖耶律阿保機年號（926—927），耶律德光即位後沿用（927—938）。 三年，德光僞改爲天顯元年：《會要》卷二九契丹條：“天成三年正月，復入寇，陷平州而去。”《宋本册府》卷九七二《外臣部·朝貢門五》唐明宗天成三年（928）正月條：“契丹使禿納梅老已下五十人進奉。”同年閏八月條：“契丹使梅老季，吐蕃、迴紇等使各貢舉。”同書卷九八〇《外臣部·通好門》唐明宗天成三年正月己酉條：“契丹王阿保機妻差使送前振武副使劉在金到行闕。賜在金錢帛、銀器、金帶、鋪陳、氈褥甚厚。”

[2]王都:《輯本舊史》之影庫本粘籤:"原本作'王郁',今從《通鑑》改正。"見《通鑑》卷二七六天成三年四月癸巳、庚子、壬寅等條。　中山:地名。此處代指唐末河北方鎮義武軍(治所在定州)。　遣禿餒以騎五千援都於中山:中華書局本有校勘記:"'遣'字原闕,據《册府》卷九八七、《新五代史》卷七二《四夷附録》補。"見《宋本册府》卷九八七《外臣部·征討門》。　招討使:官名。唐始置。戰時任命,兵罷則省。常以大臣、將帥或地方軍政長官兼任。掌招撫、討伐等事務。　王晏球:人名。洛陽(今河南洛陽市)人。五代將領。傳見本書卷六四、《新五代史》卷四六。　曲陽:縣名。治所在今河北曲陽縣。　"是歲"至"禿餒走保賊城":《新五代史》卷七二《四夷附録一》:"定州王都反,唐遣王晏球討之。都以蠟丸書走契丹求援,德光遣禿餒、荝刺等以騎五千救都,都及禿餒擊晏球於曲陽,爲晏球所敗。"《會要》卷二九契丹條:"天成三年五月,定州節度使王都叛命,潛相連構。其主德光遣首領禿餒率雜虜數千騎入定州。"《宋本册府》卷九八七《外臣部·征討門六》唐明宗天成三年四月條:"定州王都作亂,求援於契丹,耶律德光遂陷平州,遣禿餒以騎五千援都於中山。北面行營招討使王晏球破之於曲陽,禿餒走保賊城。"同年六月條:"幽州趙德鈞奏:殺契丹百餘人於幽州之東,奪馬六百匹。是月,詔王晏球攻取定州。"

[3]趙德鈞:人名。幽州(今北京市)人。初爲幽州節度使劉守光部將,再爲後唐將領,最後投降遼國。傳見本書卷九八。　惕隱:官名。出自契丹語。遼朝惕隱主要分爲兩類:中央惕隱掌管皇族教化和皇族户籍;地方惕隱,即遼朝在各部族及屬國屬部設置的惕隱,各部族的惕隱配合部族節度使管理部族事務,屬國屬部惕隱一般爲該部酋長。參見鞠賀《遼朝惕隱研究》,《西北民族大學學報》2019年第1期。　唐河:水名。古稱滱水。爲大清河支流。源出今山西渾源縣東南,曲折向東流入河北中部白洋淀。　"其年七月"至"獻於闕下":《新五代史》卷七二《四夷附録一》:"德光

又遣惕隱赫邈益禿餒以騎七千，晏球又敗之于唐河。赫邈與數騎返走，至幽州，爲趙德鈞所執，而晏球攻破定州，擒禿餒、薊剌，皆送京師。明宗斬禿餒等六百餘人，而赦赫邈，選其壯健者五十餘人爲‘契丹直’。”《會要》卷二九契丹條：“天成三年七月，又遣首領惕懚等率七千餘騎來援，尋爲行營招討使王晏球等逆戰，破之，勦戮甚衆，餘黨復爲幽州節度使趙德鈞襲之，殺獲殆盡，擒其首領惕懚等。其月，王晏球等又獲契丹絹書二封來進。明宗命宣示群臣，莫有識其文字者。契丹本無文記，唯刻本爲信，漢人陷番者以隸書之半，就加增減，撰爲胡書，同光之後，稍稍有之。其年八月，幽州部送所獲番將惕懚已下六百餘人至京師，明宗皆赦之，選其尤壯健者立爲契丹直，其首領皆賜姓吉。時言事者以爲胡人悖戾，不可置於君側。俄而有首領吉趙實自京遁歸，奪船過河，至深州，捕獲斬之。至其年閏八月，僞平州刺史張希崇來降。”明本《冊府》卷一七〇《帝王部·來遠門》唐明宗天成三年十一月條：“以契丹僞署平州刺史、光禄大夫、檢校太保張希崇爲汝州刺史，加檢校太傅。隨行官員二十四人各依資授諸道官。”《宋本冊府》卷九八七唐明宗天成三年七月條：“契丹遣惕隱率七千騎救定州，招討使王晏球逆戰於唐河，大破之。幽州趙德鈞以生兵接於要路，生擒首領惕隱等五十餘人，接殺皆盡。契丹強盛僅三十年，雄據北戎，諸蕃鼠伏，屢爲邊患，漢兵嘗憚之，前後戰争，罕得其利。是役也，曲陽之敗已失下騎；唐河之陣，兵號七千，潰敗之後，溝渠之溢，官軍襲殺，人不暇食。秋雨繼降，泥濘莫進，人饑馬乏，散投村落，所在村人，持白挺毆之。德鈞生兵接於要路，惟奇峰嶺北有棄馬潛遁脱者數十，餘無噍類。帝致書諭其本國，皇威大振。是月，殿直崔處納押契丹僞平州刺史羽厥律以下一百七十人至，内十七人有骨肉識認，餘分於兩橋斬之。閏八月，幽州趙德鈞獻俘於行闕，蕃將惕隱等五十人留於親衛，鮮卑六百人皆斬之。”

[4]“明年”至“數年不敢窺邊”：《會要》卷二九契丹條：“天成四年二月，定州行營招討使王晏球擒禿餒等二千餘人獻於闕

下，悉命戮之。”《册府》卷九八七亦繫此事於唐明宗天成四年二月。

[5]捺括梅里：人名。契丹使者。事見本書卷四〇。　嘗遣使捺括梅里來求禿餒骸骨，明宗怒其詐，斬之：《會要》卷二九契丹條：“長興三年三月，禮賓使梁進德自契丹報聘迴，稱其王請放荊剌舍利還本國。又謂去年十二月十二日，其王帳前有大星晝隕，聲若雷震。其月，又遣使鐵葛羅卿進馬三十匹，亦求荊剌歸國故也。五月，鐵葛羅卿迴，明宗欲放荊剌等令歸，大臣爭之未決。會幽州節度使趙德鈞上表論奏，及易州刺史楊檀皆言不可遣，其事乃止。仍遣荊骨舍利隨其使歸，不欲全阻其請也。其年七月，又遣使都督述禄進馬三十匹。”《新五代史》卷七二《四夷附録一》：“契丹自阿保機時侵滅諸國，稱雄北方。及救王都，爲王晏球所敗，喪其萬騎，又失赫邈等，皆名將，而述律尤思念突欲，由是卑辭厚幣數遣使聘中國，因求歸赫邈、荊剌等，唐輒斬其使而不報。當此之時，中國之威幾振。”《宋本册府》卷九七二《外臣部·朝貢門五》唐明宗天成四年四月條：“契丹差使捺括梅里等朝貢。”長興二年（931）八月條：“契丹遣使邪姑兒朝貢。”長興三年正月條：“契丹遣使拽骨等來朝。”同年二月條：“契丹穆順義，先是遣還本國，迴進馬三疋及方物藥。”同年三月條：“契丹遣使都督起阿鉢等一百一十人進馬一百疋及方物……又契丹遣使鐵葛羅卿獻馬三十疋。”同年九月條：“契丹國遣使都督述禄卿進馬四十疋。”長興四年五月條：“契丹遣使朝貢。”《宋本册府》卷九八〇《外臣部·通好門》唐明宗長興三年五月己亥條：“契丹朝貢使迭羅卿辭歸蕃，迭羅卿之來求歸荊剌。帝初欲遣之，大臣爭之未決。會幽州趙德均鈞狀奏，及楊檀皆言其不可遣，帝意方解，仍曰：‘鮮卑脩好，朕意在息邊患，若所求俱不遣，虜即有詞。其荊骨舍利，朕欲放還，冀不全阻其請。’執政不敢復爭，乃遣從虜使歸蕃。”明本《册府》卷九九四《外臣部·備禦門七》唐明宗長興三年四月庚申條：“契丹朝貢使鐵葛羅卿辭歸本部，帝顧謂侍臣曰：‘契丹遣使求歸荊剌，

其事如何?'侍臣對曰:'薊剌之來,此爲我患,到今邊患弭息,蓋緣此輩受擒。若縱其歸,則復生吾敵,固不可從其請也。'帝曰:'苟欲和戎修好,不可慮及此也。'帝意欲歸之。會冀州刺史楊檀罷都。檀素部洛人,尤諳邊事,帝召檀以薊剌事謀之。奏曰:'此輩初附王都,謀危社稷,陛下寬慈,貸其生命,苟若歸之,必復正南放箭,既知中國事情,爲患深矣。'帝曰:'其實如此。非卿,吾幾誤計矣。'"

[6]長興:後唐明宗李嗣源年號(930—933)。 "長興二年"至"朝廷亦優容之":《新五代史》卷七二《四夷附録一》:"突欲不得立,長興元年,自扶餘泛海奔于唐。明宗因賜其姓爲東丹,而更其名曰慕華。以其來自遼東,乃以瑞州爲懷化軍,拜慕華懷化軍節度、瑞慎等州觀察處置等使。其部曲五人皆賜姓名,罕只曰罕友通,穆葛曰穆順義,撒羅曰羅賓德,易密曰易師仁,蓋禮曰蓋來賓,以爲歸化、歸德將軍郎將。又賜前所獲赫遐姓名曰狄懷惠,抯列曰列知恩,薊剌曰原知感,福郎曰服懷造,竭失訖曰乙懷宥。其餘爲'契丹直'者,皆賜姓名。二年,更賜突欲姓李,更其名曰贊華。三年,以贊華爲義成軍節度使。"《會要》卷二九契丹條:"長興元年十一月,契丹渤海國東丹王突欲率番官四十餘人,馬百匹,自登州泛海內附。明宗御文明殿召對,及其部曲,慰勞久之。賜以衣冠、金玉帶、鞍馬、錦綵、器物等。突欲進本國印三面,命宣示宰臣。其年十二月,中書門下奏:'契丹國東丹王突欲,遠泛滄溟,來歸皇化,請賜姓名,仍准番官入朝例安排。謹按四夷入朝番官,有懷德、懷化、歸德、歸化等將軍,中郎將名號,又本朝賜新羅、渤海兩番國王官,初自檢校司空至太保,今突欲是阿保機之子,請比新羅、渤海王例施行。'敕:'渤海國王、人皇王突欲,契丹先收渤海國改爲東丹,其突欲宜賜姓東丹,名慕華,授光禄大夫、檢校太保、安東都護、兼御史大夫、上柱國、渤海郡開國公,食邑一千五百戶,充懷化軍節度、瑞慎等州觀察處置押番落等使。'(注:長興二年九月,復賜姓李,名贊華。三年五月,授滑州節度使,爲廢

帝所殺。）二年，其契丹王母述律氏以其子突欲歸國，遣使朝貢。
明宗深深慰納之。”明本《册府》卷一七〇《帝王部·來遠門》唐明
宗長興二年正月條："東丹王突欲率衆自渤海國内附。上御文明殿
對突欲及其部曲慰勞久之，賜鞍馬、衣服、金玉帶、錦綵、器物。
又大將軍、副將軍已下分物有差。宰臣率百寮稱賀。"同年二月條：
"幸東丹王突欲之第，賜突欲絹三百疋。至晚還宫。"同年三月辛酉
條："中書門下奏：‘東丹王突欲遠泛滄波，來歸皇化，既服冠帶，
難無姓名。兼惕隱等頃以力助王都，罪同禿餒，爰從必死，並獲再
生。每預入朝，各宜授氏，庶使族編姓譜，世荷聖恩。況符前代之
規，永慰遠人之款。自突欲已下請别賜姓名，仍准本朝蕃官入朝例
安排。’敕旨付中書門下商量聞奏。宰臣按四夷入朝蕃官例有懷德、
懷化、歸德、歸化等將軍、中郎將名號。又本朝賜新羅、渤海兩蕃
國王官，初自檢校司空至太保。今突欲是阿保機之子，且類渤海國
之王，念自遠夷，宜加異渥，冀顯賓王之道，以旌航海之思。其惕
隱、赫邈已下，始自朋凶，不可同等。古者保姓授氏，有以因官，
有以所居所掌，有因歸化，特賜姓名。敕旨突欲宜賜姓東丹，名慕
華，乃授光禄大夫、檢校太保、安東都護兼御史大夫、上柱國、渤
海郡開國公，食邑一千五百户，充懷化軍節度，瑞慎等州觀察處置
押蕃落等使。其從慕華歸國部曲罕只宜賜姓罕，名支通；穆葛宜賜
姓穆，名順義；撒羅宜賜姓羅，名實德；易密宜賜姓易，名師德；
蓋禮宜賜姓蓋，名來賓。仍授罕只等五人歸化、歸德小將軍、中郎
將。先助禿餒擒獲蕃官惕隱官蕃名赫邈，宜賜姓狄，名懷惠；相公
官蕃名擔列，宜賜姓列，名知恩。仍並授銀青階檢校散騎常侍。舍
利官蕃名萷剌，宜賜姓原，名知感；福郎宜賜姓服，名懷造；奚三
副使竭失訖宜賜姓乞，名懷有。三人並授銀青階檢校、太子賓客。"
同年九月條："敕懷化軍節度使東丹慕華宜賜姓李，名贊華，仍改
封隴西郡開國公。兼應有先配在諸軍契丹直等，並宜賜姓名。"長
興三年四月癸亥條："以懷化軍節度使李贊華爲滑州節度使。初，
帝欲以贊華爲藩鎮。范延光奏以爲不可。帝曰：‘吾與其先人約爲

兄弟，故贊華來附。吾老矣，儻後世有守文之主，則此輩招之亦不
來矣。'由是，近臣不能抗議。"同卷晋高祖天福元年（936）十二
月條："詔封故東丹王李贊華爲燕王，令前單州刺史李肅部歸葬本
國。"《宋本册府》卷九七二《外臣部·朝貢門五》唐明宗長興二
年正月條："東丹王突欲進馬十疋、氈帳及諸方物，又進本國印三
面，宣示宰臣。"卷九八〇《外臣部·通好門》長興四年條："東丹
王突欲賜姓李氏，名贊華，出鎮滑州，以莊宗夫人夏氏嫁之。"卷
九九七《外臣部·技術門》："契丹東丹王歸中國，明宗賜姓名贊
華，尤好畫及燒金煉汞之術，始泛海歸朝，載書數千卷自隨。樞密
使趙延壽每求假異書及醫經，皆中國無者。"卷九九七《外臣部·
殘忍門》："契丹東丹王歸中國，明宗賜姓李，名贊華。嚴刻馭下，
姬僕小有過者，即挑目火灼，妻夏氏畏其慘毒，竟離婚爲尼。又好
飲人血，左右姬媵多刺其臂以吮之。"

　　長興末，契丹迫雲州，明宗命晋高祖爲河東節度
使、兼北面蕃漢總管。[1]清泰三年，晋高祖爲張敬達等
攻圍甚急，遣指揮使何福齎表乞師，願爲臣子。[2]德光
白其母曰："兒昨夢太原石郎發使到國，今果至矣，事
符天意，必須赴之。"德光乃自率五萬騎由雁門至晋陽，
即日大破敬達之衆於城下。[3]尋册晋高祖爲大晋皇帝，
約爲父子之國，割幽州管内及新、武、雲、應、朔州之
地以賂之，仍每歲許輸帛三十萬。[4]時幽州趙德鈞屯兵
於團柏谷，[5]遣使至幕帳，求立己爲帝，以石氏世襲太
原，德光對使指帳前一石曰："我已許石郎爲父子之盟，
石爛可改矣。"楊光遠等殺張敬達降於契丹，[6]德光戲謂
光遠等曰："汝輩大是惡漢兒，不用鹽酪，食却一萬匹
戰馬。"光遠等大慚。晋高祖南行，德光自送至潞州。

時趙德鈞、趙延壽自潞州出降於契丹，德光鎖之，令隨牙帳。[7]晋高祖入洛，尋遣宰相趙瑩致謝於契丹。天福三年，又遣宰臣馮道、左僕射劉昫等持節册德光及其母氏徽號，齎鹵簿、儀仗、法服、車輅於本國行禮。德光大悦，尋遣使奉晋高祖爲英武明義皇帝。[8]

[1]晋高祖：即後晋高祖石敬瑭。五代後晋王朝的建立者。紀見本書卷七五至卷八〇、《新五代史》卷八。　節度使：官名。唐時在重要地區所設掌握一州或數州軍事、民事、財政的長官。　北面蕃漢總管：官名。即"蕃漢内外馬步軍總管"。五代後唐置，爲蕃漢馬步軍總指揮官。　"長興末"至"明宗命晋高祖爲河東節度使、兼北面蕃漢總管"：《宋本册府》卷九七二《外臣部·朝貢門五》唐閔帝應順元年（934）正月條："契丹遣都督没辣來朝，獻馬四百、駝十、羊二千。先是，遣供奉官四方璙入契丹復命，故有是獻。""四"爲"西"字之誤，見《宋本册府》卷九八〇《外臣部·通好門》。《宋本册府》卷九八〇繫此事於此月乙亥日，"没辣"作"没辣干"，"四方璙"作"西方璙"。明本《册府》卷九八七《外臣部·征討門六》唐末帝清泰元年（934）十二月條："北面招討使、河東節度使石敬瑭送擒獲契丹首領來海金等至京師。"

[2]清泰：五代後唐廢帝李從珂年號（934—936）。　張敬達：人名。代州（今山西代縣）人。五代後唐將領。傳見本書卷七〇、《新五代史》卷三三。　指揮使：官名。唐末、五代軍隊多置都指揮使、指揮使，爲統兵將領。　何福：人名。籍貫不詳。五代後唐、後晋時人，石敬瑭心腹。事見本書卷七四。

[3]雁門：山名。位於今山西代縣西北。山頂有雁門關。　晋陽：城名。治所在今山西太原市晋源區。

[4]應：州名。治所在今山西應縣。　朔州：州名。治所在今山西朔州市朔城區。　"清泰三年"至"仍每歲許輸帛三十萬"：

"兒昨夢太原石郎發使到國"，《舊五代史考異》："《契丹國志》作太宗夢見真武，使之救晉，與《薛史》微異。"見《契丹國志》卷二引《紀異録》。《會要》卷二九契丹條："清泰三年五月，晉高祖起義於太原。九月，官軍集於城下，晉乃間道發使，召德光爲援。是月，德光率部落五萬餘騎至太原城下，尋敗招討使張敬德、楊光遠之兵，降晉安大砦。"《新五代史》卷七二《四夷附録一》："德光事其母甚謹，常侍立其側，國事必告而後行。石敬瑭反，唐遣張敬達等討之。敬瑭遣使求救於德光。德光白其母曰：'吾嘗夢石郎召我，而使者果至，豈非天邪！'母召胡巫問吉凶，巫言吉，乃許。是歲九月，契丹出雁門，車騎連亙數十里，將至太原，遣人謂敬瑭曰：'吾爲爾今日破敵可乎？'敬瑭報曰：'皇帝赴難，要在成功，不在速，大兵遠來，而唐軍甚盛，願少待之。'使者未至，而兵已交。敬達大敗。敬瑭夜出北門見德光，約爲父子，問曰：'大兵遠來，戰速而勝者，何也？'德光曰：'吾謂唐兵能守雁門而扼諸險要，則事未可知。今兵長驅深入而無阻，吾知大事必濟。且吾兵多難久，宜以神速破之。此其所以勝也。'敬達敗，退保晉安寨，德光圍之。唐遣趙德鈞、延壽救敬達，而德鈞父子按兵團柏谷不救。德光謂敬瑭曰：'吾三千里赴義，義當徹頭。'乃築壇晉城南，立敬瑭爲皇帝，自解衣冠被之，册曰：'咨爾子晉王，予視爾猶子，爾視予猶父。'已而楊光遠殺張敬達降晉，晉高祖自太原入洛陽，德光送至潞州，趙德鈞、延壽出降。德光謂晉高祖曰：'大事已成。吾命大相溫從爾渡河，吾亦留此，俟爾入洛而後北。'臨訣，執手噓欷，脫白貂裘以衣高祖，遺以良馬二十匹，戰馬千二百匹，戒曰：'子子孫孫無相忘！'時天顯九年也。"《宋本册府》卷九八〇《外臣部·通好門》繫此事於晉高祖天福元年（936）閏十一月甲戌日。明本《册府》卷四四三《將帥部·敗衄門三》張敬達條："清泰三年九月敬達奏：'此月十五日，與契丹戰于太原城下，王師敗績。'時契丹主自率部族來援太原，高行周、符彦卿率左右厢騎軍出鬭，蕃軍引退。巳時後，蕃軍復成列。張敬達、楊光遠、安審琦等陣於賊西北，倚山橫陣。諸將奮擊，蕃軍屢却。至晡，我騎軍將移陣，蕃軍如山而進，王師大敗，投兵仗相籍而死者山積。是夕，收拾餘衆，保於晉祠南晉安寨。蕃軍塹而圍之。自是，音問阻絕，朝廷大怒。”同書卷九八七《外臣部·征討門六》繫此事於唐末帝清泰三年九月甲辰條。

[5]團柏谷：地名。位於今山西祁縣，太原與上黨地區間交通要道。

[6]楊光遠：人名。沙陀部人。五代後唐、後晉將領。傳見本書卷九七、《新五代史》卷五一。

[7]趙延壽：人名。常山（今河北正定縣）人，本姓劉，爲五代後唐將領趙德鈞養子。仕至後唐樞密使，遼朝幽州節度使、燕王。傳見本書卷九八。　　“時趙德鈞、趙延壽自潞州出降於契丹”至“令隨牙帳”：《新五代史》卷七二《四夷附錄一》：“高祖已入洛，德光乃北，執趙德鈞、延壽以歸。德鈞，幽州人也，事劉守光、守文爲軍校，莊宗伐燕得之，賜姓名曰李紹斌。其子延壽，本姓劉氏，常山人也，其父祁爲蓚縣令，劉守文攻破蓚縣，德鈞得延壽并其母种氏而納之，因以延壽爲子。延壽爲人，姿質妍柔，稍涉書史，明宗以女妻之，號興平公主。莊、明之世，德鈞鎮幽州十餘年，以延壽故尤見信任。延壽，明宗時爲樞密使，罷。至廢帝立，復以爲樞密使。晉高祖起太原，廢帝遣延壽將兵討之。而德鈞亦請以鎮兵討賊，廢帝察其有異志，使自飛狐出擊其後，而德鈞南出吳兒，會延壽於西唐，延壽因以兵屬之。廢帝以德鈞爲諸道行營都統，延壽爲太原南面招討使。德鈞爲延壽求鎮州節度使。廢帝怒曰：‘德鈞父子握強兵，求大鎮，苟能敗契丹而破太原，雖代予亦可。若翫寇要君，但恐犬兔俱斃。’因遣使者趣德鈞等進軍。德鈞陰遣人聘德光，求立己爲帝。德光指穿廬前巨石謂德鈞使者曰：‘吾已許石郎矣。石爛，可改也。’德光至潞州，鎖德鈞父子而去。德光母述律見之，問曰：‘汝父子自求爲天子何邪？’德鈞慚不能對，悉以田宅之籍獻之。述律問何在，曰：‘幽州。’述律曰：‘幽

州屬我矣，何獻之爲？'明年，德鈞死，德光以延壽爲幽州節度使，封燕王。"

[8]趙瑩：人名。華州華陰（今陝西華陰市）人。五代後晋宰相。傳見本書卷八九、《新五代史》卷五六。　馮道：人名。瀛州景城（今河北滄縣）人。五代時官拜宰相，歷仕後唐、後晋、後漢、後周，亦曾臣事契丹。傳見本書卷一二六、《新五代史》卷五四。　左僕射：官名。秦始置。隋、唐前期以左、右僕射佐尚書令總理六官，綱紀庶務；如不置尚書令，則總判省事，爲宰相之職。唐後期多爲大臣加銜。從二品。　劉昫（xù）：人名。涿州歸義（今河北容城縣）人。五代大臣，曾任宰相、監修國史，領銜撰進《舊唐書》。傳見本書卷八九、《新五代史》卷五五。　"晋高祖入洛"至"尋遣使奉晋高祖爲英武明義皇帝"：《新五代史》卷七二《四夷附録一》："晋高祖每遣使聘問，奉表稱臣，歲輸絹三十萬匹，其餘寶玉珍異，下至中國飲食諸物，使者相屬於道，無虛日。德光約高祖不稱臣，更表爲書，稱'兒皇帝'，如家人禮。德光遣中書令韓穎奉册高祖爲英武明義皇帝。高祖復遣趙瑩、馮道等以太常鹵簿奉册德光及其母尊號。終其世，奉之甚謹。""歲輸絹三十萬匹"，《會要》卷二九契丹條天福元年十一月云"約歲輸絹十三萬匹"。又云："天福二年二月，德光遣使子解里、舍利梅老來聘。三年十月，又遣使來上尊號曰英武明義。晋祖繼命宰臣馮道、趙瑩、劉昫等齎寶貨珍幣，歲時進貢不絶。德光亦遣名王已下來。"《宋本册府》卷九八〇《外臣部·通好門》晋高祖天福二年二月條："契丹太子解里舍利梅老等到闕見。"四月條："契丹宮苑使李可與到闕見。"同書卷九七二《外臣部·朝貢門》天福二年六月條："契丹使夷離卑進馬二百疋、人參、貂鼠皮、走馬、木椀等物。"卷九八〇天福三年八月戊寅條："以左僕射劉昫爲契丹册禮使，左散騎常侍韋勳爲使副，給事中盧重册契丹太后使，賜贈帛器皿有差。"同年九月庚申條："契丹使跌跌廷信押鞍轡馬往洛京，般取後唐公主。"同月丙寅條："趙延壽進馬二匹謝恩，放燕國長公主歸幽州。"同年

十月條："契丹遣梅里賷書到闕賀范延光歸明。"同月戊寅條："契丹命使以寶册上帝徽號曰英武明義。左右金吾、六軍儀仗、兵部法物、太常鼓吹、殿中省傘扇等，並出城迎，引至崇元殿前陳列。帝受徽號畢，御殿受百官賀。"同書卷九七二天福四年九月條："契丹使粘木孤來獻牛、馬、犬、臘顚騾十馹。"卷九八〇同年十月條："契丹使近臣崔廷勳領兵交戍於雲丘之北，帝遣中官李威以吴赴上酹遣而勞之。"同年十一月戊子條："契丹遣遥折來使，因聘吴越。"天福五年四月甲子條："契丹使興化王來聘。"卷九七二同年十月條："契丹使舍利來聘，致馬百匹，及玉礬、鏤鞍、氈裘、弧矢、組繡、囊鞬等。"卷九八〇同年十月條："契丹使舍利來聘，致馬百匹，及玉鞍、狐裘等。"

是歲，契丹改天顯十一年爲會同元年，以趙延壽爲樞密使，升幽州爲南京，以趙思温爲南京留守，[1]既而德光請晋高祖不稱臣，不上表，來往緘題止用家人禮，但云"兒皇帝"。晋祖厚齎金帛以謝之。晋祖奉契丹甚至，歲時問遺，慶弔之禮，必令優厚。每敵使至，即於別殿致敬。德光每有邀請，小不如意，則來譴責，晋祖每屈已以奉之，終晋祖世，略無釁隙。[2]

[1]會同：遼太宗耶律德光年號（938—947）。　樞密使：官名。樞密院長官。唐代宗時始以宦官掌機密，至昭宗時借朱温之力盡誅宦官，始改以士人任樞密使。備顧問，參謀議，出納詔奏，權侔宰相。參見李全德《唐宋變革期樞密院研究》，國家圖書館出版社2009年版。　趙思温：人名。盧龍（今河北盧龍縣）人。原爲五代後唐將領，官至平州刺史，兼平、營、薊三州都指揮使。後降遼，從伐渤海，爲漢軍團練使。遼太宗時，以功擢檢校太保，歷任

保静、盧龍、臨海軍節度使。傳見《遼史》卷七六。　留守：官名。古代皇帝出巡或親征時指定親王或大臣留守京城，綜理國家軍事、行政、民事、財政等事務，稱京城留守。在陪都或軍事重鎮也常設留守，以地方長官兼任。　“是歲”至“以趙思温爲南京留守”：《新五代史》卷七二《四夷附録一》言：“契丹當莊宗、明宗時攻陷營、平二州，及已立晋，又得雁門以北幽州節度管内，合一十六州。乃以幽州爲燕京，改天顯十一年爲會同元年，更其國號大遼，置百官，皆依中國，參用中國之人。”

　　[2]“既而德光請晋高祖不稱臣”至“略無釁隙”：《會要》卷二九契丹條：“天福六年六月，鎮州節度使安重榮執契丹使拽剌等，以輕騎掠幽州之南界。高祖累遣中使齎詔開諭，以契丹有助王之功，不欲負其宿約，而重榮奸險肆志，竟誅拽剌等，馳檄天下，言契丹之罪惡，與襄州節度使安從進連謀不軌。高祖命杜重威率兵討之，至貝州宗城縣相遇，重榮之衆大敗。天福七年正月二日，收復鎮州，斬重榮首，漆之，送於契丹。四月，高祖不豫。六月，高祖崩，少帝嗣立。八月，遣使郎五來致弔，兼獻衣服鞍馬等。十月，又遣使大卿已下二十六人來聘，以高祖山陵有日致祭故也。”《宋本册府》卷九八〇《外臣部·通好門》晋高祖天福六年（941）四月己未條：“契丹使述括來聘。”同年九月條：“遣供奉官李延業以時果送於契丹。”同年十一月條：“契丹遣使楊通事與供奉官李仁廓同到闕。”天福七年正月庚午條：“契丹遣使達剌已下三十六人來聘。”同書卷九七二《外臣部·朝貢門》天福七年二月條：“契丹遣使大卿已下三十一人來聘，獻馬及方物。”卷九八〇天福七年三月乙卯條：“契丹通事高模翰來聘。”同年閏三月條：“遣殿直馬延理，内班王延斌送櫻桃於契丹。”六月辛酉條：“契丹遣達剌干來使。”同月癸亥條：“遣殿直張延杲使於契丹。”晋少帝天福八年八月條：“宣唤契丹王母使舍利共一十二人宴於崇德殿。”卷九七二晋少帝天福八年七月壬午條：“契丹迴圖使喬榮通、郝在殷到闕，各進馬一疋。”

及少帝嗣位，[1]遣使入契丹，德光以少帝不先承稟，擅即尊位，所齎文字，略去臣禮，大怒，形于責讓，朝廷使去，即加譴辱。會契丹迴圖使喬榮北歸，[2]侍衛親軍都指揮使景延廣謂榮曰：[3]"先朝是契丹所立，嗣君乃中國自册，稱孫可矣，稱臣未可。中國自有十萬口橫磨劍，[4]要戰即來！"榮至本國，具言其事，德光大怒，會青州楊光遠叛，[5]遣使搆之。明年冬，德光率諸部南下。開運元年春，陷祁州，直抵大河，少帝幸澶州以禦之。[6]其年三月，德光敗於陽城，[7]棄其車帳，乘一橐駝馳奔至幽州。因怒其失律，自大首領已下各杖數百，唯趙延壽免焉。[8]是時，契丹連歲入寇，晉氏疲於奔命，邊民被苦，幾無寧日。晉相桑維翰勸少帝求和於契丹，以紓國難，少帝許之，乃遣使奉表稱臣，卑辭首過。使迴，德光報曰："但使桑維翰、景延廣自來，并割鎮定與我，則可通和也。"朝廷知其不可，乃止。[9]時契丹諸部頻年出征，蕃國君臣稍厭兵革，德光母嘗謂蕃漢臣僚曰："南朝漢兒爭得一向卧耶！自古及今，惟聞漢來和蕃，不聞蕃去和漢，待伊漢兒的當迴心，則我亦不惜通好也。"

[1]少帝：人名。即石重貴。沙陀部人。後晉高祖石敬瑭從子。紀見本書卷八一至卷八五、《新五代史》卷九。

[2]迴圖使：官名。《通鑑》卷二八三天福八年（943）九月戊子條胡注："凡外國與中國貿易者，置回圖務，猶今之回易場也。""迴圖使"，中華書局本有校勘記："原作'迴國使'，據劉本，彭校，《册府》卷四四六、卷九七二改。"　喬榮：人名。籍貫不詳。

契丹使者。事見本書卷八八。　會契丹迴圖使喬榮北歸：《契丹國志》卷二云：“先是，河陽牙將喬榮從趙延壽入遼，遼帝以爲回圖使……置邸大梁。至是，景延廣説晉帝囚榮于獄，凡遼國販易在晉境者皆殺之，奪其貨。大臣皆言遼國不可負，乃釋榮，慰賜而遣之。”事亦見《遼史》卷四《太宗下》會同五年（942）七月條，《契丹國志》卷二太宗會同七年（即天福九年）九月條。明本《册府》卷四四六《將帥部‧生事門》景延廣條載：“少帝即位……延廣乃奏令契丹回圖使喬榮告戎王曰：‘先帝則北朝所立，今上則中國自册。爲鄰爲孫則可，無稱臣之禮。’且言：‘晉朝有十萬口橫磨劍。翁若要戰則早來，他日不禁孫子，則取笑天下，當成後悔矣。’”此事亦見《通鑑》卷二八三天福八年九月戊子條。《宋本册府》卷九七二《外臣部‧朝貢門五》載：“少帝天福八年七月壬午，契丹迴圖使喬榮通、郝在殷到闕，各進馬一疋。”

[3]侍衛親軍都指揮使：官名。五代時侍衛親軍長官。多由皇帝親信擔任。　景延廣：人名。陝州（今河南三門峽市陝州區）人。五代後晉將領。傳見本書卷八八、《新五代史》卷二九。

[4]中國自有十萬口橫磨劍：《輯本舊史》之影庫本粘籤：“橫磨劍，原本作‘磨橫劍’，今從《通鑑》改正。”見《通鑑》卷二八三天福八年九月戊子條。

[5]青州：州名。治所在今山東青州市。

[6]開運：後晉出帝石重貴年號（944—946）。“開運元年春”，中華書局本有校勘記：“本卷下文所敍契丹陷祁州、少帝幸澶州及德光敗於陽城事，本書卷八三《晉少帝紀三》、《新五代史》卷九《晉本紀》、《通鑑》卷二八四皆繫於開運二年二、三月間。”　祁州：州名。治所在今河北無極縣。　大河：即黃河。　澶州：州名。唐、五代初，治所在今河南清豐縣。後晉天福四年（939），移治於今河南濮陽縣。

[7]陽城：地名。位於今河北保定市清苑區陽城鎮。五代營壘之地。

[8]"開運元年春"至"唯趙延壽免焉":《新五代史》卷七二《四夷附錄一》:"開運元年春,德光傾國南寇,分其衆爲三:西出雁門,攻并、代,劉知遠擊敗之于秀容;東至于河,陷博州,以應光遠;德光與延壽南,攻陷貝州。德光屯元城,兵及黎陽。晉出帝親征,遣李守貞等東馳馬家渡,擊敗契丹。而德光與晉相距于河,月餘,聞馬家渡兵敗,乃引衆擊晉,戰于戚城。德光臨陣,望見晉軍旗幟光明,而士馬嚴整,有懼色,謂其左右曰:'楊光遠言晉家兵馬半已餓死,何其盛也!'兵既交,殺傷相半,陣間斷箭遺鏃,布厚寸餘。日暮,德光引去,分其兵爲二,一出滄州,一出深州以歸。二年正月,德光復傾國入寇,圍鎮州,分兵攻下鼓城等九縣。杜重威守鎮州,閉壁不敢出。契丹南掠邢、洺、磁,至于安陽河,千里之内,焚剽殆盡。契丹見大桑木,罵曰:'吾知紫披襖出自汝身,吾豈容汝活邪!'束薪於木而焚之。是時,出帝病,不能出征,遣張從恩、安審琦、皇甫遇等禦之。遇前渡漳水,遇契丹,戰于榆林,幾爲所虜。審琦從後救之,契丹望見塵起,謂救兵至,引去。而從恩畏怯,不敢追,亦引兵南走黎陽。契丹已北,而出帝疾少間,乃下詔親征,軍于澶州,遣杜重威等北伐。契丹歸至古北,聞晉軍且至,即復引而南,及重威戰于陽城、衛村。晉軍飢渴,鑿井輒壞,絞泥汁而飲。德光坐奚車中,呼其衆曰:'晉軍盡在此矣,可生擒之,然後平定天下。'會天大風,晉軍奮死擊之,契丹大敗。德光喪車,騎一白橐駝而走。至幽州,其首領大將各笞數百,獨趙延壽免焉。"《會要》卷二九契丹條:"天福九年正月,德光遣趙延壽、趙延照等率兵五萬入寇貝州。少帝發兵屯守澶州。初,青州節度使楊光遠搆逆謀,乃繕治城隍,蓄聚芻粟,爲跋扈之計。屬歲不稔,餓殍相繼,朝廷以稟帑虛竭,軍用不給,仍發使郡縣,括借民家資財、斛斗,海内嗷嗷,不堪其命。光遠遂以重利誘德光入寇,又以趙延壽等皆中原人士,常有思歸之意,冀群兇盜國,晉祚不濟,則大福在己。其月,德光自河間率諸部兵入犯甘陵,陷之,巡檢使吳巒投井而死。河北大擾。少帝駐蹕澶州,命宋州節度使高行

周等將兵以禦之。三月，德光自領雜虜十餘萬來攻戚城，官軍拒之
而退。又以趙延壽行魏博節度使，改封魏王，以延壽門人高融爲節
度副使，統步奚及燕軍數萬營於南樂。四月，又陷德州、博州。其
年十二月，德光又率衆南下，攻圍鎮州諸邑，皆陷之。開運二年二
月，前鋒至邢州，鎮州節度使杜重威差人間道告急。少帝欲親率大
軍渡河決戰。乃命鄆州節度使張從恩等將兵合諸將之師屯於邢州。
時德光之衆已及魏府，建牙於元氏，從恩等引軍而退。其月，又陷
祁州，刺史沈斌死之。至三月，德光退，杜重威等率兵攻契丹之泰
州，下之。迴及陽城，爲德光精騎所圍，諸將等決力死戰，德光大
敗。”明本《册府》卷四四三《將帥部·敗衄門三》沈斌條：“契
丹入寇，自鎮州回，以嬴兵驅牛羊過其城下，斌乃出州兵以擊之。
契丹以精騎剟其門邀之，州兵陷賊。”《宋本册府》卷九八七《外
臣部·征討門六》晉少帝天福九年條：“定州節度使馬全節戰契丹
於北平，擒千餘人而斬之。”

　[9]桑維翰：人名。洛陽（今河南洛陽市）人。五代後唐進
士，後晉宰相、樞密使。傳見本書卷八九、《新五代史》卷二九。

　“是時，契丹連歲入寇”至“朝廷知其不可，乃止”：《新五代
史》卷七二《四夷附録一》：“是時，天下旱蝗，晉人苦兵，乃遣開
封府軍將張暉假供奉官聘于契丹，奉表稱臣，以脩和好……晉亦不
復遣使，然數以書招趙延壽。延壽見晉衰而天下亂，嘗有意窺中
國，而德光亦嘗許延壽滅晉而立之。延壽得晉書，僞爲好辭報晉，
言身陷虜思歸，約晉發兵爲應。而德光將高牟翰亦詐以瀛州降晉，
晉君臣皆喜。”

　　三年，樂壽監軍王巒繼有密奏，苦言瀛、鄭可取之
狀。[1]十月，少帝遣杜重威、李守貞等率兵經略。[2]十一
月，蕃將高牟翰敗晉師於瀛州之北，梁漢璋死之。[3]契
丹主聞晉既出兵，自率諸部由易、定抵鎮州，杜重威等

自瀛州西趨常山，至中渡橋，敵已至矣，兩軍隔滹水而砦焉。[4]十二月十日，杜重威率諸軍降於契丹，語在《晉少帝紀》中。[5]十二日，德光入鎮州，大犒將士。十四日，自鎮州南行，中渡降軍所釋甲仗百萬計，並令於鎮州收貯；戰馬數萬匹，長驅而北。命張彥澤領二千騎先趨東京，遣重威部轄降兵取邢、相路前進。[6]晉少帝遣子延煦、延寶奉降表於契丹，並傳國寶一紐至牙帳。[7]明年春正月朔日，德光至汴北，文武百官迎於路。是日入宮，至昏復出，次於赤崗。五日，偽制降晉少帝爲負義侯，於黃龍府安置。七日，德光復自赤崗入居於大內，分命使臣於京城及往諸道括借錢帛。[8]偽命以李崧爲西廳樞密使，以馮道爲太傅，以左僕射和凝及北來翰林學士承旨張礪爲宰相。[9]二月朔日，德光服漢法服，坐崇元殿受蕃漢朝賀，[10]偽制大赦天下，改晉國爲大遼國。以趙延壽爲大丞相，兼政事令，充樞密使、兼中京留守。[11]降東京爲防禦州，尋復爲宣武軍。[12]

[1]樂壽：縣名。治所在今河北獻縣。　監軍：官名。爲臨時差遣，代表朝廷協理軍務、督察將帥。唐、五代時常以宦官爲監軍。因督察多路兵馬，故稱“都監”或“都都監”。　王巒：人名。籍貫、事跡不詳。事見本書卷一一五。　瀛：州名。治所在今河北河間市。　鄭（mào）：州名。治所在今河北任丘市鄚州鎮。

[2]杜重威：人名。朔州（今山西朔州市朔城區）人。五代後晉重要軍政官員。傳見本書卷一〇九、《新五代史》卷五二。　李守貞：人名。河陽（今河南孟州市）人。五代藩鎮軍閥。傳見本書卷一〇九、《新五代史》卷五二。　十月，少帝遣杜重威、李守貞

等率兵經略：《新五代史》卷七二《四夷附録一》開運三年（946）七月條：“遣杜重威、李守貞、張彦澤等出兵，爲延壽應。兵趨瀛州，牟翰空城而去。晋軍至城下，見城門皆啓，疑有伏兵，不敢入。遣梁漢璋追牟翰及之，漢璋戰死。重威等軍屯武强。”時間與《輯本舊史》異。

[3]高牟翰：人名。《遼史》作“高模翰”。渤海族人。遼朝將領。傳見《遼史》卷七六。　梁漢璋：人名。應州（今山西應縣）人。五代後唐、後晋將領。傳見本書卷九五。

[4]常山：即鎮州，治所在今河北正定縣。　中渡：地名。滹沱河渡口。位於今河北正定縣。　滹水：即滹沱河，河流名。發源於今山西繁峙縣，東流入今河北省，過正定縣，向東流入渤海。

[5]“十二月十日”至“語在《晋少帝紀》中”：《新五代史》卷七二《四夷附録一》：“德光聞晋出兵，乃入寇鎮州。重威西屯中渡，與德光夾水而軍。德光分兵，並西山出晋軍後，攻破欒城縣，縣有騎軍千人，皆降於虜。德光每獲晋人，刺其面，文曰‘奉敕不殺’，縱以南歸。重威等被圍糧絶，遂舉軍降。德光喜，謂趙延壽曰：‘所得漢兒皆與爾。’因以龍鳳赭袍賜之，使衣以撫晋軍，亦以赭袍賜重威。”《會要》卷二九契丹條：“開運三年八月，契丹所部瀛州刺史僞言納款，少帝復命杜重威等率大軍迎降。十一月，迴及鎮州之東垣渡，與番相遇。十二月六日，遣前鋒奪橋，爲番軍所敗。其月十日，杜重威等以軍降於德光，命相州節度使張彦澤率漢騎二千先入京城。”

[6]張彦澤：人名。突厥人，徙居太原（今山西太原市）。五代後晋將領，投降於契丹。傳見本書卷九八、《新五代史》卷五二。　東京：地名。即今河南開封市。　邢：州名。治所在今河北邢臺市。　相：州名。治所在今河南安陽市。

[7]延煦、延寶：人名。即石延煦、石延寶，後晋出帝之子。傳見《新五代史》卷一七。　晋少帝遣子延煦、延寶奉降表於契丹，並傳國寶一紐至牙帳：《新五代史》卷七二《四夷附録一》：

"晋出帝與太后爲降表，自陳過咎。德光遣解里以手詔賜帝曰：'孫兒但勿憂，管取一喫飯處。'德光將至京師，有司請以法駕奉迎，德光曰：'吾躬擐甲冑，以定中原，太常之儀，不暇顧也。'止而不用。出帝與太后出郊奉迎，德光辭不見，曰：'豈有兩天子相見于道路邪！'"

[8]赤崗：地名。今名霍赤崗。位於今河南開封市東北。　黄龍府：府名。治所在今吉林農安縣。　　"明年春正月朔日"至"分命使臣於京城及往諸道括借錢帛"：《新五代史》卷七二《四夷附録一》言："四年正月丁亥朔旦，晋文武百官班于都城北，望帝拜辭，素服紗帽以待。德光被甲衣貂帽，立馬于高岡，百官俯伏待罪。德光入自封丘門，登城樓，遣通事宣言諭衆曰：'我亦人也，可無懼。我本無心至此，漢兵引我來爾。'遂入晋宫，宫中嬪妓迎謁，皆不顧，夕出宿於赤岡。"又同月："癸巳，入居晋宫，以契丹守諸門，門廡殿廷皆磔犬掛皮，以爲厭勝。甲午，德光胡服視朝于廣政殿。乙未，被中國冠服，百官常參，起居如晋儀，而氈裘左袵，胡馬奚車，羅列階陛，晋人俛首不敢仰視。"《會要》卷二九契丹條開運四年："尋降授少帝檢校太尉、負義侯，令挈其族及將相近臣等於契丹黄龍府安置。"

[9]李崧：人名。深州饒陽（今河北饒陽縣）人。後晋宰相，歷仕後唐至後漢。傳見本書卷一〇八、《新五代史》卷五七。　太傅：官名。與太師、太保並爲三師。唐後期、五代多爲大臣、勳貴加官。正一品。　和凝：人名。鄆州須昌（今山東東平縣）人。五代後晋宰相。傳見本書卷一二七、《新五代史》卷五六。　翰林學士承旨：官名。爲翰林學士之首。掌拜免將相、號令征伐等詔令的起草。《舊唐書》卷四三《職官志二》翰林院條載："例置學士六人，内擇年深德重者一人爲承旨，所以獨承密命故也。"　張礪：人名。籍貫不詳。五代後唐翰林學士。後入契丹，爲翰林學士。傳見本書卷九八。張礪，《輯本舊史》之影庫本粘籤："原本作'章礪'，今從《歐陽史》改正。"　"僞命以李崧爲西廳樞密使"至

"以左僕射和凝及北來翰林學士承旨張礪爲宰相":《新五代史》卷七二《四夷附録一》:"德光嘗許趙延壽滅晋而立以爲帝,故契丹擊晋,延壽常爲先鋒,虜掠所得,悉以奉德光及其母述律。德光已滅晋而無立延壽意,延壽不敢自言,因李崧以求爲皇太子。德光曰:'吾於燕王無所愛惜,雖我皮肉,可爲燕王用者,吾可割也。吾聞皇太子是天子之子,燕王豈得爲之?'乃命與之遷秩。翰林學士張礪進擬延壽中京留守、大丞相、録尚書事、都督中外諸軍事。德光索筆,塗其'録尚書事、都督中外諸軍事',止以爲中京留守、大丞相,而延壽前爲樞密使、封燕王皆如故。又以礪爲右僕射兼門下侍郎、同中書門下平章事,與故晋相和凝並爲宰相。礪,明宗時翰林學士,晋高祖起太原,唐廢帝遣礪督趙延壽進軍於團柏谷,已而延壽爲德光所鎖,并礪遷于契丹。德光重其文學,仍以爲翰林學士。礪常思歸,逃至境上,爲追者所得,德光責之,礪曰:'臣本漢人,衣服飲食言語不同,今思歸而不得,生不如死。'德光顧其通事高唐英曰:'吾戒爾輩善待此人,致其逃去,過在爾也。'因笞唐英一百而待礪如故,其愛之如此。德光將視朝,有司給延壽貂蟬冠,礪三品冠服,延壽與礪皆不肯服。而延壽別爲王者冠以自異。礪曰:'吾在上國時,晋遣馮道奉册北朝,道賷二貂冠,其一宰相韓延徽冠之,其一命我冠之。今其可降服邪!'卒冠貂蟬以朝。"

[10]崇元殿:五代後梁開平元年(907)改汴京正殿爲崇元殿。位於今河南開封市。

[11]中京:地名。契丹謂鎮州也。《會要》卷二九契丹條開運四年二月:"德光僞降赦,改國號大遼,稱會同十年,升鎮州爲中京,以燕王趙延壽爲大丞相、中京留守。"

[12]宣武軍:方鎮名。唐舊鎮,治所在汴州(今河南開封市)。後梁開平元年升汴州爲東京開封府。開平三年置宣武軍於宋州(今河南商丘市睢陽區)。後唐同光元年(923)改宋州宣武軍爲歸德軍,廢東京開封府,重建宣武軍於汴州。後晋天福三年(938),改宣武軍爲東京開封府。 "二月朔日"至"尋復爲宣武

軍"；《新五代史》卷七二《四夷附錄一》開運四年："二月丁巳朔，金吾六軍、殿中省仗、太常樂舞陳于廷，德光冠通天冠，服絳紗袍，執大珪以視朝，大赦，改晉國爲大遼國，開運四年爲會同十年。"

　　十五日，漢高祖建號于晉陽，[1]德光聞之，削奪漢祖官爵。是月，晉州、潞州並歸河東。[2]時盜賊所在群起，攻劫州郡，斷澶州浮梁。契丹大恐，沿河諸藩鎮並以腹心鎮之。[3]三月朔日，德光坐崇元殿，行入閣之禮，覩漢家儀法之盛，大悦。[4]以蕃大將蕭翰爲汴州節度使。[5]十七日，德光北還。初離東京，宿于赤岡，有大聲如雷，起於牙帳之下。契丹自黎陽濟河，次湯陰縣界，有一崗，土人謂之愁死崗。德光憩于其上，謂宣徽使高勳曰："我在上國，以打圍食肉爲樂，自及漢地，每每不快，我若得歸本土，死亦無恨。"[6]勳退而謂人曰："其語偷，殆將死矣。"時賊帥梁暉據相州，德光親率諸部以攻之。[7]四月四日，屠其城而去。德光聞河陽軍亂，[8]謂蕃漢臣僚曰："我有三失：殺上國兵士，打草穀，一失也；天下括錢，二失也；不尋遣節度使歸藩，三失也。"十六日，次于欒城縣殺胡林之側，[9]時德光已得寒熱疾數日矣，命部人齎酒脯，禱于得疾之地。十八日晡時，有大星落於穹廬之前，若迸火而散。德光見之，西望而唾，連呼曰："劉知遠滅，劉知遠滅！"是月二十一日卒，時年四十六，主契丹凡二十二年。契丹人破其屍，摘去腸胃，以鹽沃之，載而北去，漢人目之爲"帝羓"焉。[10]《永樂大典》卷四千三百五十八。[11]

　　[1]漢高祖：即後漢高祖劉知遠。沙陀部人，後世居於太原。
五代後唐、後晉將領，後漢開國皇帝。紀見本書卷九九至卷
一〇〇、《新五代史》卷一〇。

　　[2]晉州：州名。治所在今山西臨汾市。

　　[3]"時盜賊所在群起"至"沿河諸藩鎮並以腹心鎮之"：《新
五代史》卷七二《四夷附錄一》："德光已滅晉，遣其部族酋豪及其
通事爲諸州鎮刺史、節度使，括借天下錢帛以賞軍。胡兵人馬不給
糧草，遣數千騎分出四野，劫掠人民，號爲'打草穀'，東西二三
千里之間，民被其毒，遠近怨嗟。漢高祖起太原，所在州鎮多殺契
丹守將歸漢，德光大懼。"

　　[4]"三月朔日"至"大悦"：《新五代史》卷七二《四夷附
錄一》開運四年（947）："三月丙戌朔，德光服靴、袍，御崇元殿，
百官入閣，德光大悦，顧其左右曰：'漢家儀物，其盛如此。我得
於此殿坐，豈非真天子邪！'其母述律遣人賫書及阿保機明殿書賜
德光。明殿，若中國陵寢下宮之制，其國君死，葬，則於其墓側起
屋，謂之明殿，置官屬職司，歲時奉表起居如事生，置明殿學士一
人掌答書詔，每國有大慶弔，學士以先君之命爲書以賜國君，其書
常曰'報兒皇帝'云。"

　　[5]蕭翰：人名。契丹族。一名"敵烈"，原名"小漢"。遼初
將領，述律太后之姪，太宗耶律德光妻之兄。傳見《遼史》卷
一三〇。　以蕃大將蕭翰爲汴州節度使：《新五代史》卷七二《四
夷附錄一》："又時已熱，乃以蕭翰爲宣武軍節度使。翰，契丹之大
族，其號阿鉢，翰之妹亦嫁德光，而阿鉢本無姓氏，契丹呼翰爲國
舅，及將以爲節度使，李崧爲製姓名曰蕭翰，於是始姓蕭。"

　　[6]黎陽：縣名。治所在今河南浚縣。　湯陰：縣名。治所在
今河南湯陰縣東。　愁死崗：地名。位於今河南安陽市西南。　宣
徽使：官名。唐始置。宣徽南院使、北院使通稱宣徽使。初用宦
官，五代以後改用士人。通掌内諸司及三班内侍之名籍，郊祀、朝
會、宴享供帳之儀，檢視内外進奉名物。參見王永平《論唐代宣徽

使》，《中國史研究》1995 年第 1 期；王孫盈政《再論唐代的宣徽使》，《中華文史論叢》2018 年第 3 期。　高勳：人名。河南（今河南洛陽市）人。五代後晉北平王高信韜之子。原爲後晉閤門使，會同九年（946）與杜重威降遼。傳見《遼史》卷八五。

［7］梁暉：人名。磁州滏陽（今河北磁縣）人。五代河朔地區酋豪。曾率兵奪相州，後爲契丹主耶律德光攻滅。事見本書卷九九。

［8］河陽：縣名。治所在今河南孟州市。

［9］欒城縣：縣名。治所在今河北石家莊市欒城區。　殺胡林：地名。又名殺虎林。在今河北石家莊市欒城區西北乏馬村。

［10］帝羓（bā）：羓，經過加工的大塊乾肉。帝羓，指耶律德光的乾尸。　“十七日，德光北還”至“漢人目之爲‘帝羓’焉”：《新五代史》卷七二《四夷附録一》：“德光已留翰守汴，乃北歸，以晉内諸司伎術、宮女、諸軍將卒數千人從。自黎陽渡河，行至湯陰，登愁死岡，謂其宣徽使高勳曰：‘我在上國，以打圍食肉爲樂，自入中國，心常不快，若得復吾本土，死亦無恨。’勳退而謂人曰：‘虜將死矣。’相州梁暉殺契丹守將，閉城距守。德光引兵攻破之，城中男子無少長皆屠之，婦女悉驅以北。後漢以王繼弘鎮相州，得髑髏十數萬枚，爲大冢葬之。德光至臨洺，見其井邑荒殘，笑謂晉人曰：‘致中國至此，皆燕王爲罪首。’又顧張礪曰：‘爾亦有力焉。’德光行至欒城，得疾，卒于殺胡林。契丹破其腹，去其腸胃，實之以鹽，載而北，晉人謂之‘帝羓’焉。永康王兀欲立，謚德光爲嗣聖皇帝，號阿保機爲太祖，德光爲太宗。”《會要》卷二九契丹條：“三月，德光自京率衆北歸，至四月十八日，死於欒城。其年五月，宣遺制，以永康王兀欲襲其僞位。”

［11］《永樂大典》卷四千三百五十八：“三百”，《輯本舊史》原作“五百”，中華書局本有校勘記：“檢《永樂大典目録》，卷四五五八爲‘天’字韻，與本則内容不符，恐有誤記。陳垣《舊五代史輯本引書卷數多誤例》謂應作卷四三五八‘丹’字韻‘契

丹'。"但未改，今據改。

兀欲，[1]東丹王突欲子也。突欲奔于唐，兀欲留不從，號永康王。契丹好飲人血，突欲左右姬妾，多刺其臂吮之，其小過輒挑目、刲灼，不勝其毒。然喜賓客，好飲酒，工畫，頗知書。其自契丹歸中國，載書數千卷，樞密使趙延壽每假其異書、醫經，皆中國所無者。明宗時，自滑州朝京師，遙領武信軍節度使，[2]食其俸，賜甲第一區，宮女數人。契丹兵助晉于太原，唐廢帝遣宦者秦繼旻、皇城使李彦紳殺突欲于其第。[3]晉高祖追封突欲爲燕王。[4]

[1]兀欲：人名。即遼世宗耶律阮。契丹族。遼太祖耶律阿保機孫，人皇王耶律倍長子，遼朝第三代皇帝。紀見《遼史》卷五。

[2]滑州：州名。治所在今河南滑縣。　武信軍：方鎮名。治所在遂州（今四川遂寧市）。　遙領武信軍節度使：中華書局本有校勘記："'武信'，《通鑑》卷二七八作'昭信'。本書卷四四《唐明宗紀十》、《遼史》卷七二《義宗傳》敘其事皆作'虔州節度使'。按昭信軍治虔州，武信軍治遂州。"《通鑑》卷二七八長興四年（933）九月庚子條："以前義成節度使李贊華爲昭信節度使，留洛陽食其俸。"

[3]唐廢帝：即五代後唐廢帝李從珂。鎮州平山（今河北平山縣）人。本姓王，後唐明宗李嗣源擄其母魏氏，遂養爲己子。應順元年（934）四月，李從珂入洛陽即帝位。清泰三年（936）五月，石敬瑭謀反，以出賣燕雲十六州、自稱兒臣的條件求得契丹援助，石敬瑭攻入洛陽，廢帝自焚死，後唐亡。紀見本書卷四六至卷四八、《新五代史》卷七。　秦繼旻：人名。籍貫不詳。五代後唐宦

官。本書僅此一見。　皇城使：官名。唐末始置，爲皇城司的長官，一般由君主的親信充任，以拱衛皇城。　李彦紳：人名。籍貫不詳。五代後唐官員。本書僅此一見。

[4]"兀欲"至"晋高祖追封突欲爲燕王"：《新五代史》卷七三《四夷附録二》。

　　德光滅晋，兀欲從至京師。德光殺繼旻、彦紳，籍其家貲，悉以賜兀欲。德光死欒城，兀欲與趙延壽及諸大將等俱入鎮州。延壽自稱權知軍國事，遣人求鎮州管鑰于兀欲，兀欲不與。延壽左右曰："契丹大人聚而謀者詢詢，必有變，宜備之。今中國之兵，猶有萬人，可以擊虜；不然，事必不成。"延壽猶豫不決。兀欲妻，延壽以爲妹，五月朔旦，兀欲召延壽及張礪、李崧、馮道等置酒，酒數行，兀欲謂延壽曰："妹自上國來，當一見之。"延壽欣然與兀欲俱入。食頃，兀欲出坐，笑謂礪等曰："燕王謀反，鎖之矣。諸君可無慮也。"又曰："先帝在汴州與我運算子一莖，許我知南朝軍國事，昨聞寢疾，無遺命，燕王安得自擅邪？"礪等罷去。兀欲召延壽廷立而詰之，延壽不能對。乃遣人監之，而籍其家貲。兀欲宣德光遺制曰："永康王，大聖皇帝之嫡孫，人皇王之長子，可於中京即皇帝位。"中京，契丹謂鎮州也。遣使者告哀於諸鎮。蕭翰聞德光死，棄汴州而北，至鎮州，兀欲已去。翰以騎圍張礪宅，執礪而責曰："汝教先帝勿用胡人爲節度使，何也？"礪對不屈，翰鎖之。是夕，礪卒。

　　兀欲爲人儁偉，亦工畫，能飲酒，好禮士，德光嘗賜以絹數千匹，兀欲散之，一日而盡。兀欲已立，先遣人報其祖母述律。述律怒曰：“我兒平晉取天下，有大功業，其子在我側者當立，而人皇王背我歸中國，其子豈得立邪？”乃率兵逆兀欲，將廢之。兀欲留其將麻荅守鎮州，[1]晉諸將相隨德光在鎮州者皆留之而去。以翰林學士徐台符、李澣從行，與其祖母述律相距于石橋。[2]述律所將兵多亡歸兀欲。兀欲乃幽述律於祖州。[3]祖州，阿保機墓所也。[4]

[1]麻荅：人名。即耶律拔里得。契丹人。遼初皇室，遼太宗耶律德光堂弟。傳見《遼史》卷七六。參見鄧廣銘（署名鄺又銘）《〈遼史·兵衛志〉中“御帳親軍”“大首領部族軍”兩事目考源》，《北京大學學報》（人文科學版）1956 年第 2 期。

[2]徐台符：人名。真定獲鹿（今河北石家莊市鹿泉區）人。歷仕五代後唐、後晉，後被契丹挾而北行。後漢隱帝時自幽州逃歸，又仕後周。傳見本書附錄。　李澣：人名。京兆萬年（今陝西西安市長安區）人。歷仕五代後唐、後晉，後與徐台符被契丹挾而北行，在遼任宣政殿學士、禮部尚書等職。傳見《遼史》卷一〇三、《宋史》卷二六二。　石橋：地名。又名沙河石橋。位於今內蒙古巴林左旗西南。

[3]祖州：州名。治所在今內蒙古巴林左旗西南石房子村古城。

[4]“德光滅晉”至“阿保機墓所也”：《新五代史》卷七三《四夷附録二》。《會要》卷二九契丹條晉少帝開運四年（即遼會同十年，947）五月：“宣遺志，以永康王兀欲襲其偽位。兀欲自以猶子，不當嗣位，且不奉祖母之命，其諸部首領，素畏述律氏之酷法，復以阿保機死於渤海國，被殺者百人，今德光没于漢地，慮必獲罪如前，同謀以其月二十一日領部族歸國。述律氏拒於石橋，其

衆悉降於兀欲。命送述律氏於阿保機明殿以幽之。僞改會同十年爲天祿元年，自稱天授皇帝。”

述律爲人多智而忍。阿保機死，悉召從行大將等妻，謂曰：“我今爲寡婦矣，汝等豈宜有夫。”乃殺其大將百餘人，曰：“可往從先帝。”左右有過者，多送木葉山，殺於阿保機墓隧中，曰：“爲我見先帝于地下。”大將趙思温，本中國人也，以材勇爲阿保機所寵，述律後以事怒之，使送木葉山，思温辭不肯行。述律曰：“爾，先帝親信，安得不往見之？”思温對曰：“親莫如后，后何不行？”述律曰：“我本欲從先帝于地下，以子幼，國中多故，未能也。然可斷吾一臂以送之。”左右切諫之，乃斷其一腕，而釋思温不殺。初，德光之擊晉也，述律常非之，曰：“吾國用一漢人爲主，可乎？”德光曰：“不可也。”述律曰：“然則汝得中國不能有，後必有禍，悔無及矣。”德光死，載其尸歸，述律不哭而撫其尸曰：“待我國中人畜如故，然後葬汝。”已而兀欲囚之，後死于木葉山。

兀欲更名阮，號天授皇帝，改元曰天祿。[1]是歲八月，葬德光於木葉山，遣人至鎮州召馮道、和凝等會葬。使者至鎮州，鎮州軍亂，大將白再榮等逐出麻荅[2]據定州，已而悉其衆以北。麻荅者，德光之從弟也。德光滅晉，以爲邢州節度使。兀欲立，命守鎮州。麻荅尤酷虐，多略中國人，剥面，抉目，拔髮，斷腕而殺之，出入常以鉗鑿挑割之具自隨，寢處前後掛人肝、脛、手、足，言笑自若，鎮、定之人不勝其毒。麻荅已去，馮道等乃南歸。[3]

[1]天禄：遼世宗耶律阮年號（947—951）。

[2]白再榮：籍貫不詳。五代節度使、將領。傳見本書卷一〇
六、《新五代史》卷四八。"白再榮"，中華書局本《新五代史》校
勘記："原作'白再筠'。"

[3]"述律爲人多智而忍"至"馮道等乃南歸"：《新五代史》
卷七三《四夷附録第二》。"兀欲更名阮"，《宋本册府》卷九九七
《外臣部·技術門》云"兀欲更名聿"。《遼史》卷五《世宗紀》作
"阮"。"據定州"，中華書局本《新五代史》校勘記："本書卷
一〇〇《漢高祖紀下》敍其事云：'麻答與河陽節度使崔廷勳、洛
京留守劉晞，並奔定州。'《通鑑》卷二八七略同。'據'上疑有
脱字。"

漢乾祐元年，兀欲率萬騎攻邢州，陷内丘。[1]契丹
入寇，常以馬嘶爲候。其來也，馬不甚嘶鳴，[2]而矛戟
夜有光，又月食，虜衆皆懼，以爲凶，雖破内丘而人馬
傷死者太半。兀欲立五年，會諸部酋長，復謀入寇，諸
部大人皆不欲，兀欲彊之。燕王述軋與太寧王嘔里僧等
率兵殺兀欲於火神淀。[3]德光子齊王述律聞亂，走南
山。[4]契丹擊殺述軋、嘔里僧，而迎述律以立。[5]

[1]乾祐：五代後漢高祖劉知遠及隱帝劉承祐年號（948—
950）。北漢亦用此年號。　漢乾祐元年：《新五代史》中華書局本
有校勘記："本書卷一〇三《漢隱帝紀下》、《五代會要》卷二九、
《通鑑》卷二八九繫其事於乾祐三年。"《會要》卷二九契丹條：
"漢乾祐三年十一月，兀欲率騎數萬南寇，陷邢州之内丘縣、深州

之饒陽縣。"《宋本册府》卷九八七《外臣部·征討門六》漢隱帝乾祐二年（949）十一月條："契丹入寇，前軍至貝州，陷高老鎮千餘家，乃西北至南宮堂陽，剽虜人畜，諸鎮守閉關自固。時高行周以重名鎮鄴，而諸屯戍甲兵雲布，帝慮行周年高，避事緩急，疏於應變。時周太祖爲樞密使，帝乃召於内殿，謂之曰：'國祚初基，先皇厭代，冲人嗣襲，政教未孚，而守貞之徒，連結方面，僞竪未誅，憂不暇食。卿受託孤之寄，率伐叛之師。俾其落角摧牙，夷兇盪寇，實卿之力也。樞機雖重，在朕面前，獫狁内侵，實憂境上。夫兵機不可預授，權道全在臨時，苟非良將主謀，安能却敵？卿可更爲朕河朔之行，則予無北顧之憂矣。'對曰：'臣受顧託之重，處將相之地，安敢憚於赴蹈？唯陛下指使。'帝曰：'卿速撰行，無使虜塵滋蔓！'翌日，賜玉帶、名馬、金鞍、戎裝、器仗、雜綵、銀器，仍宣供奉官趙延希等二十人、殿直都知張盛等二十八人、樞密院承旨張（闕名）等五人、前汾州刺史白文遇、隨州刺史康延詔、房州刺史李彦崇、均州刺史曹奉金、天文趙修己、醫官顧師珙等從行，仍令宣徽南院使王峻參與軍事。"注："十二月，深、冀、易等州契丹退。"　内丘：縣名。治所在今河北内丘縣。

　　[2]馬不甚嘶鳴：《新五代史》中華書局本有校勘記："'甚'字原闕，據宗文本、《類要》卷三六《北狄》引《五代史》補。"

　　[3]述軋：人名。又作耶律牒蠟。遼將領。傳見《遼史》卷一一三。　嘔里僧：人名。又名漚僧、額哩森、烏辛、耶律察割。契丹族。耶律安端之子。傳見《遼史》卷一一二。　火神淀：地名。位於今河北涿鹿縣西。"火神淀"，《新五代史》中華書局本有校勘記："原作'大神淀'，據宋丙本、宗文本、《通鑑》卷二九〇、《契丹國志·契丹國九主年譜》改。按《遼史》卷三七《地理志一》有火神淀，《通鑑》卷二九〇胡注引宋白曰：'火神淀在新州西。'"

　　[4]述律：人名。即遼穆宗耶律璟，951年至969年在位。遼太宗耶律德光之子。紀見《遼史》卷六。　南山：山名。位於今河

北霸州市東。

[5]"漢乾祐元年"至"而迎述律以立":《新五代史》卷七三《四夷附録二》。《會要》卷二九契丹條:"周廣順元年九月,兀欲爲部下太寧王、燕王述軋所殺,述律勒所部兵誅太寧王、述軋。述律自立,號天順皇帝,改名明,僞稱應歷元年。"亦見《宋本册府》卷九六七《外臣部·繼襲門二》契丹條。

述律立,改元應歷,號天順皇帝,後更名璟。述律有疾,不能近婦人,左右給事,多以宦者。然畋獵好飲酒,不恤國事,每酣飲,自夜至旦,晝則常睡,國人謂之"睡王"。[1]

[1]應歷:遼穆宗耶律璟年號(951—969)。 "述律立"至"國人謂之'睡王'":《新五代史》卷七三《四夷附録二》。《遼史》卷六《穆宗上》云,諱璟,天禄五年九月癸亥,世宗遇害。丁卯,即皇帝位,改元應歷。

初,兀欲常遣使聘漢,使者至中國而周太祖入立。[1]太祖復遣將軍朱憲報聘,[2]憲還而兀欲死。述律立,遂不復南寇。顯德六年夏,世宗北伐,[3]以保大軍節度使田景咸爲淤口關部署,[4]右神武統軍李洪信爲合流口部署,[5]前鳳翔節度使王晏爲益津關部署,[6]侍衛親軍馬步都虞候韓通爲陸路都部署。[7]世宗自乾寧軍御龍舟,艛船戰艦,首尾數十里,至益津關,[8]降其守將,而河路漸狹,舟不能進,乃捨舟陸行。瓦橋淤口關、瀛莫州守將皆迎降。[9]方下令進攻幽州,世宗遇疾,乃置雄州於瓦橋關、霸州於益津關而還。[10] 周師下三關、瀛、莫，兵不血刃。[11] 述律聞之，謂其國人曰："此本漢地，今以還漢，又何惜耶？" 述律後爲庖者因其醉而殺之。[12]

[1]周太祖：即五代後周太祖郭威。邢州堯山（今河北隆堯縣）人。後周建立者。951 年至 954 年在位。紀見本書卷一一〇至卷一一三、《新五代史》卷一一。

[2]朱憲：人名。籍貫不詳。五代後周將領。事見本書卷一一〇、卷一一一。

[3]顯德：五代後周太祖郭威年號（954）。世宗柴榮、恭帝柴宗訓沿用（954—960）。　世宗：即五代後周世宗柴榮。邢州龍岡（今河北邢臺市）人。後周太祖郭威養子，顯德元年繼郭威爲帝。954 年至 959 年在位。紀見本書卷一一四至卷一一九、《新五代史》卷一二。

[4]保大軍：方鎮名。治所在鄜州（今陝西富縣）。　田景咸：人名。太原（今山西太原市）人。歷仕五代後漢、後周及北宋。傳見《宋史》卷二六一。　淤口關：關隘名。位於今河北霸州市。部署：官名。爲臨時委任的軍區統帥。掌管行營屯戍、攻防等事務。

[5]右神武統軍：官名。唐代右神武軍統兵官。唐置六軍，分左右羽林、左右龍武、左右神武等，即 "北衙六軍"。興元元年（784），六軍各置統軍，以寵功勳臣。其品秩，《唐會要》卷七一、《舊唐書》卷一二記載爲 "從二品"，《通鑑》卷二二九記載爲 "從三品"。　李洪信：人名。并州晋陽（今山西太原市）人。五代、宋初將領。傳見《宋史》卷二五二。　合流口：地名。當位於今河北北部、天津一帶。

[6]鳳翔：方鎮名。治所在鳳翔府（今陝西鳳翔縣）。　王晏：

人名。徐州滕（今山東滕州市）人。五代、宋初將領。傳見《宋史》卷二五二。　益津關：關隘名。位於今河北霸州市。

[7]侍衛親軍馬步都虞候：官名。唐、五代方鎮高級軍官。韓通：人名。太原（今山西太原市）人。五代後漢、後周、宋初將領。傳見《宋史》卷四八四。

[8]乾寧軍：方鎮名。治所在永安縣（今河北青縣）。

[9]莫州：州名。治所在今河北任丘市。

[10]雄州：州名。治所在今河北雄縣。　瓦橋關：關隘名。位於今河北雄縣。　霸州：州名。治所在河北霸州市。

[11]"顯德六年夏"至"兵不血刃"：明本《册府》卷二〇《帝王部・功業門二》："周世宗顯德六年三月，帝幸乾寧軍，大治舟師，以備北伐。四月丁酉，帝御龍舟，率内六軍鳴鼓棹順流而北。自關之西，河路漸溢，水不能勝舟，帝捨舟入于瓦橋關。僞莫州刺史劉信上表歸順。五月乙巳朔，侍衛軍使李重進已下諸將相帥師而至。是日，僞瀛州刺史高彦輝上表歸順。關南平，凡得州五、縣十七、户一萬八千三百六十一。是行也，王師數萬，不發一矢，而虜界城邑皆迎刃而下。"《宋本册府》卷九八七《外臣部・征討門》周世宗顯德六年（959）四月條："大治舟師，以備北伐，分命諸將沿流設備，以前鄜州節度使田景咸爲淤口部署，以右神武統軍李洪信爲合流口部署，以前鳳翔節度使王晏爲益津關一路都部署，侍衛馬軍都指揮使韓令坤副焉，以侍衛馬步都虞候韓通爲陸路都部署，殿前都虞候石守信副焉。"同卷："恭帝即位初，北面兵馬都部署韓令坤奏：敗契丹五百騎於霸州北。"

[12]"初，兀欲常遣使聘漢"至"述律後爲庖者因其醉而殺之"：《新五代史》卷七三《四夷附録二》。《會要》卷二九契丹條："周廣順元年正月，太祖命左千牛衛將軍朱憲往修和好，兀欲亦遣使裹骨支報命，獻良馬四匹。太祖復命尚書左丞田敏、供奉官蔣光遂銜命往聘。至其年四月，田敏等迴，兀欲遣使實六獻碧玉金鍍銀裹鞍轡，并馬四十匹。其月，太祖又命左金吾將軍姚漢英、右神武

將軍華光裔往使。”明本《册府》卷一七〇《帝王部·來遠門》周太祖廣順二年（952）七月戊寅條：“以契丹長慶宮提轄使、户部郎中韓僚爲鄜州延慶縣令；契丹虞部員外郎胡嶠爲汝州魯山縣令，並以其歸化故也。”同年十二月條：“補契丹武州刺史石越爲南府知兵馬使；張延煦爲許州都知兵馬使。”《宋本册府》卷九八〇《外臣部·通好門》周太祖廣順元年二月丁未條：“左千牛衛將軍朱憲使於契丹復命，契丹王兀欲復遣使裹骨支伴送朱憲歸京師，又賀我登極，兼獻良馬一駟，仍達蕃情，云兩地通歡，近因晋祖議和好之理，爲遠大之謀。”同年五月己巳條：“遣左金吾將軍姚漢英、右神武將軍華光裔使於契丹，辭，各賜襲衣銀帶絹綵三百疋，銀器五十兩；契丹入朝使大卿賜重錦五疋，衣着三百疋，銀器百兩，別賜衣着五十疋，馬價衣着一百五十疋，副使賜有差，曳剌五人各賜中錦一疋，衣着五十疋，仍遣供奉官李誦押援兵防送至樂壽。”同年八月條：“契丹遣幽州教練使曹繼筠護送宰相趙瑩喪柩至其家。先是，開運末，虜陷京城，瑩與馮玉、李彦韜俱遷於北塞，未幾卒，至是方歸喪柩。”卷九八七《外臣部·征討門》周太祖廣順二年九月條：“鎮州何福進言：契丹寇深、冀。遣龍捷都指揮使劉成誨、兵馬監押慕延釗、本州衙内指揮使何繼筠率兵拒之，至武强縣，奪下老小千餘口，賊軍遁去。”卷九九八《外臣部·姦詐門》：“契丹永康王兀欲，自漢末遣使寓書於漢少帝，會漢室有蕭墙之亂。周太祖登極時，邢州節度使劉詞馳送虜使至闕，周太祖覽其書，欲因便以和之。廣順元年正月，遣將軍朱憲伴送虜使歸國，仍遺兀欲金器玉帶，以結其意。二月，朱憲迴，兀欲復遣使來賀，兼獻良馬。朝廷尋遣尚書左丞田敏報命，仍厚其禮。既而兀欲留我行人將軍姚漢英、華光裔，不令復命，繇是復絶。”“述律立遂不復南寇”，《會要》卷二九契丹條：“顯德元年春，太原劉崇將圖南寇，述律使番將楊袞率虜騎萬餘以助之。三月，世宗親征，與崇戰於潞州高平縣之南原，崇軍大敗，番衆棄甲而遁。二年三月，命許州節度使王彦超等築壘於李晏口，與番兵數千騎戰於安平縣之南，敗之。”《宋本册府》卷九八七《外臣部·征討門六》周世宗顯德元年五月條："符彦卿上言：逐契丹過忻口北，殺蕃軍二千餘衆，大軍已還忻州，從官稱賀。"

嗚呼！自古夷狄服叛，雖不繫中國之盛衰，而中國之制夷狄則必因其彊弱。予讀周《日曆》，見世宗取瀛、莫，定三關，兵不血刃，而史官譏其以王者之師，馳千里而襲人，輕萬乘之重於崔葦之間，以僥倖一勝。夫兵法，決機因勢，有不可失之時。世宗南平淮甸，北伐契丹，乘其勝威，擊其昏殆，世徒見周師之出何速，而不知述律有可取之機也。是時，述律以謂周之所取，皆漢故地，不足顧也。然則十四州之故地，皆可指麾而取矣。不幸世宗遇疾，功志不就。然瀛、莫、三關，遂得復爲中國之人，而十四州之俗，至今陷於夷狄。彼其爲志豈不可惜，而其功不亦壯哉！夫兵之變化屈伸，豈區區守常談者所可識也！

初，蕭翰聞德光死，北歸，有同州郃陽縣令胡嶠爲翰掌書記，[1]隨入契丹。而翰妻爭妬，告翰謀反，翰見殺，嶠無所依，居虜中七年。當周廣順三年，[2]亡歸中國，略能道其所見。云："自幽州西北入居庸關，明日，又西北入石門關，[3]關路崖狹，一夫可以當百，此中國控扼契丹之險也。又三日，至可汗州，南望五臺山，[4]其一峯最高者，東臺也。又三日，至新武州，西北行五十里有雞鳴山，[5]云唐太宗北伐，聞雞鳴于此，因以名山。明日，入永定關北，此唐故關也。又四日，至歸化州。[6]又三日，登天嶺，[7]嶺東西連亘，有路北下，四顧冥然，黄雲白草，不可窮極。契丹謂嶠曰：'此辭鄉嶺也，可一南望而爲永訣。'同行者皆慟哭，往往絶而復蘇。又行三四日，至黑榆林，[8]時七月，寒如深冬。又明日，入斜谷，[9]谷長五十里，高崖峻谷，仰不見日，而寒尤甚。已出谷，得平地，氣稍温。又行二日，渡湟水。又明日，渡黑水。[10]又二日，至湯城淀，[11]地氣最温，契丹若大寒，則就温于此。其水泉清冷，草軟如茸，可藉以寢。而多異花，記其二種：一曰旱金，大如掌，金色爍人；一曰青囊，如中國金燈，而色類藍可愛。又二日，至儀坤州，渡麝香河。[12]自幽州至此無里候，其所向不知爲南北。又二日，至赤崖。[13]翰與兀欲相及，遂及述律戰于沙河。[14]述律兵敗而北，兀欲追至獨樹渡，遂囚述律于撲馬山。[15]又行三日，遂至上京，所謂西樓也。[16]西樓有邑屋市肆，交易無錢而用布。有綾錦諸工作、宦者、翰林、伎術、教坊、角觝、秀才、僧尼、道士等，皆中國人，而并、汾、幽、薊之人尤多。[17]自上京東去四十里，至真珠寨，[18]始食菜。明日，東行，地勢漸高，西望平地松林鬱然數十里。遂入平川，多草木，始食西瓜，云契丹破回紇得此種，[19]以牛糞覆棚而種，大如中國冬瓜而味甘。又東行，至裹潭，[20]始有柳，而水草豐美，有息雞草尤美，而本大，馬食不過十本而飽。自裹潭入大山，行十餘日而出，過一大林，長二三里，皆蕪荑，枝葉有芒刺如箭羽，其地皆無草。兀欲時卓帳于此，會諸部人葬德光。自此西南行，日六十里，行七日，至大山門，兩高山相去一里，而長松豐草，珍禽野卉，有屋室碑石，曰'陵所'也。兀欲入祭，諸部大人惟執祭器者得入。入而門闔。明日開門，曰'抛盞'，禮畢。問其禮，皆祕不肯言。"嶠所目見囚述律、葬德光等事，與中國所記差異。[21]

[1]同州：州名。治所在今陝西大荔縣。 郃陽：縣名。治所在今陝西合陽縣東南。 縣令：官名。爲縣的行政長官，掌治本縣。唐代之縣，分赤（京）、次赤、畿、次畿、望、緊、上、中、中下、下十等。縣令分六等，正五品上至從七品下。 胡嶠：人名。籍貫不詳。五代後晉官員。後爲遼蕭翰掌書記。隨其入契丹，居復州（治所在今遼寧瓦房店市）。後歸故里，著《陷虜記》。事見《宋史》卷二〇三。 掌書記：官名。唐、五代節度、觀察等使所屬均有掌書記一職，位在副使、判官之下，掌表奏書檄。遼亦置節度使。

[2]廣順：五代後周太祖郭威年號（951—953）。

[3]居庸關：關隘名。位於今北京昌平區。 石門關：關隘名。位於今北京延慶區東南八達嶺。

[4]可汗州：州名。五代時契丹改媯州置，治所在懷來縣（今河北懷來縣東南）。 五臺山：山名。即小五臺山。位於今河北蔚縣、涿鹿縣交界處。

[5]新武州：州名。疑爲新州，契丹改稱奉聖州，位於今河北涿鹿縣西南。 雞鳴山：山名。位於今河北張家口市東南。

[6]永定關：關隘名。位於今北京延慶區三堡村附近。 歸化州：州名。唐光啓中置，治所在文德縣（今河北張家口市宣化區）。後改名毅州，五代後唐復名武州。後晉割與契丹，改名歸化州。

[7]天嶺：地名。位於今河北赤城縣獨石城北偏嶺。

[8]黑榆林：地名。位於獨石口北元上都故址（今内蒙古錫林郭勒盟正藍旗）以西之榆木山。參見賈敬顏《五代宋金元人邊疆行

記十三種疏證稿》，中華書局 2004 年版。

　　[9]斜谷：地名。當爲今閃電河（即上都河，灤河上游）與吐力根河（閃電河支流）中間之某一峽谷區。參見賈敬顏《五代宋金元人邊疆行記十三種疏證稿》。

　　[10]湟水：水名。即“潢河”異書，今之西拉木倫河。此似指其上源。　黑水：水名。即今之查干木倫河。此似指其下游。

　　[11]湯城淀：地名。位於黑河以西、潢河源頭諸山之地。參見賈敬顏《五代宋金元人邊疆行記十三種疏證稿》。

　　[12]儀坤州：名。遼初置，屬上京道。治所在今内蒙古敖漢旗東北五十家子村城址。參見《中國行政區劃通史·遼金卷》，復旦大學出版社 2012 年版。　麝香河：水名。今地不詳。賈敬顏認爲，或以廣興元河爲麝香河。參見賈敬顏《五代宋金元人邊疆行記十三種疏證稿》。

　　[13]赤崖：地名。赤崖當在赤崖館附近，位於今内蒙古巴林左旗。

　　[14]沙河：地名。似爲潢河石橋，位於今内蒙古翁牛特旗西北巴林橋附近。

　　[15]獨樹渡：渡口名。當位於今内蒙古翁牛特旗西北巴林橋附近。　撲馬山：山名。即今内蒙古巴林左旗西南石房子村西南阿保機陵山。

　　[16]上京：京名。契丹會同元年（938）改皇都爲上京臨潢府，位於今内蒙古巴林左旗（林東鎮）南波羅城（上京城遺址）。西樓：地名。泛指遼朝上京（皇都、臨潢府），參見陳曉偉《捺鉢與行國政治中心論——遼初“四樓”問題真相發覆》，《歷史研究》2016 年第 6 期。

　　[17]并：州名。治所在今山西太原市。　汾：州名。治所在今山西汾陽市。　薊：州名。治所在今天津薊州區。

　　[18]真珠寨：地名。當位於今内蒙古巴林左旗東南。

　　[19]平川：賈敬顏考證當屬今烏力吉木倫河與西拉木倫河中間

之曠野。參見賈敬顏《五代宋金元人邊疆行記十三種疏證稿》。

回紇：部族、政權名。又作回鶻。原係突厥鐵勒部的一支。唐天寶三載（744）建立回鶻汗國，8世紀末9世紀初，回鶻與吐蕃争奪北庭和安西並最終取勝，統治西域。9世紀中葉，回鶻汗國瓦解。參見楊蕤《回鶻時代：10—13世紀陸上絲綢之路貿易研究》，中國社會科學出版社2015年版。

［20］裏潭：水名。位於今内蒙古開魯縣西北之塔拉干泡子（今他拉干水庫）。

［21］“嗚呼”至“與中國所記差異”：《新五代史》卷七三《四夷附録第二》。“入永定關北”，中華書局本《新五代史》校勘記：“宗文本作‘入永定關’。”《契丹國志》卷二五亦有“北”字。

已而翰得罪被鎖，嶠與部曲東之福州。[1]福州，翰所治也。嶠等東行，過一山，名十三山，[2]云此西南去幽州二千里。又東行，數日，過衛州，[3]有居人三十餘家，蓋契丹所虜中國衛州人，築城而居之。嶠至福州而契丹多憐嶠，教其逃歸，嶠因得其諸國種類遠近，云：“距契丹國東至于海，有鐵甸，[4]其族野居皮帳，而人剛勇。其地少草木，水鹹濁，色如血，澄之久而後可飲。又東，女真，[5]善射，多牛、鹿、野狗。其人無定居，行以牛負物，遇雨則張革爲屋。常作鹿鳴，呼鹿而射之，食其生肉。能釀糜爲酒，醉則縛之而睡，醒而後解，不然，則殺人。又東南，渤海，又東，遼國，皆與契丹略同。其南海曲，[6]有魚鹽之利。又南，奚，與契丹略同，而人好殺戮。又南，至于榆關矣，西南至儒州，[7]皆故漢地。西則突厥、回紇。西北至嫗厥律，[8]其人長大，髡頭，酋長全其髮，盛以紫囊。地苦寒，水出大魚，契丹仰食。又多黑、白、黃貂鼠皮，北方諸國皆仰足。其人最勇，隣國不敢侵。又其西，轄戛，[9]又其北，單于突厥，皆與嫗厥律略同。又北，黑車子，[10]善作車帳，其人知孝義，地貧無所産。云契丹之先，常役回紇，後背之走黑車子，始學作車帳。又北，牛蹄突厥，人身牛足，其地尤寒，水曰瓠㿰河，[11]夏秋冰厚二尺，春冬冰徹底，常燒器銷冰乃得飲。東北，至轄劫子，[12]其人髠首，披布爲衣，不鞍而騎，大弓長箭，尤善射，遇人輒殺而生食其肉，契丹等國皆畏之。契丹五騎遇一轄劫子，則皆散走。其國三面皆室韋，一曰室韋，二曰黃頭室韋，三曰獸室韋。其地多銅、鐵、金、銀，其人工巧，銅鐵諸器皆精好，善織毛錦。地尤寒，馬溺至地成冰堆。又北，狗國，[13]人身狗首，長毛不衣，手捕猛獸，語爲犬嗥，其妻皆人，能漢語，生男爲狗、女爲人，自相婚嫁，穴居食生，而妻女人食。云嘗有中國人至其國，其妻憐之，使逃歸，與其箭十餘隻，教其每走十餘里遺一箭，狗夫追之，見其家物，必銜而歸，則不能追矣。”其説如此。又曰：“契丹嘗選百里馬二十匹，遣十人齎乾餱北行，窮其所見。其人自黑車子，歷牛蹄國以北，行一年，經四十三城，居人多以木皮爲屋，其語言無譯者，不知其國地、山川、部族名號。其地氣，遇平地則温和，山林則寒冽。至三十三城，得一人，能鐵甸語，其言頗可解，云地名頡利烏于邪堰。云‘自此以北，龍蛇猛獸、魑魅群行，不可往矣’。其人乃還。此北荒之極也。”

契丹謂嶠曰："夷狄之人豈能勝中國？然晉所以敗者，主暗而臣不忠。"因具道諸國事，曰："子歸悉以語漢人，使漢人努力事其主，無爲夷狄所虜，吾國非人境也。"嶠歸，録以爲《陷虜記》云。[14]

[1]部曲：遼對奴隸、農奴的稱謂。　福州：州名。治所在今內蒙古庫倫旗南先進蘇木一帶。

[2]十三山：山名。位於今遼寧凌海市東北。

[3]衛州：州名。治所在今遼寧阜新縣北舊廟鎮他不郎營子古城址。

[4]鐵甸：部族名。又作鐵離、鐵驪。原爲黑水靺鞨之鐵利部，後被渤海兼并。遼天顯元年（926）渤海亡後，遣使向遼納貢，始稱鐵驪。後逐漸成爲金代女真的一部分。

[5]女真：部族名。源自肅慎部，五代時始稱女真。分布於今松花江、黑龍江下游，東至海。參見孫進己、孫泓《女真民族史》，廣西師範大學出版社 2010 年版。

[6]海曲：地名。當爲今之遼東灣與渤海灣。

[7]儒州：州名。治所在今北京延慶區。

[8]嫗厥律：部族名。又作烏古、烏古里、烏骨里、烏虎里、於厥、於厥里、於骨里、羽厥、羽厥里等。與敵烈同爲遼代兩大强部。遼保大四年（金天會二年，1124）降金。參見〔日〕津田左右吉著，王國維譯載《遼代烏古敵烈考》，《王國維遺書》（14），上海古籍書店 1983 年版。

[9]轄戛：部族名。漢稱堅昆、鬲昆，南北朝稱結骨，唐稱黠戛斯，突厥碑文作 Qyrqyr。居於今葉尼塞河上流流域，以畜牧農耕爲生。文字與突厥同。唐貞觀二十二年（648）遣使內附，唐朝以其地置堅昆都督府，隸燕然都護。乾元中爲回鶻所破，然常與大食、吐蕃、葛邏禄相依仗。開成五年（840）擊敗回鶻，迫其西遷。

大中元年（847）唐朝册封其首領爲英武誠明可汗。大順元年
（890）發兵助唐平李克用之亂。13世紀降於蒙古。參見岑仲勉
《突厥集史》，中華書局2004年版。

[10]黑車子：古代東北民族。即"黑車子室韋"。爲室韋諸部
之一。

[11]牛蹄突厥：古代北方民族。當與突厥人有某種聯繫。活動
地區當在大興安嶺以北。　瓠瓜河：水名。當位於大興安嶺地區。

[12]轆劫子：中國古代北方部落名。參見賈敬顏《五代宋金
元人邊疆行記十三種疏證稿》。

[13]狗國：此所指乃東西伯利亞、黑龍江下游極邊之地與韃靼
海峽及鄂霍次克海東西瀕海區域，猶有母權遺風，且以狗爲駕挽之
土著部落、部族。參見賈敬顏《五代宋金元人邊疆行記十三種疏證
稿》引〔法〕伯希和《馬可·波羅札記》一書中的 Femeles island
of woman 條對中國西北、東北兩個女人國之解説。下文牛蹄國
亦同。

[14]"已而翰得罪被鎖"至"録以爲《陷虜記》云"：《新五
代史》卷七三《四夷附録二》。此段後有《新五代史》原注："契
丹年號，諸家所記，舛謬非一，莫可考正，惟嘗見於中國者可據
也。據耶律德光《立晋高祖册文》云：'惟天顯九年，歲次丙申。'
是歲，乃晋天福元年。推而上之，得唐天成三年戊子，爲天顯元
年。按《契丹附録》，德光與唐明宗同年而立，立三年改元天顯，
與此正合矣。又據開運四年德光滅晋入汴，肆赦，稱會同十年。推
而上之，得天福三年爲會同元年，是天顯盡十年，而十一年改爲會
同矣。惟此二者，其據甚明，餘皆不足考也。《附録》所載夷狄年
號，多略不書，蓋無所用，故不必備也。"